說話的邏輯與技巧

李衍華 主編

U0132420

商務印書館

本書繁體中文版由北京大學出版有限公司授權出版

說話的邏輯與技巧

主　　編：李衍華

責任編輯：趙　梅

封面設計：張　毅

出　　版：商務印書館 (香港) 有限公司

　　　　　香港筲箕灣耀興道 3 號東滙廣場 8 樓

　　　　　http://www.commercialpress.com.hk

發　　行：香港聯合書刊物流有限公司

　　　　　香港新界大埔汀麗路 36 號中華商務印刷大廈 3 字樓

印　　刷：中華商務彩色印刷有限公司

　　　　　香港新界大埔汀麗路 36 號中華商務印刷大廈 14 字樓

版　　次：2014 年 9 月第 1 版第 2 次印刷

　　　　　© 2012 商務印書館 (香港) 有限公司

　　　　　ISBN 978 962 07 1987 5

　　　　　Printed in Hong Kong

目　錄

第 5 章　交談、論辯的邏輯技巧

第 6 章　交談、論辯中常見的謬誤

第 *1* 章

說話的奧秘

第一節　人類創造自身的奇蹟

一、舌頭是最好的，也是最壞的

自有人類社會以來，在人與人之間發生的一切交際事件，沒有一件不是通過言語進行的。因而，學習如何説話，講究説話的藝術，成為各國歷代學習和教育的重要內容。中國古代非常重視對語言的運用。春秋時期，孔子講學設 "四科"：德行、政事、言語、文學。《論語‧先進》中説："德行，顏淵、閔子騫、冉伯牛；言語，宰我、子貢；政事，冉有、季路；文學，子遊、子夏。" 可見，孔門言語一科的優等生宰我和子貢，都是能言善辯之士。《史記‧仲尼弟子列傳》中記載了子貢的遊説才能和他怎樣取得了政治外交上的成功。當時齊國要攻打魯國，孔子派子貢到各國斡旋，子貢憑着他的利言巧辭，最後達到了 "存魯、亂齊、破吳、強晉、霸越" 的目的。由此可見言語交際在建功立業中的威力。

戰國時期的縱橫家張儀，有一次到楚國遊説，正巧楚相丟失了一塊玉璧，張儀受到懷疑，並被抓起來遭到數百下鞭打。張儀沒有屈服，後來被釋放了，張儀的妻子勸他説："你要是不去到處遊說，怎會受到如此侮辱？"張儀説："你看我的舌頭還在嗎？"妻子説："當然還在！"張儀説："這就夠了。"可見口舌對張儀來説是多麼重要。

在言語交際中，如果能談吐有度，溫和委婉，得體而動人，就會產生言語的"魔力"，使聽者折服而改變其原有看法，及至影響到事態的發展變化。劉勰在《文心雕龍・論説》中説："一人之辯，重於九鼎之寶；三寸之舌，強於百萬之師。"

《戰國策・趙策》中的名篇《觸龍説趙太后》，生動記載了趙國左師觸龍的高超對話藝術。趙太后剛上台治理朝政時，秦國加緊了對趙國的進攻。趙國只好求救於齊國。齊王提出要用趙太后最小的兒子長安君當人質來作為出兵的條件。趙太后對此沒有答應，但大臣們卻竭力勸諫。這使趙太后很氣憤，她説："有再提出要長安君做人質的，我就要唾他的臉。"

在此關鍵時刻，左師觸龍來見趙太后，一開始他根本不提要長安君做人質的事，而是先跑到太后跟前請罪，接着就是下面的精彩對話：

左師：老臣我腳有病，行動不便，很久沒有向您請安了，私下自己原諒自己，又恐怕太后身體有所不適，所以很想來看望太后。

太后：我現在只能以車代步。

左師：每天的飲食沒有甚麼減少吧？

太后：只是喝些粥而已。

左師：老臣我近來食慾不佳，靠每天走上三四里，來增加食慾，使身體舒適。

太后：老婦我做不到。

　　經過觸龍這一番委婉謙詞，太后的怒氣漸漸消除了。接着兩人又進行了下面的對話：

> 左師：老臣我的小兒子舒祺不成材。我老了，很疼愛他，希望通過您讓他當上王宮的侍衛，甘冒死罪把這話說給太后聽。
>
> 太后：好說！多大年歲？
>
> 左師：15歲了，雖然年紀還小，很想趁自己沒死以前把兒子的事託付給太后。
>
> 太后：男人也愛他的兒子嗎？
>
> 左師：比婦人還疼愛。
>
> 太后笑道：婦人更厲害。
>
> 左師：我以為您對您的女兒燕后的愛勝過對長安君的愛。
>
> 太后：您錯了！不如愛長安君。
>
> 左師：父母愛子女是要為兒女作長遠打算。您在送燕后的時候，緊跟在她後面哭泣，心裏惦念着她，為她遠嫁於外而傷心。走後，不會不想念的，在祭祀的時候，祝願她不要被送回來，豈不是替燕后作長遠打算，希望她有子孫，在燕國相繼為王嗎？
>
> 太后：是呵。

　　觸龍這一番對話仍未說到正題，而是從自己疼愛小兒子說起，引導太后談到對兒女的愛，尤其強調太后對燕后的愛，這正是為下面轉入正題作了巧妙的迂迴、鋪墊。

> 左師：趙國每代國君的子孫，被封為侯的，他們的後嗣

> 還有存在的嗎？
>
> 太后：豈有。
>
> 左師：不僅趙國，就是其他諸侯的子孫受封的，還有存在的麼？
>
> 太后：我也沒有聽說還有存在的。
>
> 左師：這些人被封不久即遭殺身之禍，甚至殃及子孫，並非人主的子孫都不好，而是由於他們的地位顯貴而沒有功勳，俸祿優厚而沒有勞績，又擁有大量貴重寶物，若不趁現在的機會讓他對國家做出貢獻，一旦太后去世，長安君在趙國靠甚麼自託其身？老臣認為太后為長安君考慮得不夠啊！所以說您對他的愛不如對燕后的愛。
>
> 太后：好！聽任你讓他做任何事吧！

太后終於被左師説服，為長安君備車百輛，送他到齊國做人質，於是，齊國才出兵援助趙國。

左師觸龍與趙太后之間的對話，充分表現了觸龍的談話技巧。他首先以委婉的謙詞，使太后消了怒氣，然後表示對太后生活起居的關心，輕言慢語，娓娓動聽，最終使太后的神色緩和下來，怒氣消散。繼之，左師引出正題，但也並非單刀直入，而是從自己疼愛的小兒子談起，當引導太后談到對兒女的愛時，立即轉入正題：“我認為老婦人您對燕后（太后的女兒）的愛，勝過對長安君的愛。”左師明明知道太后更愛長安君，卻偏偏這樣説，是為下面一席話作鋪墊，指出太后為燕后作了長遠打算，而沒有為長安君作長遠打算。接着連舉數例説明高官厚祿只能給子女帶來殺身之禍。經左師如此一番有情有理、迂迴曲折的勸説，最終説服了太后，同意讓長安君到齊國做人質。這段著名的歷史故事告訴我們，巧妙的言辭對個人和國家的事業，能夠起多麼重要的作用。

　　劉向在《説苑‧善説》中指出人是靠言辭來表達意思的。漢代人主父偃説：一個人不善講話，能有甚麼用呢？當初子產講究辭令，趙武向他表示敬意；王孫滿言辭明晰有力，使楚莊王無以應對；蘇秦以其辯才遊説，使六國得以安寧；蒯通巧妙陳辭，才得以保全自己。可見，言辭對己對國都是很重要的。因而，言辭不可不修煉，講話不可不巧妙。

　　説話既可以使人獲得成功，也可以使人遭受失敗。雖然“一言興邦，一言喪邦”之説有些誇張，但言辭如何卻常是人際交往、處事成敗的重要媒介，其作用是不可低估的。《伊索寓言》中有一則名為《舌宴》的寓言：

> 　　一天，主人請客要伊索做最好的菜招待客人，開宴時，客人看到桌上的菜全是各種動物的舌頭。主人責問伊索，伊索説：“你要我做最好的菜，舌頭是使人學會各種學問的關鍵，難道它不是最好的菜嗎？”主人拿伊索沒有辦法，又吩咐道：“明日再辦一次宴席，菜都要最壞的。”結果，第二天的宴席上仍然擺滿了各種動物的舌頭。主人氣憤地責問伊索，伊索卻答道：“難道一切壞事不是從嘴裏靠舌頭説出的嗎？舌頭既是最好的也是最壞的東西！”

　　這則寓言告訴人們，同樣都是用舌頭説話，但有時結果是好的，有時結果卻是壞的。它既可以説出最美妙動聽的好話；也可以説出最能傷害心靈的惡語。莎士比亞筆下的奧賽羅，當他被旗官伊阿古的謊言所欺騙、蒙蔽，懷疑苔絲狄蒙娜對他不忠時，他與苔絲的對話中用盡了惡毒的詞語，宣洩自己的嫉恨之火，這些令人無法忍受的侮辱語言，使苔絲那顆純潔善良的心，受到了極大的傷害。

> 苔：我希望在我尊貴的夫主眼中，我是一個賢良貞潔的妻子。
>
> 奧：呵，是的，就像夏天肉鋪裏的蒼蠅一樣貞潔——一邊撒牠的卵子，一邊就在受孕。你這野草閒花呵！你的顏色是這樣嬌美，你的香氣是這樣芬芳，人家看見你嗅到你就會心疼；但願世上從來不曾有過你！
>
> 苔：唉！我究竟犯了甚麼連我自己也不知道的罪惡呢？
>
> 奧：這一張皎潔的白紙，這一本美麗的書冊，是要讓人家寫上"娼妓"兩個字的嗎？犯了甚麼罪惡！呵，你這人盡可夫的娼婦！我只要一說起你所幹的事，我的兩頰就會變成兩座熔爐，把"廉恥"燒為灰燼。犯了甚麼罪惡？天神見了它要掩鼻而過；月亮看見了要羞得閉上眼睛；碰見甚麼都要親吻的淫蕩的風，也靜悄悄地躲在岩窟裏面，不願聽見人家提起它的名字。犯了甚麼罪惡！不要臉的娼婦！
>
> 苔：天呵，您不該這樣侮辱我！

語言——人類的這一神奇創造，就是這樣由人們巧妙地編織起來，既可以像觸龍對趙太后那樣，輕言慢語，如和煦的微風；也可以像奧賽羅對苔絲那樣，惡語中傷，如同摧殘鮮花的暴雨冰雹。正如由朱自清作序，林語堂撰寫的《怎樣說話與演講》一書中所說："我們的話說得好，小則可以歡樂，大則可以興國；我們的話說得不好，小則可以招怨，大則可以喪身。"

二、口才是説話的藝術

會説話未必就有口才，口才是説話的藝術。口才表現一個人的思維能力和語言修養。有口才的人必是思路清晰敏捷，博學多識，運用語言恰當得體，善於在特定的語言環境下，審時度勢，説出恰如其分的言語。而口若懸河，滿嘴漂亮話，並不一定有口才。有人生來有一張會嘮叨的嘴，但是必要時卻説不出幾句頂用的話，這只能説是有口無才。口才需要學習和訓練，即使一個口齒遲鈍，羞於啟齒的人，通過有效的訓練，也能成為一個口才出眾的演説家。

中國戰國時期著名縱橫家蘇秦本來也不善交談，後來下了一番苦功，練習論辯應對之法，終於以高超的舌辯之才，説服六國聯合抗秦。《荀子·非相》中所説的"贈人以言，重於金石珠玉""聽人以言，樂於鐘鼓琴瑟"，都是對善言的美好評價。

有人問作家蕭伯納：你為甚麼這樣善於講話？他回答説："學來的，就像學滑冰一樣 —— 開始笨頭笨腦，像個大傻瓜，後來就慢慢好些了。"蕭伯納年輕時十分膽怯，每當敲別人門時，總要鼓足勇氣。後來經過鍛煉説話、辯論、演講，終於成為巧於辭令，極富幽默風趣的人。

當代國際著名語言大師，被譽為出版史上第二暢銷書《人性的弱點》的作者戴爾·卡耐基，一生潛心於人際關係和演講訓練的研究，曾評點過 15 萬篇演講，開設世界聞名的"卡耐基公開演説與人際關係課程"，總結出一整套口才、演説的有效訓練方法，使成千上萬的人經過學習後，獲得了意想不到的成效。

掌握了語言表達的技巧，甚至可以使一個人的生活變樣。有時僅僅因為在適當的場合發表了一通精彩的講話，就會在工作和事業方面獲得轉機或成功。而一個説話能得人心的人，人們對他能力的評價，往往超過他真正的才華。難怪美國行為學專家湯姆士說："發生在成功人物身上的奇蹟一半是由口才創造的。"

長期以來，人們對口語的訓練有所忽視，甚至有人認為能言善辯者為嚼舌，耍嘴皮；委婉曲說者為說漂亮話，不實在。當然，能言善辯、口若懸河者中確有空談浮誇者，但是，如果因而否定說話的講究和訓練，則是因噎廢食，這樣極不利於人類智力的開發。因為智力的核心是思維能力，而思維所憑藉的重要工具就是語言，一個嬰兒如果沒有人用語言和他交談，智力發展會很慢，及時給以語言訓練是嬰兒智力發展的重要因素。口語表達能力與思維能力有直接關係。口語表達的訓練實際上就是思維訓練，口語表達能力訓練的過程，也是思維能力發展提高的過程。語言學家張志公在《要充分認識口頭表達能力的重要性》一文中說："口頭語言能力的發展同智力的發展關係十分密切，二者之間有互相促進的作用。"在一些學校所做的實驗表明，通過口語訓練能有效地提高學生的思維能力。

近年，由於中國在經濟、文化各方面的迅速發展，各種通訊工具、網路傳媒得到廣泛應用。從未來社會的發展需要來說，在人際交往日益頻繁，信息傳播手段日益數字化，工作效率要求更高的情況下，直接運用口語的表達需要絲毫也沒有減弱。例如，新聞發佈、談判簽約、法庭辯護、電視主持、電台播音、訪談對話、演講辯論、論文答辯、應聘面試、即席發言，甚至政府各部門公務員處理日常公務，回答各種問題……哪一種事不需要一張能說會道的好嘴？任何一項工作都需要口才，口才是社會各種人才必備的重要條件之一。

口才訓練的實質，不僅在於語言表達本身的訓練，更主要在於支配語言表達的思維訓練。本書將在介紹說話的一般原理基礎上，着重對交談中的思路和邏輯方法加以分析。揭示出說話過程的內在機理，即隱藏在言語鏈背後的思維層面的邏輯鏈，從而更有效地提高談話的洞察、應變及推理論證的能力與技巧。

　　邏輯實際是一種思維的規則和方法。任何說話交談的內容都必須合乎事理或邏輯的要求。說話總要表達一定的思想，一般人們只注意對言語表達本身的分析，而忽視對內在的思路進行考察。對語言表達的邏輯分析，也引起許多邏輯學家和語言學家的重視，對人的思路分析與語言表達的分析是分不開的。邏輯學家所關注的是如何運用語言準確地表達概念，做出判斷和正確地進行推理，以提高人們的論辯能力，並能識破各種謬論和詭辯。邏輯從來就是一門使人們變得更為聰明和善辯的學問。正如培根所說："邏輯使人善辯。"而萊布尼茲更強調邏輯的智力作用，他說："智力曾經發現的一切東西都是通過邏輯規則這些老朋友而被發現的。"

　　對說話的邏輯研究可以追溯到古代思想家、智者或名家的活動。邏輯，作為研究思維的藝術，是在百家爭鳴的唇槍舌戰中應運而生的。被西方譽為"邏輯之父"的古希臘大思想家亞里士多德，曾專門研究了論辯。後人編輯亞氏著作《工具論》一書中共有六個篇章，其中的《論辯常識》和《辯謬篇》都是講論辯的。論辯的口語形式就是對話。亞氏在書中指出：我們是想尋找一種方法，使我們能夠就我們所遇到的每一個問題，對被普遍地接受的種種意見進行推理，而且當我們本身要對付某一論證時，可避免說出一些不利自己的話。亞氏研究邏輯的宗旨在於教人如何遵循思維規律，辨別並避免各種來源於語言與非語言的謬誤，指導人們正確有效地進行交談和論辯。

第二節　隱藏在說話背後的邏輯

　　言語交際過程，實質上是語義信息交流、傳輸、溝通和反饋的過程。言語傳播的關鍵是語義的理解和分析。提高言語交際能力，如果只在言語表層上下工夫，而不注重思路訓練，則是捨本逐末。凡是成功的言語交際，並不在於言語表層的通順和華美，而在於內在的邏輯力量。因此，揭示出言語背後的思維的邏輯內涵，以及總結出一些交談的邏輯技巧，對提高言語交際的水平具有重要意義。

一、機智對話的邏輯隱含性

　　有一則有關蕭伯納的軼事：

　　　　一個晚會上，蕭伯納正在專心地考慮問題，坐在旁邊的一位富翁不禁感到好奇，就問道："蕭伯納先生，我願出一美元，來打聽您在想甚麼？"

　　　　蕭伯納答道："我想的東西不值一美元。"

　　　　富翁更加好奇了："那麼，您究竟在想甚麼呢？"

　　　　蕭伯納看着這位富翁，反問："您真想知道嗎？"

　　　　富翁迫不及待地說："太想知道了。"

　　　　蕭伯納幽默地答道："我在想着您呵！"

　　這段對話，從表面上看只是言語之間的互相對答，蕭伯納通過對話巧妙地戲弄了這位以為甚麼都可以用錢買到的富翁，但蕭伯納之所以能說出如此妙語，是因為蕭伯納有着敏捷的邏輯思維。當他聽到這位富翁要出一美元買他"思想"的時候，思維迅

速做出了反應，並想到如何巧妙地加以應對。從邏輯思維看，蕭
伯納的思路是一個三段論推理，而且巧妙地將結論隱含起來，使
對方體會到這個令他難堪的結論，其推理過程是：

> 我想的東西是不值一美元的，
> 你是我想的東西，
> _____
> 所以，你是不值一美元的。(隱含)

其邏輯結構可用符號表示為：

> M ——— P
> S ——— M
> _____
> S ——— P
>
> (M：我想的東西。P：不值一美元的。S：你。)

　　任何巧妙的對話都是思維的藝術，其中必定隱含着邏輯，有
的對話中推理更為複雜一些。例如，英國詩人喬治‧英瑞是一位
木匠的兒子，他很受當時英國上層社會的尊重，但他卻從不避諱
自己的出身，這在英國當時的社會是很難得的。一次，一個紈絝
子弟與他在沙龍相遇，嫉妒異常，為了中傷他，高聲問道：

> "對不起，請問閣下的父親是不是木匠？"
> "是的。"詩人回答。
> "那他為甚麼沒有把你培養成木匠？"
> 　　喬治微笑着很有禮貌地回答："對不起，那閣下的父親想
> 必是紳士了？"
> "是的！"這位貴族子弟傲氣十足地回答。

"那他怎麼沒把你培養成紳士呢？"

這段對話中，詩人首先敏銳地聽出對方發話中所隱含的前提是甚麼。這個紈絝子弟的推理是：

如果父親是幹甚麼的，兒子也應被培養成幹甚麼的。
你父親是木匠，
所以，你也應該被培養成木匠。

詩人針對對方隱含的錯誤前提，運用推理予以駁斥。首先假定對方的前提是真的，結果推出與事實不符的結論，從而表明對方的言論是荒謬的。這在邏輯上叫做歸謬法推理，其推理過程是：

如果父親是幹甚麼的，兒子就應當被培養為幹甚麼的，那麼，父親是紳士，兒子就應當被培養為紳士。
事實上，你這個紳士的兒子沒有被培養成紳士，
所以，說"父親幹甚麼，兒子就幹甚麼"是不對的。

詩人的對話，不但具有邏輯力量，而且在幽默中給這位貴族子弟以辛辣的諷刺。言語交談中的巧妙應對，多是瞬間完成的。"想"和"說"本來是兩種機制，但一個思維敏捷的人，能夠邊想邊說，章法不亂。很難設想，一個思維遲鈍的人能有如此快速的應對能力。

思維能力，這裏主要指抽象邏輯思維能力，即運用概念、判斷和推理的能力。任何語言表達的背後都有相應的思路，思路概念明確才能用詞恰當，判斷準確才能造句嚴謹，推理合乎邏輯才

能使語言表達有説服力。對任何一段言語作品，都能做出內在的思路分析，從而揭示出隱藏在説話背後的邏輯。只有做出邏輯分析，才能探得語出奇妙的緣由。為此，我們將進一步揭示存在於人們言語交際之間的言語與邏輯的轉換機理。

二、言語鏈及隱含在深層的邏輯鏈

1. 言語交流的動態分析 —— 言語鏈

首先要了解"語言"和"言語"不同。語言是由詞和句子按一定規則構成的系統，是表達思維的符號，是説和寫的工具。而言語則是"產生某一語言的一連串有意義的語音的過程或結果"（《語言與語言學辭典》，上海辭書出版社 1981 年版，第 324 頁。），即指人運用語言説或書寫的過程，也可指説出來的話。言語交流，就是以語言為工具的言語交際活動。

我們可以把人們的言語活動作一個動態的描述：首先由説話人的大腦活動開始，憑藉語言材料進行思維，並發出指令，以脈衝的形式沿着運動神經傳到舌頭、嘴唇、聲帶等發音器官的肌肉。發音器官的運動產生聲波，即"言語音波"，言語音波通過空氣把思想信息傳播給聽話人。對聽話人來説，首先由耳接受言語音波，通過感覺神經傳達到大腦，然後辨析發話的信息內容進行理解，然後由聽話人進行同樣過程的反饋。這個信息傳遞過程，是在語言、生理、物理三個平面上進行多次轉換形成的，就像前後串連起來的一根鏈條，因此有人稱它為"言語鏈"。（〔美〕鄧斯、平森：《言語鏈》，中國社會科學出版社 1983 年版，第 6 頁。）圖示如下：

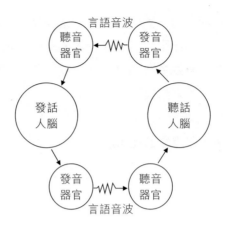

　　按照現代控制論觀點，言語交際過程的言語鏈，實際上就是一個傳輸、反饋過程。控制論的創始人維納研究反饋時指出："為了使任何機器能對變動不居的外界環境做出有效的動作，那就必須把它自己動作後果的信息，作為使它繼續動作下去所需的信息的組成部分再提供給它。"（《人有人的用處 —— 控制論和社會》）維納對反饋的研究，已經把信息這個概念引入了控制和通訊系統。在維納創立控制論的同年，申農創立了信息理論，提出了通訊和控制系統中信息傳遞的一般規律。

　　信息傳輸。整個過程首先由發話者將思維信息以語言符號，通過言語音波發送出去，由受話者接收語言信息，然後以反饋信息發送給發話者。但由於言語交際涉及語音、語義、語用和語境背景等因素，因此它比一般電訊傳輸系統複雜得多。維納曾指出，語言信息網絡大致分為三級：第一級是語音方面；第二級是語義方面，不同語言之間的語義並不完全對應，這種情況使語言的信息交流受到一定限制；第三級是語言的行為方面，即語言的運用。可見，語言信息的傳遞具有多元的特點。

　　這裏還涉及信息理論中一個重要概念，即對傳播信息的信息量及有效信息的分析。在言語交際過程中，則是關於語義信息量及語用信息的分析，信息量的多少與信息量的大小是不同的。信息量多少是指絕對的信息數量，如説十句話比説一句話的信息量多；而信息量大小是指信息對於不同對象或在不同語境下，具有不同信息價值的相對信息量。如果對某接受信息者發出了他最需要的信息，則接受者獲得了最大信息量。即使發話中只有一個字，也可成為最大信息量。如問："您貴姓？"答："王。"答話雖只有一個"王"字，但已最大限度滿足了對方問話的需要。因此，這個"王"字，在特定的語境下，傳達給對方的就是最大信息量。反之，即使長達萬言，但沒有一句是對方所需要的話，那麼，發話者傳達的信息對受話者來説，其價值等於零。凡答非所問，離題萬里，"王顧左右而言他"皆屬此類。但並不是説，任何時候説話越簡單越好、話越少信息量越大。對一些不是三言兩語所能説清楚的問題，便需要適當加大發話的信息量，作必要的補充，以使信息充分、完整。

　　但是，由於語義受説話人的語音、語境、心理等因素影響，變化多端，很難進行定量分析，致使語義信息究竟該怎樣度量，成了信息研究中的一個難題。例如，一個"哦"字，如果是第二聲，表示將信將疑；如果是第四聲，則表示"我懂了"。又如同一個"儂"字，在古詩文裏表示"我"（"儂今葬花人笑癡"），而在上海方言中表示"你"。可見，如果不能首先確定語義，也就根本無法對語義信息度量。儘管解決問題的難度很大，但信息量的理論告訴我們，言語交際中，用儘量少的話傳達出最大的信息量，卻是一條最重要的交談原則。

　　信息反饋。要確定發話者傳送出去的語義信息效果如何，還要通過信息反饋，看聽話者接收情況如何。語言傳遞的信息控制系統，實際上就是一個語言反饋系統。這裏所説的反饋，是指受話者接收語言信息以後做出的語言反饋。廣義理解可以指所有語言和非語言的（表情、姿態等）反饋。語言反饋的作用主要在於通過發出的反饋信息影響信息源，使發話人了解發話是否達到目的，以便調整或改變信息，從而再發出更準確、更恰當、更接近目的的信息，這個過程大體相當於信息理論中的負反饋。

言語交際中的反饋，常是雙向多層次地進行。當受話人反饋後，發話人的回應又是一種反饋，這樣，通過相互間的反饋，不斷達到交際的成功。

語言反饋，可分為外部返回反饋和內部自我反饋兩種。外部返回反饋是指雙方交替進行的反饋，而內部自我反饋則是通過自我監聽，發生在説話人自身的反饋。如當説話人聽到自己的話有不當之處時，馬上予以調整或收回，就是內部自我反饋的表現。這種自我反饋如果是在説話前就已意識到而加以改變，則為隱性自我反饋；如果是説出後再加以改變，則為顯性自我反饋。一次談判或辯論，往往是各種反饋形式交互重疊出現的複雜過程。當雙方先後開始第一次發話後，即開始了一來一往的言語交流，表現為外部反饋形式。而雙方對説出的話間或再用話來調整或補充，則屬顯性自我反饋；而欲言又止或中途突然改變話題，則是隱性自我反饋。

有人做過一個簡單試驗：在教師指導學生做一道幾何的作業時，第一種情形是教師不在現場，師生不發生任何反饋；第二種情形是師生互相可見到，但不許提問；第三種情形是只允許學生對教師的提問回答；第四種情形是學生也可以提出任何問題並得到回答，創造一種自由反饋的情境。結果發現，隨着被允許反饋數量的增加，學生完成作業所花的時間也增加，但他們畫出的幾何圖形也更趨精確。可見，反饋越充分，就越能成功地達到目標。在日常言語交際中也是如此，對問題討論得越深入，交換意見越充分，對問題的解決就越有益。但也要注意發出信息的質量，盡可能用較少的反饋信息，達到交際的目的，才是最佳境界。

"傾聽"，在言語交際過程中，要提高信息反饋的質量，獲得傳遞信息的最佳效果，還必須注意"傾聽"這一重要環節。傾聽，介於發話與對話之間，是反饋的前提條件，沒有傾聽則常使反饋出現偏差。傾聽，不是指一般地聽，而是指對發來的語言信息，專心入神、全身心整體投入地聽，正如美國傳播學家威瓦爾所說："入神的傾聽在努力獲取與理解信息的過程中包括了肌體、感情和智力整體的投入。它是主動的而非被動的過程。我們不能僅滿足於保證自己在洗耳恭聽，而對其餘器官聽其自然。"〔〔美〕理查德·L·威瓦爾：《交際技巧與方法》，學苑出版社1989年版，第110頁。）

傾聽，作為一個過程，包括對信息的接收、選擇、組織和解釋四道程式。然後發出相應的反饋信息。由於這一過程的機制是"聽"和"想"，而不是"想"和"說"，因而完成它只需很短的時間。有人統計，人平均每分鐘講125—150個詞，而傾聽，每分鐘可以輕而易舉地處理500個詞，當然平時並不需要投入這樣大的大腦"功率"。

要完成有效的傾聽，還意味着用"第三隻耳朵"去聽，即聽出言外之意。為此，我們必須在傾聽的同時，既要聽辨出"話中話"，還要注意音調、音量、音速以及體態、着裝等非語言因素的暗示作用，以求真正的洞察和理解，然後才能做出準確的反饋。可見，傾聽是整個語言交際中的一個關鍵步驟，它不但承接着發話，而且引導着對話，沒有傾聽，交談也就無從進行，再巧妙的談話技巧，也將無計可施。

"理解"。言語傳播是通過言語方式，發出語義信息，由接收者傾聽並做出相應反饋的過程。如果這個過程能順利完成，謂之"溝通"；如果中途發生嚴重干擾，或接收者拒絕接收，謂之"阻斷"。溝通的關鍵在於理解。因而，在言語交際的傳播系統中，成功的決定因素是理解。

言語的理解，就是透過言語表層，揭示深層語義的過程，也就是從語言平面進到邏輯平面的轉換過程。其中影響理解的最根本因素是對詞（概念）的理解。人們之所以產生混亂的思想，常是因為被誤解的詞造成的。美國哈伯德說："沒有被誤解的概念，只有被誤解的詞，這些被誤解的詞造成嚴重的概念錯誤。"（〔美〕哈伯德：《有效理解的竅門》，三聯書店 1987 年版，第26 頁。）

他還用一條混亂的曲線表示出被誤解的詞導致了怪誕的想法，見下圖：

混亂的概念
或思想

思考過程曲線

被誤解的詞

　　這種對“詞”的誤解，其原因可能是由於同音詞或多義詞或生疏詞，也可能是由於語境複雜或背景知識不足，其結果都會產生概念及思想上的混亂，導致交際失敗。

　　此外，判斷或推理上的失誤，也是造成理解錯誤的重要原因。而推斷上的失誤，往往由於推理的錯誤造成。推理作為一種思維活動，既有語言推理，也有非語言的表象推理，有時又可能是這兩者的結合。有人認為，在我們的記憶中，形象信息量遠遠大於語言信息量，許多創造性思維是借助想像而不是借助語言產生的。交際中的推理常常是通過觀察和想像進行的，而這種推斷大多是推測性的，有時準確，有時失誤。如看到某人臉紅了，就推測某人可能做了虧心事；某人說“這件事我只告訴你”，就以為某人特別信任自己。這些推斷都是極不可靠的。因此，交談中運用推理技巧理解語言信息，必須注意到大量的推斷是推測性的似然推理。如果交談中將似然推理誤作為必然推理，就會導致理解上的錯誤。

　　由此可見，對言語表達中的詞義、句義的理解，關鍵要搞清在言語背後究竟要表達的是甚麼概念、判斷或推理。即使是無言的默契，也含有語義信息的交流，即所謂“心照不宣”。因而，在人們的言語交際中，必須深入揭示其內在的邏輯關係，才能真正把握語義信息，以達到相互理解與溝通，獲得交際的成功。

　　2. 言語鏈的語義結構 —— 邏輯鏈

　　說話是借助語言進行的，說話背後的思維同樣也是借助語言進行的。語言既是說話的工具，又是思維的工具。人既要用語言說，也要用語言想，因此，我們對說話背後的邏輯分析，也要通過語言來進行。雖然思維和言語這兩個層次都要借助語言工具，但思維活動是在邏輯平面上進行的，而說話是在語言平面上進行的。前者是無形的、內在的，受思維規律制約；後者是有形的、外在的，受語法規律制約。從三者的關係來看，思維是內容，語言是工具，言語是用語言表達思維的方式或結果，其中思維對言語表達具有決定意義。對言語鏈的語法分析，主要揭示語言結構的規律，一般只停留在語言平面上，不能從根本上解決語義問題。例如，"我吃雞"和"雞吃我"或"我愛他"和"他愛我"，都同樣是"主—謂—賓"語法結構，但是語義表達卻迥然不同。因此，必須透過語表對言語做出語義分析，才能揭示出言語表達的真正含義。

想通過語表揭示其深層語義內容，也就是要揭示出思維層次上的邏輯關係。許多邏輯學家已經在探索使用人工語言，對自然語言的各個方面的邏輯關係做出相應的邏輯刻畫。除數理邏輯中的判斷邏輯、謂詞邏輯已被用作分析工具外，還在非經典邏輯領域中，建構了模態邏輯、認知邏輯、相信邏輯、問句邏輯、時態邏輯、道義邏輯、多值邏輯、模糊邏輯等形式系統。中國有些學者注意從語用方面研究自然語言邏輯，並且與漢語特點相結合，對漢語虛詞做出語義和語用的分析，並將其邏輯結構做出了相應的形式刻畫。

邏輯形式抽象為人工語言，其優點是具有概括性和單一性，便於輸入機器，編製程式，有利於人工智慧的研究。雖然邏輯形式可以借助公理和規則建構其形式系統，但自然語言的靈活多變及複雜的語義和語用的關係，要做到完全形式化，幾乎是不可能的。語境及背景問題更是一大難題。因而，有必要首先在言語表達與邏輯思路之間，即言語鏈與思維的邏輯層面之間，從總體關係上做出分析，找出一些規律，將有助於語用邏輯的研究。

在言語交際過程中，任何一個言語鏈背後，必然存在一個與之相應的思維活動的"邏輯鏈"。邏輯鏈可圖示為：

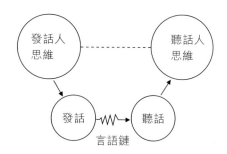

言語鏈

人們之間通過言語的交流，實際上是在邏輯鏈（看不見也聽不到）之間的理解與溝通。言語表達可以省略、中斷，而只要保持在邏輯鏈上的溝通，交際即可進行，言斷而意不斷。如果言語背後沒有一個前後關聯的邏輯鏈，那麼言語交際就不能達到相互理解和溝通。

邏輯鏈的理論只是從宏觀上把言語與邏輯對應起來，探討它們之間的關聯、區別、轉換等關係，尋求二者之間的某種規律。本書關於邏輯鏈的研究，首先着眼於言語表達中內在邏輯關係的揭示，形式的和非形式的分析都是可用的手段。形式語言作為一種抽象的思維工具，在必要時予以使用。

邏輯鏈是以概念為構成的基本元素，由概念構成的判斷為基本單元，它是一個以判斷為基本環節組成的序列，判斷之間按照其內在的邏輯關係串聯起來。一條邏輯鏈，可以是一個判斷，也可以是一組判斷的聯結。由一個判斷構成的邏輯鏈，是它的基本形式；由一組判斷聯結而成的邏輯鏈，是它的擴展形式。如果由一個判斷構成邏輯鏈，其邏輯形式為：

$$A：p$$

如果由兩個或兩個以上判斷構成邏輯鏈，其邏輯形式為：

> A：p～n
>
> A：p～q～n
>
> A：p～q～r～n
>
> ……

總之，無論有多少判斷組成邏輯鏈，在至少有兩個判斷的情況下，最後一個判斷總是以 "n" 表示。

邏輯鏈可以定義為：在同一思路中，一個判斷或一串具有內在關聯的判斷的有窮系列，其邏輯形式可用公式表示為：

> A：p～q～r～s……n

公式中 "A" 代表邏輯鏈，p、q、r、s、n 分別表示組成邏輯鏈的判斷，符號 "～" 表示判斷間的聯結（聯結詞）。聯結符號可借用數理邏輯的符號 ¬（並非）、∧（並且）、∨（或者）、→（如果，那麼）、←（只有，才）、↔（當且僅當）、⊢（因為，所以）等來表示。

例如：

> "因為我是公司經理，而且工作很繁忙，所以，您的宴會我可能去，也可能不去。如果我不能去，就派張副經理去。"

這段話的內在邏輯鏈可作如下分解：

這段話中所包含的判斷可分別用符號表示：

① 我是公司經理 (p)

② 工作很繁忙 (q)

③ 您的宴會我去 (r)

④ 您的宴會我不去 (¬r)

⑤ 派張副經理去 (s)

其中的聯結詞用符號表示：

"因為……，所以……" (⊢)

"如果……，就……" (→)

"……，而且……" (∧)

"可能……，可能……" (∨)

這樣即可將這段話中的兩重複句分別表示為：

① "因為我是公司經理，而且工作很繁忙，所以，您的宴會我可能去，也可能不去。"

符號表示：

〔(p ∧ q) ⊢ (r ∨ ¬r)〕

② "如果我不能去，就派張副經理去。"

符號表示：

(¬r → s)

於是，可將這段話的完整邏輯鏈表示為：

A：〔(p ∧ q) ⊢ (r ∨ ¬r)〕∧ (¬ r → s)

又如：

"我有一張電影票，如果我不去，或者給小季，或者給小張，而不要給小陳。"

這段話從語言表達上看，構成了一條言語鏈，而把其中的每個判斷整理出來，就可以排列出一個判斷的序列，也就是這段話的邏輯鏈。即：

> A：我有一張電影票，並且，如果我不去，那麼，或者給小李，或者給小張，並且，不給小陳。
>
> 可將其中的五個判斷、四個層次解析為：
>
> 我有一張電影票　(p)
>
> 並且（∧）
>
> 我不去　(q)
>
> 如果，就（→）
>
> 給小李　(r)
>
> 或者（∨）
>
> 給小張 (s)
>
> 並且（∧）
>
> 不給小陳　(n)
>
> 用公式表示該序列為：
>
> A：p，並且 {如果 q，那麼 [（或 r，或 s）而且 n]}
>
> 其邏輯鏈為：
>
> A：p ∧ {q → [（r ∨ s）∧ n]}。

由於語言表達的層次實際上是思維層次的反映，所以，揭示言語鏈中的邏輯鏈，是對語言交流分析與理解的關鍵。邏輯鏈中最裏層的括弧表示一個最基本的判斷間的聯結，然後，以它為基本單位，逐層擴展，每一擴展都表示與一個或一組判斷的聯結。

任何一個言語鏈都有一個邏輯鏈相對應。沒有邏輯鏈，也就沒有言語鏈，而邏輯鏈又必須通過言語鏈來表達。言語鏈是形式方面；邏輯鏈是內容方面。邏輯鏈存在於人的思維中，屬於深層結構，而言語鏈則屬於表層結構，它本身需要由深層的語義分析做出解釋。

邏輯鏈是由一定的思維結構組成的系統，任何人，不分國家、民族、階級，都有構成邏輯鏈的功能；言語鏈則是由一連串的語音序列構成的言語流，當然，也是人所共有的功能，但是，不同民族的語言，表現為不同的語音序列，因而，言語鏈是有民族性的。正是由於不同民族的言語鏈，可以由同一邏輯鏈轉換生成，所以，經過翻譯，才能實現不同民族、不同國家人們之間的語言交流。

邏輯鏈與言語鏈之間的具體聯繫是比較複雜的。雖然這兩種鏈的構成材料和使用的工具都是語言，但是，二者在不同層次上的活動機理是不同的。一個不能説話的啞人，可以有很敏捷的思維，並且可以不用言語，而用手勢表達思維中的邏輯鏈；反之，一個能説會道，言語很多的人，又往往不能很好地表達思維中的邏輯鏈。再加上概念和語詞之間，並不都是一一對應關係，常有一詞多義或一義多詞的現象；判斷與語句之間，也常有一種斷定表達為多種語句，或一個語句含有歧義的現象。這種情況表明，邏輯鏈與言語鏈之間有一個"信息加工廠"。每個人對信息加工的水平和程度都是不同的。對一個人來説，構成邏輯鏈的思維內容，未必就是他的言語鏈所表達的內容。這裏主要受兩方面因素制約：一方面是説者主觀上對思維信息的加工，使説出的話可以靈活多變；另一方面是説出的話在客觀上給聽者的信息，可能要比言語本身的信息要多，甚至可能是説者在邏輯鏈原型中所沒有的，或是由聽者附加的。

從根本上説，有怎樣的邏輯鏈，就會有怎樣的言語鏈。但是，在由邏輯鏈轉換為言語鏈的過程中，如何對思維信息進行加工，在很大程度上取決於當時的語境，這樣就使邏輯鏈與言語鏈之間呈現出極為複雜的關係。儘管如此，概括起來，邏輯鏈與言語鏈的基本關係類型不外三種：

① 邏輯鏈與言語鏈二者完全一致；
② 邏輯鏈與言語鏈二者不完全一致；
③ 邏輯鏈與言語鏈二者完全不一致。

（1）完全一致，是指言語與思考完全一致，而且語句中不含有任何歧義的概念或判斷。根據表達語句即可做出邏輯分析，即使語言表達有所省略，也可按推理結構恢復其省略部分，並做出完整的邏輯分析。凡屬以科學真理或行為規範一類判斷為依據的推理，一般都屬此種類型。例如，在審判過程中，當對犯罪分子定罪時，審判長的思考與表達完全一致，而且表達時不能省略其中任何一個判斷。如根據中華人民共和國刑法第 134 條規定，凡故意非法傷害他人身體的行為為故意傷害罪，張某故意非法傷害了他人身體，所以，張某為故意傷害罪。這個定罪三段論在審判中的表述必須是完整的、準確的，不容有任何含糊和省略。因此，它的邏輯鏈也是非常明確的，而且與語言表述完全一致。其邏輯形式為：

MAP ∧ SAM → SAP。

思考與表達完全一致，不在於表達是否完整，而在於通過表達語句能揭示出內在的邏輯鏈。例如：

一位男子與女友經過較長時間的交往，以為時機已經成熟，對女友說："我們結婚吧，行嗎？"女友回答："行啊！但我還沒想好呢！"男子聽後感到意外，很失望。雖然女友沒有明說"不行"，實際已經隱含表達了。

女友的話，邏輯上是一個假言推理的省略式。其推理是：

如果要結婚，就得我先想好，(隱含)
我還沒有想好，(明言)
所以，我不能結婚。(隱含)

女友只是說出了小前提，而將大前提和結論都隱含了。男子則通過女友的話，按邏輯而不是按言語，完全理解到隱含的真意。這段話所傳達的信息，雖然使她男友很失望，但作為語義信息的傳播卻是成功的。其原因就是通過邏輯鏈在思維層面上，而不是在言語層面上，達到了理解與溝通。儘管表達有所省略，思考與表達仍屬一致。其邏輯形式為：

$(P \rightarrow q) \wedge \rightarrow$。

（2）不完全一致，是指言語與思考之間出現語義差異，其差異的原因及情況比較複雜。由於語音、語義、語境，甚至語氣及心理、感情等方面的原因，有意或無意，均可造成"說"和"想"之間的某些差異，其中最常見的就是由歧義而造成的思考與表達的矛盾。例如，春秋戰國時期，東周某人懷裏揣着一塊"璞"到集市中去賣。鄭國某商人正想買璞，於是成交。待東周人拿出璞一看，鄭國商人連忙說"錯了，錯了"。原來，"璞"在鄭國指未雕琢好的玉石，而在東周卻指未製成乾的鼠肉。由於“璞”的歧義，致使雙方説的不是一種東西，交易失敗。雙方推理如下：

> 賣璞者推理：璞是你要買的，我賣的是璞，所以，我賣的是你要買的。
>
> 買璞者推理：璞是你要賣的，我要買的是璞，所以，我要買的是你要賣的。

這裏雙方在思考上都是正確的推理，有自己的邏輯鏈，因為都是在自己認定的意義上使用“璞”這個概念的，但在言語交際中被對方理解時，由於詞的多義性就產生了表達與思考的矛盾。實際被人理解的意思，並不是原來思考時的意思。這樣，在一個三段推理中，由於大、小前提中的“璞”不是同一概念，出現了“四概念”錯誤，原來的推理失敗，邏輯鏈斷裂。只有消除歧義，才能重構邏輯鏈。當鄭國商人連聲説“錯了”時，也就消除了各自推理對“璞”的歧解。買者明確了對方賣的“璞”，並不是自己要的“璞”。於是重新作了推理：

> 你要賣的是“璞”（鼠肉），
> 我要買的不是“璞”（鼠肉），
> 所以，我要買的不是你要賣的。

雖然雙方交易失敗，但也是經過相互理解，清除歧義，雙方都知道對方表達的內在語義是甚麼，重新溝通了邏輯鏈。

一般來説，在言語交際中，由於語詞歧義造成思考與表達的矛盾而使邏輯鏈發生斷裂時，消除歧義就可以重構邏輯鏈，尋求交際上的成功。

（3）完全不一致，是指言語與思考完全不一致，這種情況往往是由於交談對象、具體語境或心理因素等方面的原因，不說出真實的思想，而故意轉換話題，或反義表達。如問："你認識這個字嗎？"答："我過去學過。"答者真實的思想是不認識這個字，但由於不好意思的心理作用，轉移了話題；又如，被審訊的犯人，明明心裏清楚自己有罪行，卻常常矢口否認。對於這種情況，首先不是揭示邏輯鏈的問題，而是要揭露謬誤、謊言或洞察心理，引出真實思想。只有在此基礎上，才能建構起溝通交談的邏輯鏈。

由以上分析可見，在言語交際背後，有一條連接在雙方思維之間的邏輯鏈。這條鏈不是只根據語表就能把握到的，它忽明、忽暗、忽連、忽斷，這就需要對言語交際中的信息傳遞、傾聽、理解和反饋的全過程有所把握；而且還要對有關的非語言信息，如交談背景、心理因素等進行分析，才能準確揭示言語交際中的邏輯鏈，從而對語義信息做出準確的分析，達到交際雙方的溝通，使語義信息傳播系統正常運行，以便獲得較為理想的語用效果。

3. 邏輯鏈與思維網絡

邏輯鏈是由一串語句構成的判斷序列。這個判斷序列在人的思維中不是憑空產生的，也不是某種偶然的聯繫，而是以接受某種思維信息為契機，以某種交際需要為目的，在人腦的思維網絡中，提取有關的思維信息而形成的一個新網絡。所謂思維網絡，從人腦儲存的全部知識信息來說，就是由概念、判斷和推理所構成的全部聯繫。它如同一張縱橫交錯的網，由縱向結構和橫向結構交織而成。從中提取邏輯鏈，就是由全部思維網絡中提取的若干概念聯結的判斷系列，可以把它看作是一個局部網絡。

例如：

A：

這是一個最簡單的縱橫交織的思維網絡。我們把聯結概念（也可以是判斷）的語詞叫做＂網結＂。如上圖中的＂和＂是聯結橫向結構＂我＂、＂他＂的紐結，其中的判斷詞＂是＂是聯結縱向結構＂我和他＂與＂朋友＂的紐結。一個複雜的思維網絡，是由許多＂網結＂聯結而成。如：

A：如果某商品價廉又物美，那麼，某商品聲譽好，並且銷售快。

		價廉				聲譽好
如果	某商品	又	那麼	某商品	並且	
		物美				銷售好

上圖中的＂如果，那麼＂和＂又＂＂並且＂，是分別聯結橫向結構及縱向結構的＂網結＂。當然，這種平面圖解式分析，只能是簡單的示意，實際的思維網絡不是拼版式的。

從人的高級神經活動系統來看，思維網絡的生理機制就是大腦皮層興奮灶之間的複雜聯繫。人的大腦是儲存知識的信息庫，形成一個總的知識網絡。一條邏輯鏈的形成，是一組知識信息相互發生聯繫的總和，它只是人腦全部思維網絡的一部分。當發出某一串特定的思維信息時，也就是思維網絡上的相關知識單元被激發，迅速組合，構成一條邏輯鏈。一條邏輯鏈構成的速度和反映知識的程度，是由整個思維網絡形成的信息基礎決定的。如果某種知識在大腦皮層上的聯繫比較穩固，那麼提取（激發）某種知識信息就快；如果這種聯繫較弱，那麼提取某種知識的速度就慢。而構成的邏輯鏈的質量、速度、效率如何，則是因人而異的。

4. 思維信息的加工和對語句的理解

由以上的分析可以看出：語言交流的過程是由發話者大腦的思維網絡到邏輯鏈，再到言語鏈，然後，經言語鏈傳達到受話者的思維網絡，經過理解，提取有關的知識信息，構成邏輯鏈，再表達為言語鏈，做出回答。在這裏，對語句的理解就成為揭示邏輯鏈的關鍵。

前面曾説到，在言語鏈的傳輸、反饋過程中，對語句的理解至為重要，但由於影響理解的因素極為複雜，因此，對語句的準確理解常常是很困難的。微妙的社會習俗支配着談話和寫作，要成為一個語言的有效使用者，人們必須要考慮聽眾的特徵：他們的知識，他們的社會背景，他們參加交往的原因。講出來的詞所傳遞的意思，常常與它字面上解釋所包含的意思非常不同。這裏涉及發話人和聽話人在思考中如何對發送和接收的信息進行思維加工。在言語交際過程中，語句的隱含、省略和附加，是人們由思維轉換為言語過程中幾種常見的信息加工方法。

（1）語句的隱含

所謂語句的隱含，是指説話者在由思維向言語轉換過程中，語句中包含隱含判斷（預設）。這裏涉及對語義預設和語用預設以及推理中隱含判斷的分析。

語義預設，即指語句中所包含的條件語句或判斷。這種預設既可以"含"在語句中，也可以"隱"在語句中。前者如"我知道你是北京人"，預設"你是北京人"；後者如"小張又遲到了"，預設"小張以前遲到過"。

語用預設，即指在言語交際者之間共同接受的事實或判斷。這裏既包括對判斷的態度，如斷言、疑問、命令等涉及人的活動的預設；也包括對雙方所處的環境和背景方面的預設。前者如"請把文件櫃鎖上"，預設"文件櫃沒有鎖上"、"文件櫃是可以鎖上的"、"對方能夠完成此事"等；後者如問："你到深圳的證券交易所去了嗎？"答："到深圳的證券交易所去了。"預設雙方對話所處的背景是"深圳有股市交易市場"。

預設理論主要是對判斷條件的分析。了解預設有助於在對話中揭示背景及隱含語義，以便做出恰當的對話。例如：

老李現在還想買房嗎？

顯然，問句直接給出的信息是思維中的"我不知道他現在是否還想買房，希望得到回答"；而"老李過去曾想買房"是間接包含在問句中的隱含判斷。無論對方作肯定的回答，還是作否定的回答，都將表明答話者接受了這個隱含判斷。如果説者的隱含判斷是真的，那麼，在溝通言語鏈基礎上，問句獲得了理解，對話雙方就構成了共同的知識結構。在這種情況下，答話者能夠順利地提取邏輯鏈，做出肯定或否定的回答，都是恰當的，即"老李現在還想買房"或"老李現在不想買房了"。如果説者的隱含判斷是假的，那麼，隱含的思想信息事實上不存在。這樣，該隱含判斷就不能被對方接受，阻滯了言語鏈的溝通。在這種情況下，針對隱含判斷給予否定回答是恰當的，即"老李沒説過要買房"。由此可見，在思維層面隱含的語句必須是真實的，才能構成有效的對話，如果語句的隱含是虛假的，就不能構成有效的對話。

在實際語言交流中，語句隱含的情況比較複雜，有時是多層次的。例如：

> 問：你今天去不去看電影？
>
> 答：你給我請假呀！

問句要求對方給予肯定或否定回答，如果回答"去"或"不去"，都是直接承接問句的簡捷答話。但是，這裏的答句卻做出一個間接的回答。其中隱含了多層語義：① 我正在上班；② 上班時間走必須請假；③ 一般情況上班不能請假看電影；④ 你也無法給我請這個假；⑤ 我不能去看電影。其中⑤句是答句所表達的真正語義。

在日常言語交際中，還常常運用判斷構成推理進行交談和辯論，由於推理中的判斷（包括前提或結論）常被省略，因而要理解對話語句，還必須揭示出其中的隱含部分，才能做出準確完整的語義分析。

（2）語句的省略

語句的省略是指説者在由思維轉換為言語的過程中，由於某種語境的存在，或為了表達上的簡練，對語句中的若干部分予以省略。例如：

> 問：這是甚麼？
>
> 答：手機。

　　問話是一個判斷式問句，要求對方做出肯定是甚麼事物的回答。答話者一般都能接受這個問句的言語鏈，並理解問句的含義。由於語境中有先發的問句和所指的客觀事物，因而，答話可以略去指示代詞和判斷詞"這是"，只說出事物的名稱"手機"即可。

　　語言交流中，除去這種直接承接問句的省略外，還有間接的省略情況。例如：

> 問：你看不看這本書？
> 答：沒意思！

　　問句要求給予肯定或否定回答，如果回答"看"或"不看"，都是直接承接問句的省略語句。但是，這裏的答話做出了一個間接省略語句的回答：沒意思。其中既有隱含又有省略。隱含判斷是：① 這本書我看過；② 我不想看這本書。答句中省略了"這本書"。由於語境中有問句和所指的書，這種省略是很自然的。如果在對話者之間有許多行為關係，對話間的省略和隱含的層次就會更多，分析起來也更複雜。

　　（3）語句的附加

　　語句的附加是指說者在思維轉換為言語過程中，使語句帶有更多的思維信息，而這些思維信息不是語句本身所明言或隱含的。例如：

> 問：這隻金錶是你的嗎？
> 答：你又小瞧我了！

　　問話者要求回答"是"或"不是"，但答話者採取了間接隱含的對話。語句本身表示對方不應對自己估計過低,其中的明言是"你小瞧我了",隱含是"以前小瞧過我",附加是"這隻金錶怎麼就不能是我的"(也可能這隻金錶就是答話人的);而這一層附加意義是該語句本身的明言與隱含並未包含的,只有根據語境和語氣甚至心理才能判定。

附加意義有時很微妙,如果對話雙方都有附加的"弦外之音",往往成為一種思辨能力的交鋒。例如,第二次世界大戰期間,德軍的將領和士兵經常出入於巴黎的畢加索藝術館,有一次,在藝術館的出口處,畢加索發給每個德國軍人一幅他的名畫《格爾尼卡》的複製品,這幅畫描繪了西班牙市格爾尼卡遭德軍飛機轟炸後的慘狀。一個德軍蓋世太保頭目指着畫問畢卡索:

"這是您的傑作嗎?"
"不,這是你們的傑作!"畢卡索嚴峻地回答。

從這段對話看,雙方對語句都作了附加,僅從表面語句分析,明言和隱含的意義都不能揭示出全部的含義。對話中既有明言所說的互相稱讚的語句;又有隱含在雙方語句中的深層語義,問句中故意肯定畫家有支持德軍侵略的態度。答句中包含揭露德軍侵略罪行的隱含語義;還有雙方都附加在"傑作"上的令人深思的另一番含義。只有在特定的語境下,分析出雙方所附加的含義,才能理解這段對話的深層語義結構,揭示出隱藏在對話背後的邏輯鏈。

綜上所述,一個人的言談能力如何,取決於説話人的知識結構,以及如何從思維網絡提取邏輯鏈,並將其轉換為恰當的言語鏈的能力。對思維進行信息加工是完成這個轉換的關鍵。重要的是如何理解語句，而理解語句涉及主、客觀多方面的因素，需要進行多層次、多角度的分析，才能找出某些規律。因此，我們必須深入探討如何透過言語鏈揭示邏輯鏈的機理及方法。

三、如何透過言語揭示邏輯鏈

如上所述，在實際交談中，雙方的言語常常是省略的，有明言説出的話，也有隱含內藏的話。運用邏輯分析方法，不能僅僅停留在對説出話的分析上，而是要把明言部分的邏輯鏈與隱含部分的邏輯鏈，有機地聯繫起來。常常是只有揭示出隱含部分，才能解釋明言部分。這一點正是邏輯分析與語言分析的重大區別，邏輯的着眼點是思路分析，語法的着眼點是語表分析。

那麼，如何透過言語揭示思維的邏輯鏈呢？根據前面的分析，我們知道，任何一個言語鏈都有一個邏輯鏈相對應。邏輯鏈屬於深層結構，言語鏈屬於表層結構，必須運用邏輯推理的方法才能對表層與深層的語義關係做出解釋。例如：

大作家安徒生，一次由於沒有辦成女友託他辦的事，深感內疚，自責地向女友説道："你不會恨我吧！"女友答道："怎麼會呢？只有愛才會有恨！"安徒生聽後，極為悲痛，因為他從這句話中聽出女友從未愛過他的隱語。如果把女友話中的邏輯鏈揭示出來，就能立即發現這個隱語。在這段話的背後，其邏輯思路是一個必要條件假言推理：

> 只有愛，才會有恨。（第二句話）
>
> 沒有愛，（隱含語）
>
> 所以，不會有恨。（即第一句話："怎麼會呢？"）

公式為:

> 只有 p,才 q。
> 非 p,
> ─────────
> 所以,非 q。

邏輯鏈:〔(p←q)∧－p〕├－q

邏輯上對一個必要條件假言推理,可以通過否定前件(非 p),推出一個否定後件(非 q)的結論。女友所說的兩句話,"怎麼會呢?"和"只有愛,才能恨",恰恰是推理中的結論和大前提,中間的小前提省略未說,而安徒生通過女友的話立即理解到"沒有愛"這個隱含的小前提,難怪要引起安徒生的悲痛。

對潛語的分析,涉及深一層的思維機制。要想了解人在說話時的思維活動,無論是對發話人,還是對聽話人,都需要運用邏輯推理的方法做出分析及推斷。這個推斷過程,實際上就是人在頭腦中對思維信息進行加工的過程。因此,在言語交際中要把明言部分和隱含部分有機地聯繫起來,揭示其完整的邏輯鏈,就必須運用邏輯分析的方法。遇到層次較多的"彎彎繞",還要進行更為複雜的邏輯分析,才能做出準確的判斷。例如:

> 甲問:如果三天前是星期五的前一天,那麼,後天是星
> 　　　期二。對不對?
> 乙答(想一想之後):對。

這是一問一答的簡單對話,但在完成對答的過程中,思路卻要經過幾個層次,其中乙答話時要想一想,就是要逐層進行邏輯推斷,否則,無法馬上判斷甲的話是否對。乙的思路是根據甲的

發話，進行一番連鎖式推理之後，才做出肯定回答的。其推理過程是：

> 如果三天前是星期五的前一天，那麼，今天往前的第三天是星期五，
>
> 如果今天往前的第三天是星期五，那麼，今天是星期日，
>
> 如果今天是星期日，那麼，後天是星期二，
>
> ───────────────
>
> 所以，如果三天前是星期五的前一天，那麼，後天是星期二。

這是一個假言連鎖式推理。橫線以上為甲隱含的前提，也是乙必須予以揭示的思路；橫線以下為甲明言的話，也是乙揭示出隱含前提以後得到的結論。如果以 p、q、r、s 按順序分別表示上面所包含的四句話，那麼可用符號寫出它的邏輯公式：

邏輯鏈可表示為：

A：〔(p→q) ∧ (q→r) ∧ (r→s)〕⊢ (p→s)

如果乙的思考過程中，在某環節上出現失誤，就會導致整個推理的失效，就會出現錯誤的回答。

由此可見，要使對話成功，必須準確地揭示明言背後隱含

的思維層次，而且要以明言為條件，進行正確的邏輯推導，或者說，要經過思維的信息加工，即調動已有的知識和經驗，運用邏輯推導能力，對接收的思維信息進行邏輯分析。

四、説話的邏輯技巧與個體思維能力的差異

起源於 20 世紀 50 年代後期的現代認知心理學，深入研究了思維 —— 言語活動的心理機制，提出了信息加工理論，把大腦的神經活動過程比作電子電腦的信息加工，認為思維是大腦的信息加工結果。近四十年由於神經生理學的研究，發現思維是整個腦的功能，特別是大腦皮層的功能，腦的不同部位受損傷時，對思維有不同的影響。大腦皮層的額葉對思維活動具有重要作用，由大腦皮層其他部位加工過的信息，都要傳送到額葉進行更複雜的加工、綜合、編製成行為的程式，進而調節和控制人們的行為和心理過程。

美國當代腦科學家麥克林專門研究了大腦的不同層次的結構，指出大腦共分三個層次：一是最外邊的新皮層，屬於人的顯意識部；二是緣腦層，在新皮層的下面，它管轄情緒、感情等；三是最裏邊的爬行動物腦層，屬於人的潛意識，它們分別具有不同的接收、篩選、儲存、加工和處理信息的功能，但它們之間又相互配合，共同協作，完成整個大腦皮層的綜合功能。

法國的神經生理學家尚格提出行為、思維和情感等是源於大腦中產生的物理和化學現象，是相應神經元組合的結果。一個神經元可以通過它的纖維分支與許多神經元建立突觸聯繫，使得一個神經元的信息可以直接傳送給許多神經元，完成信息的綜合。

將人的思維功能，用腦神經生理活動予以解釋，是當代研究思維機理的成果，但對思維活動中的人腦究竟是怎樣工作的，仍

然知之甚少。前面提到的在言語鏈與邏輯鏈轉換過程中使用的隱含、省略和附加等信息加工方法，也只是幾種常見的一般方法。隨着人們對言語鏈與邏輯鏈理論的深入探討，個體思維能力的差異向人們提出了一個問題：人們究竟是怎樣對思維信息進行加工的？個人之間的邏輯分析與表述能力的差異，與人的思維功能有甚麼關聯？

由於在思維中對獲取的信息進行加工的情況不同，就會出現邏輯上推斷能力的不同。例如：

一位在候車室等車的婦女，把一隻手提箱放在一邊正與一個偶然相遇的朋友說話，忽然發現自己身邊的手提箱不見了。一抬頭看到一個小伙子正提着一隻皮箱急匆匆地往外走，她立即追上去，發現正是自己的皮箱，於是叫住小伙子問："你怎麼拿了我的皮箱？"那小伙子一愣，連忙道歉說："怎麼，這皮箱是您的？對不起，我拿錯了。"立即把皮箱退還給這位婦女，頭也不回地向外走去。這位婦女認為，既然拿錯了，也就不必追究了。但是，這一切都被值班警察看在眼裏，他立即緊追上那小伙子，突然發問："你自己的皮箱呢？怎麼不回去找了？"那人猝不及防，一時怔住了，回答不出。於是警察把他帶到值班室，經過仔細查問，原來這小伙子是想乘人不備偷走皮箱。

從這個事例中可以看出，這位婦女和警察對獲取的同一信息"我拿錯了"，在頭腦裏分別進行了不同情況的思維加工。這位婦女的思維加工是：

如果拿錯了皮箱，並且還回來，就不必追究了，

> 這個小伙子拿錯了皮箱，並且還回來，
> 所以，不必對小伙子追究了。

　　這在邏輯上正是一個充分條件假言推理。分別用符號表示其中的判斷：

> ① 拿錯了皮箱（p_1）
> ② 還回來皮箱（p_2）
> ③ 不必追究了（$\neg q$）

　　其推理公式為：

$$(p_1 \wedge p_2) \rightarrow \neg q$$
$$p_1 \wedge p_2$$
$$\therefore \quad \neg q$$

邏輯鏈　A：$[(p_1 \wedge p_2) \rightarrow \neg q] \wedge (p_1 \wedge p_2) \vdash \neg q$

　　這是一個正確的推理，但這位婦女忽略了另外一層推理，而那位警察卻進一步做出這個推論：

> 如果他拿錯了皮箱，那麼他自己就應有一隻皮箱，
> 如果他自己有一隻皮箱，就應回去找自己的皮箱，
> 但他沒有回去找自己的皮箱，
> 所以，他不是拿錯了皮箱。

　　這在邏輯上正是一個充分條件假言連鎖推理。分別用符號表示其中的判斷：

① 他拿錯了皮箱 (p)
② 他自己應有一隻皮箱 (q)
③ 應回去找自己的皮箱 (r)

其推理公式為:

$$p \longrightarrow q$$
$$q \longrightarrow r$$
$$\dfrac{\neg r}{\therefore \quad \neg p}$$

邏輯鏈　A：〔(p→q)∧(q→r)∧﹁r〕├﹁p

這個連鎖推導在警察頭腦裏只是一瞬間的事,並立即按照這一思路上前追問"你自己的皮箱呢?"顯然這是致命的一問。如果小伙子說有皮箱而且回去找來,那麼就不是故意說拿錯了;如果小伙子不能回答,更無從去找,那麼就是故意說拿錯了。而那位婦女正因為沒有在思維中進行這一步邏輯推導,也就放過了這個小偷。

當然,也不排除這位婦女可能做出了與警察相同的推論,但不願多事,故意不再追究了。但我們着重要說明的是兩種思維的差異所導致的不同結果。由此更深刻地體會到言語背後的邏輯怎樣支配着人們的言語和行為,以及個體思維能力的差異怎樣影響着思維信息加工的質量和水平,從而也看到邏輯思維對提高談話技巧的重要意義。

在案件審理過程中,審判員不管自覺不自覺,都要運用邏輯技巧。如果缺乏邏輯思維能力,對思維信息加工過於粗糙,就可能出現失誤;而邏輯思維能力強,精於邏輯推導和邏輯設計,則可以事半功倍，迅速破案。在審問案犯時，有無邏輯頭腦，往往是能否斷案的關鍵。例如：某單位會計室的保險箱被撬，全部現金被盜。公安人員在保險箱上提取了罪犯的指紋，並查到指紋的主人，審問時疑犯處處狡辯，審判員不得不拿出指紋作證。

> 問：你不要抵賴了，你打開了保險箱，拿走了現金，但留下了指紋，你看（出示指紋）！
>
> 答：不錯，可能是我的指紋，因事情發生後，大家都去看了，我也去了，還用手摸了保險箱。

這樣，審判員一開始就出示指紋，結果卻被疑犯利用了，輕而易舉地編造出案發後曾用手摸了保險箱的假口供。在類似的某案件審理中，有經驗的審判員卻能成功地進行審問：

> 問：案件發生後，你到哪裏去了？
>
> 答：我也跑去看了看。
>
> 問：你和誰一起去的？站在甚麼地方？
>
> 答：和小劉一起去的，我倆站在門口。
>
> 問：到裏面去了沒有？
>
> 答：我和小劉都沒有進去，小劉可以證明。
>
> 問：是真實的？
>
> 答：一點不假。
>
> 問：在這之前你到會計那裏去過沒有？
>
> 答：沒有。
>
> 問：你昨夜起來到哪裏去了？
>
> 答：我起來上廁所，還碰上了李師傅。
>
> 問：為甚麼到遠離宿舍的辦公室那邊去上廁所？

> 答：……
>
> 問：你說沒有去過會計室，可是保險箱上卻留下了你的指紋，你看（出示指紋）！

這樣經過連續提問，堵住了其他可能的後路，然後出示指紋，使案犯無法辯解。

審判員的思路是：指紋留下的時間有三種可能，即案發前、案發後和案發時。如果案犯自己否認案發前和案發後曾經接觸過保險箱，那麼就可以排除這兩個時間留下指紋的可能，從而推斷出指紋是作案時間留下的。審判員正是按照這一思路設計了一系列的提問，引導案犯自己回答出案發前和案發後都不曾接觸過保險箱，那麼剩下只有一種解釋：指紋是作案時留下的。

審判員的提問，有事實作依據最為有力。如問："你昨夜起來到哪裏去了？"面對提問，案犯也可能否認昨夜曾經起來的事實，但案犯因昨夜起來時曾碰到李師傅，不知審判員是否已經掌握了自己昨夜曾經起來的事實，未免心虛，只好謊說起來上廁所了，而這個廁所又在辦公室附近，面對"為甚麼到遠離宿舍的辦公室附近去上廁所？"這一問題，而無話可答。審判員抓住了這個時機，出示指紋，起到了最有力的確證作用，使案犯再也無法抵賴。如果把審判員的邏輯推理過程整理出來，可用公式表示為不相容選言推理的否定肯定式。分別用符號表示三種可能性情況的判斷：

> ① 指紋是案發前留下的（p）
> ② 指紋是案發後留下的（q）
> ③ 指紋是案發時留下的（r）

其推理的公式為：

$$p \vee q \vee r$$
$$\neg p \wedge \neg q$$
$$\therefore \quad r$$

邏輯鏈　A：〔(p∨q∨r)∧(¬p∧¬q)〕⊦r

那位缺乏經驗的審判員，企圖開始就肯定指紋是作案時留下的，而忽略了排除其他兩種可能情況。當事情可能有 p 或 q 或 r 三種可能時，除非能確鑿肯定 r 情況，才能排除 p 和 q 情況，否則，決不能由審判人員首先輕易否定 p 和 q 情況，而認定指紋是作案時留下的。因為審判員只拿出指紋，並沒有確鑿的時間證據，就肯定指紋是作案時留下的（r），顯然是沒有說服力的，而罪犯卻可輕而易舉地肯定 p 或 q，而使 r 不能成立。

由此例可見，在言語交際中，尤其是在需要推理和論證的複雜對話中，必須有敏銳的邏輯頭腦，運用邏輯技巧，設計交談用語，才能更好地達到預定目的。

五、交談中的非語言信息作用

在言語交際中，分析交談語義時，不能不注意到一切非語言手段，對表達思維信息的作用。人類的交際不只是通過語言。英國語言學家克利斯托認為交際有六種模式：聽說模式、視覺模式、觸覺模式、味覺模式、嗅覺模式等。除說話以外，視、觸、味、嗅等都可負載信息，成為交際手段。日常生活中只可意會不可言傳的情況很多，只要心照不宣、彼此默契，也能達到交際目的。

現代思維科學研究表明，思維活動並非都要借助語言。語言不是思維的必不可少的條件。思維主要有形象思維、抽象思維和靈感思維三類。畫家主要靠形象思維，畫家齊白石僅憑觀察蝦、蟹就可以在紙上畫出形態各異的蝦蟹，而無須借助語言。愛因斯坦在創立相對論過程中，提出時鐘變慢，時空彎曲等幾乎用語言都説不清楚的複雜理論，並不是靠現成語言的思考，而是靠一種不受語言所局限的更深邃的高級思維活動，然後才儘量用語言進行表達和論證。他認為語言中的詞，不論是説的還是寫的，在他的思維機制中似乎不起作用。在思想中作為思維元素實體的似乎是一些可以"自主"產生和結合的符號以及清晰的形象。傳統語言的語句或其他符號只是在第二階段才費勁地去搜尋。

在交談過程中，非語言信息，是指那些不通過有聲語言所傳遞的信息，主要指態勢語或身體語。一個眼神，一種表情或姿勢，都在傳遞着言外之意。有人研究人的眉毛可有 23 種不同的動作表達不同的意義，如一眉高一眉低，表示鄙夷或懷疑。交談中不時看錶，表示談話可以結束，不時點點頭則能使對方增強説下去的信心，這些都是無須通過語言即可傳遞的信息。思維可以不借助語言，不等於説語言對思維無關緊要。必須看到，人類自從有了語言這個第二信號系統，使人類的進化產生了飛躍，人類才有了今天的科學、文明和進步。直到今天，人們還是主要靠語言傳遞思想信息，靠語言記載人類獲取知識的成果，靠對語言的理解，相互溝通，進行人際交往。但是，人類創造的語言，還遠遠不能覆蓋人類所有傳遞信息的手段，不能表達人類全部的各種豐富而微妙的思維信息。因此，在言語交際中，要理解深層語義，揭示出言語鏈背後的邏輯鏈，必須注意分析各種非語言信息的作用。但這已不是本書要談的內容了。

第 *2* 章
對話與邏輯

　　説話可分為獨白體和會話體兩大類。獨白體是單向的，如個人發言、報告、演説等。會話體是雙向的，如兩人對話、交談、討論、談判、辯論等。兩人對話，是言語交際的最基本形式，它包含了交談所需的一切基本要素。因此，研究説話技巧，首先要搞清對話的各種類型、方法及邏輯要求。

　　對話，廣義理解可指由發話、聽話和答話構成的全過程；狹義理解可僅指答話。本章是在廣義上使用“對話”這個詞；而在回答發話時，則使用“答話”這個詞。依據言語鏈與邏輯鏈的理論，對話作為交談的全過程，從語言運用層面看，首先是發話，然後是聽話，接着是答話，這三個環節（主要是發話和答話）都有其不同的語句類型、方法及邏輯要求。

第一節　發話、聽話和答話的方法及邏輯要求

一、發話的方法及邏輯要求

　　發話就是由對話中的一方提出問題或話題。提出問題或話題是打開一切交談之門的鑰匙。無論是日常對話，還是專門問題的討論或辯論；無論是審訊，還是談判等各種對話場合，都要首先

提出問題或話題，作為交談的"啟動器"。能否正確而巧妙地提出問題或話題，往往關係着對話的成功與否，關係着人們能否正常地交流思想，達到交際目的。

發話可分為問句發話法和非問句發話法兩大類型。

1. 問句發話法

問句發話法是由各種問句構成的發話方法，是對話中最常用的發話形式。關於問句分類，可有各種不同的劃分方法，一般將問句分為：

$$
問句類型
\begin{cases}
填充式問句（x——問句）
\begin{cases}
\text{"是甚麼"型} \\
\text{"怎麼樣"型} \\
\text{"為甚麼"型}
\end{cases} \\
聯繫式問句（是—否問句）——\text{"是不是"型} \\
選擇式問句——\text{"是……還是"型}
\end{cases}
$$

根據上述問句的不同類型，可將問句發話法分為填充式發問法、聯繫式發問法、選擇式發問法三種。

（1）填充式發問法

填充式發問法是一種以填充式問句發問的方法。例如：

① 幽默是甚麼？
② 誰是法國總統？
③ 甚麼物品最貴重？
④ 你準備去誰家拜訪？

　　填充式問句，也稱"x——問句"，有多種類型，以上四例屬"是甚麼"類型。它的表達形式是特指疑問句。其中常用的疑問代詞是"甚麼"、"誰"等，它可以單獨作為一個成分使用，如例①②中的"甚麼"、"誰"；也可以作定語使用，如例③④中的"甚麼物品"、"誰家"。如果用 x 代表疑問代詞，S 代表主項，P 代表謂項，則填充式發問句的公式是：

> "S 是 x？"或"x 是 P？"（x 既可在主項位置，也可在謂項位置）
>
> "（x）S 是 P？"或"S 是（x）P？"（x 做定語用）

　　填充式發問法是一種使用廣泛的發問方法，在人們日常交際中，時時處處可聽到填充式發問法的各種問句。如見了面會問："好久未見，你到甚麼地方去了？""現在是甚麼時候了？"當你需要與人約會時，會問："咱們甚麼時間、甚麼地點會面？"等等。填充式發問法要求發問者發出的問句中，填充的主項或謂項所指的對象必須存在。如果填充的主項或謂項根本不存在，那麼這個發問就毫無意義。例如："甚麼神仙最靈驗？"由於世上有沒有神仙還是疑問，對一個不能肯定存在的事物，談何靈驗？這個問句的發出，使對話者無法答出真判斷。因此，這種填充式發問無效。

　　在對話中使用填充式發問法，由於問句簡短明確，可以促使對話者立即做出明確回答，這種作用在教學中尤為突出。如幼兒教師在進行組詞教學的過程中，要求幼兒能用"大"字說一句話，以發展幼兒的想像、思維能力時，就常用這種方法：

　　教師：甚麼雨嘩嘩地下？

> 幼兒：大雨嘩嘩地下。
>
> 教師：小松鼠有一條甚麼？
>
> 幼兒：小松鼠有一條大尾巴。
>
> 教師：公雞的頭上有甚麼？
>
> 幼兒：公雞的頭上有一個大紅冠子。

這裏，教師在幼兒已有知識的基礎上設計出了由一系列填充式問句組成的富有啟發性的問題，調動幼兒積極思維，鍛煉了組詞造句的能力，從而鞏固了幼兒所學的知識，並擴大了他們的視野。

（2）聯繫式發問法

聯繫式發問法是以聯繫式問句發問的方法。這裏的 "聯繫" 是指主、謂項之間的聯繫。例如：

> ①婉容是中國的末代皇后嗎？
>
> ②您是不是記者？

聯繫式問句以 "是……嗎？" 型或 "是不是" 型為基本類型。它的表達形式為是非疑問句。如果用 S 代表主項，P 代表謂項，則聯繫發問句的公式是：

> S 是 P 嗎？

或：

> S 是不是 P ？

　　聯繫式發問法要求提問者明確說出主項與謂項，而只在主項與謂項之間是否有聯繫上要求回答。如例①婉容是主項，清朝的末代皇后是謂項，問的是婉容與清朝的末代皇后是否有聯繫，對話者只需回答"是"或"不是"即可。例如，一位編輯對某作者說："年輕人，這首詩確實是您的嗎？"作者回答："是的，每一行都是。"這段對話就是用"是"來回答一個聯繫式問句。

（3）選擇式發問法

　　選擇式發問法是以選擇疑問句發問的方法。例如：

> ① 蝙蝠是鳥還是獸？
> ② 上海還是北京是中國的最大城市？
> ③ 他是數學家還是物理學家？

　　選擇式問句以"是……還是……"為基本類型。它的表達形式是選擇疑問句。如果用 S 表示主項，P 表示謂項，則選擇式發問句的公式是：

> S 是 P_1，還是 P_2？

或：

> S_1 還是 S_2 是 P？

　　選擇式發問法的要求是：對問句提出的選擇情況，做出肯定的回答，而不要求做出否定回答。同時，還要求區別兩種不同的選擇問句：不相容選擇問句和相容選擇問句。例①②是不相容選擇問句，即兩種選擇情況是不能並存的。例③是相容選擇問句，即兩種選擇情況是能夠並存的。對相容選擇問句的回答，可能有兩種或兩種以上的肯定回答。

運用選擇式發問法可以使對話者擴大思考範圍，準確恰當地在多種選擇中斷定其中一種。例如：一位公司總經理批評一位職員的語言過於粗魯，傷了這位職員的自尊心。這時，一位副經理平靜地對總經理說："這位元職員是有錯誤，應當批評，但您想一想批評的方式簡單生硬好，還是細緻溫和好呢？"這句話提醒了總經理，連聲說："對，我不該說那些話。"這裏，副經理的發話，就是運用了選擇式發問法。以上三種問句發話法，每一種都可連續使用在一次發話中，也可選兩種或三種組合起來連續使用在一次發話中。由於日常交談，力求語言簡短，便於對答，不常使用連續發問的方法，但常在以下三種情況下使用：

第一，機會難得，失不再來或失再難來時。如在記者招待會上，因時間有限，給予發話者的機會十分難得。當記者在得到這個機會時，就會把要求對方回答的幾個問題連續發出。例如，有記者問張百發：

> "關於中國申辦奧運會，您所說的難度大，是指甚麼呢？您是否認為現在的服務質量和水平，增加了申辦奧運會的難度？"

第二，在需要造成一種氣勢壓倒對方，使對方無迴旋餘地時。例如，在一次審訊時：

> 問：叫甚麼名字？
> 答：李細榮。
> 問：來武漢偷過幾次東西？都是些甚麼？
> 答：俺來武漢是走親戚的，不是偷啥東西的。

> 問：走親戚帶螺絲刀幹甚麼？又為甚麼要在半夜裏四處
> 亂跑？黃鶴樓長廊在江邊；你為甚麼跑到幾里地以
> 外來了？……

在審訊員使用不同類型的填充式問句連珠炮似的發問下，李細榮啞然了，最後，竟一口氣交代了二十多起小偷小摸行為。

第三，在引導對方圍繞自己的問題或話題為中心時。例如：

> 一位記者採訪一位國際知名的柑橘分類、栽培專家。由於這位專家生活坎坷，屢遭磨難，性格有些反常，不歡迎人去採訪。這位記者為了達到讓他介紹有關柑橘知識的目的，首先與這位專家拉家常，談故人，當感情融洽時，便使用連續發話法，問：
>
> "這裏也在推廣矮化嗎？黃龍病害控制住了嗎？你頭兩年發現的好幾種野生寬皮柑橘怎麼樣了？你創造的枝序修剪法和一般的修剪法區別在哪裏？"
>
> 這位專家便圍繞着記者發出的一連串問題滔滔不絕地講了起來。這位記者使用填充式和聯繫式問句連續發話達到了採訪目的。

2. 非問句發話法

非問句發話法，就是由各種非問句構成的發話方法。包括陳述式發話法、祈使式發話法、感歎式發話法三種。

（1）陳述式發話法

陳述式發話法是一種由發話者提出某種陳述，陳述內容包括對事物或現象的性質、狀態、存在、關係等各方面的表述，並以此為話題的方法。例如，如果在對話中用"我認為你在說

謊。""現在我們探討的是婚戀中的價值觀念。"等句子發話,
就是屬於陳述式發話法。陳述式發話法是人們在交談中使用較多
的方法。例如,洋洋約了幾位同學在家裏閒談。

> 洋洋說:有許多詞句,可以顛來倒去,它的意義卻沒有
> 改變。如,典當和當典,氣力和力氣,不得了和了不得等。
> (陳述己見,提出話題)
>
> 他的同學云云聽了忙說:不,前天早晨,我見了王家的
> 大小姐,我就叫了她一聲小大姐,不料她幾乎要給我一個耳光
> 呢。

陳述式發話法的目的,在於由發話者提出一個話題,並以
這個話題為中心,促使對話者圍繞這個中心對話。因此,運用陳
述式發話法要求提出的話題概念要清楚、明確,判斷要準確、恰
當,避免產生歧義。例如:

> 古時候,有個叫卜子的人,他的褲子已"千瘡百孔",便
> 對他的妻子說:"我買了一塊做褲子的布。"又指指身上又髒
> 又破的褲子說:"就做這樣的。"卜妻做好新褲以後剪出幾個
> 洞,抹上許多灰塵後,交給卜子,卜子目瞪口呆。

問題出在卜子"就做這樣的"這句話,既可指"這個式樣",
又可指"這個模樣"。

運用陳述式發話法,要有實際內容和交談誠意,避免無病呻
吟,沒話找話,以及"今天天氣……哈哈哈"之類的話題。

(2)祈使式發話法

祈使式發話法是由發話者提出某種願望、請求、命令為話題

的發話方法。例如，如果在對話中用 "祝您生日快樂"、"請您多多關照" 等句子發話，就屬於祈使式發話法。

祈使式發話法以祈使句形式表述話題，具有請求或指令的語氣，有時可使人感到謙和、尊敬。例如，醫生："先生，您必須注意休息，早睡覺，多散步，喝牛奶。" 病人："是的，謝謝您的關照。" 有時，又可使人感到嚴厲，不容辯説。例如，列車員："您拿的是普快車票，怎麼坐到特快列車上來了，您必須補票！" 這就是一個提出 "必須如何" 的祈使式發話。

運用祈使式發話法的要求是，表述必須要明確、果斷。祈使句中所包含的間接斷定必須真實，如 "祝您生日快樂" 對方必須確實過生日。如果對方不是過生日，這樣的祈使發話就是極不恰當的。祈使發話中，不能有自相矛盾的話題，如 "你的病不重，必須住院治療"；也不能發出自身帶有歧義的話題，如 "請你採訪一下三個女性的美好家庭"，這裏，"三個女性的美好家庭" 既可理解為 "由三位女性組成的一個美好家庭"，又可理解為 "三個由女性組成的家庭"。

（3）感歎式發話法

感歎式發話法是由發話者發出感歎的語句，感歎內容多為某種印象或感受。例如，一位電影演員向姑娘求愛：

電影演員：我愛你！

姑娘：我也深深地愛着你。

電影演員：知道嗎？沒有你世上一切都索然無味！

姑娘：離開你，我會感到空虛。

電影演員：我們結婚吧！

姑娘：(沉思片刻) 我記得影片裏好像沒這句台詞。

這位電影演員連續用了三個感歎句，向姑娘發出求愛的信息，運用的都是感歎式發話法。

二、聽話的方法及邏輯要求

對話是由發話、聽話和答話構成的言語交際行為。只有人發話，沒有人聽話，也就構不成對話。聽話是對話的前提和必要條件，善於傾聽的人，才能有恰當而機智的對話，俗話説"説話聽聲兒，鑼鼓聽音兒"，當發話者發出問題或話題後，對話者必須專注傾聽，以求弄明白發話者的真意，然後再做出適當的答話。此時，聽話就成為答話的關鍵，如果話聽錯了，答話就會失敗。例如：

> 兒子：爸爸，給我五元錢。
>
> 爸爸：幹甚麼？
>
> 兒子：老師説要買一本《三元》。
>
> 爸爸：給你，剩下的兩元錢要給我找回來。

這裏，兒子要五元錢是買一本書名為"三元"的書，而爸爸卻聽成買一本書只用三元錢，於是要求把剩下的兩元錢找回來。問題就出在同一語詞可以表達不同的概念，爸爸曲解了兒子的意思。聽話的目的是通過言語，聽清發話者要表達的真正意思是甚麼，要透過語言層分析出思維層的深層含義。

1. 聽辨詞義法

聽辨詞義法是聽話者辨別出發話者發出的問題或話題確切含義的方法。任何語言中都存在一詞多義的現象。如"走後門"，既可指走房間的後門，又可指搞不正之風，如"走後門買緊俏商品"等。有時，幾個語詞可以表達同一概念。如，"妻子"、"夫人"、"老婆"、"堂客"均指已婚婦女。語言中的這種一詞多義或一義多詞的現象，常使發話者發出的問題或話題比較費解，聽話者如不注意聽辨就會發生誤解。例如：

> 音樂教師：甚麼叫高音？甚麼叫低音？
> 學生：我對媽媽、媽媽對爸爸、爸爸對我說話是高音；媽媽對我、爸爸對媽媽、我對爸爸說話是低音。

這裏，音樂教師問的是音樂中的"高音"、"低音"，而學生答的卻是說話的高聲、低聲，在聽的過程中出現了理解上的差錯。熟練地掌握聽辨詞義法不但要專注傾聽，而且要思路敏捷，善辨真意，才能做出機智的對話。例如：

> 在達爾文提出生物進化論後，赫胥黎支援進化論觀點，教會有人詛咒他為"達爾文的鬥犬"。在一次辯論會上，宗教頭目看到赫胥黎步入會場，輕蔑地說："當心，這隻狗又來了！"赫胥黎聽辨出發話者的惡意，當即回答："是啊，盜賊最害怕嗅覺靈敏的獵犬！"反使教會頭目感到難堪。

2. 聽辨重音法

聽辨重音法是由聽話者辨別出發話者發出的問題或話題中的重音位置而明確發話意義的方法。漢語語音抑揚頓挫、美妙動聽。這是因為除了漢語語音本身所具有的四聲（陰平、陽平、上聲、去聲）之外，還由於人們在講話時，有的地方讀音較重，有的地方讀音較輕。一句話裏讀音比較重的地方叫做重音。重音分

為 "語法重音"（依據語法結構的特點而重讀的地方，並不表示甚麼特殊的思想或感情）和 "邏輯重音"（説話人為了表示特殊的思想感情，有意地把某些地方説得重些）。聽辨重音法指的是後者。語句中的邏輯重音是由説話時的環境，説話人的思想感情以及特定的修辭要求等因素決定的。同樣一句話，由於邏輯重音不同，所表達的意思也就不一樣。例如：

①　小王在教室等你。
　　（着重説明是小王等你，不是別人。）
②　小王在教室等你。
　　（着重説明在教室等，不是在別的地方。）
③　小王在教室等你。
　　（着重説明等得很久或等得很急了。）
④　小王在教室等你。
　　（着重説明是等你，不是等別人。）

聽辨重音法，就是要求聽話者在聽話時能夠正確地辨別出發話者的邏輯重音的位置，以便正確地理解發話者發出的問題或話題的真正含義，以便進行對話。

3. 聽辨矛盾法

聽辨矛盾法是由聽話者辨別出發話者發出的問題或話題中的矛盾的方法。這裏的矛盾指邏輯矛盾。邏輯上的矛盾律要求人們在同一思維過程中，互相否定的思想不能同真，否則就會犯自相矛盾的錯誤。發話者發出的問題或話題有時會存在這種自相矛盾的錯誤，這就要求聽話者仔細聽辨並指出對方發話中的邏輯矛盾。例如："你們是未婚夫妻嗎？" 在這個發問中，"未婚" 與

"夫妻"是兩個互相否定的概念,這兩個概念不能同時為真。夫妻是由合法婚姻所產生的男女間的身份關係,不是合法婚姻,就不能稱之為夫妻。因此,"未婚"不能是"夫妻";而"夫妻"也不能是"未婚"。這個問句犯了自相矛盾的邏輯錯誤。現實生活中有一些笑話,也反映了這種自相矛盾的現象。例如:

> 病人:我的記憶完全消失了。
> 醫生:甚麼時候開始消失呢?
> 病人:去年8月20日上午8點。

病人的後一句話否定了自己的前一句話。在人們日常交際中,這種自相矛盾的現象常會出現。聽辨矛盾法在論辯中極為重要,無論是正方、反方,都應十分注意聽辨對方的問題或話題中是否有自相矛盾之處,一旦發現立即指出,便可在辯論中爭取到主動。

4. 聽辨隱含法

聽辨隱含法是由聽話者辨別發話者發出的問題或話題中的隱含判斷是否虛假的方法。例如,有人發話說:"你現在還喜歡拿別人東西嗎?"這個問句中隱含着"你曾喜歡拿別人的東西"這樣一個判斷。如果實際上聽話人從來不拿別人的東西,那麼,這個問句中隱含的判斷就是虛假的。聽話者遇到這類問句,千萬要小心謹慎,不能貿然對答。因為無論你做肯定的回答,還是否定的回答,都意味着肯定了問句中隱含判斷的真實性。這就要求聽話者必須能極為敏銳地識破它,不要讓對方牽着鼻子走。有時,發話人出於某種原因,也會將一個不便直說的善意話題隱含在語句之中。例如:

有一次，居里夫人過生日，丈夫彼埃爾用一年的積蓄買了一件名貴的大衣，作為生日禮物送給愛妻。當居里夫人看到手中的大衣時，愛怨交集，既要感激丈夫對自己的愛，又要說明不該買這樣貴重的禮物，因為那時實驗正缺資金，便婉言說道：“親愛的，謝謝你，你這大衣確實是誰見了都喜歡的，但是我要說，幸福是內涵的，比如說，你送來一束鮮花祝賀生日，對我來說就好得多。只要我們永遠一起生活、戰鬥，這比你送我任何貴重的物品都要珍貴。”彼埃爾聽了這一席話，立即聽辨出話中含義是“不贊成多花錢買大衣”，自己也深深感到這樣做的確欠妥當。

5. 聽話忌 “訴諸感情”

聽話者對於發話者發出的問題或話題，應集中精神傾聽並充分理解，決不能憑感情來理解發話者發出的問題或話題。否則，就會歪曲發話者的話。有時還會帶來無法挽回的後果。例如：

甲看到乙生小孩後比以前憔悴多了，便關心地對乙說：“你生小孩後比之前顯老了，是不是帶孩子太辛苦了？”而乙一聽甲說她變老了，心裏非常不高興，立即反唇相譏：“你未必很年輕！”

甲本來是好意，希望乙能注意保養，多加休息，乙卻認為甲在譏諷自己，結果沒好氣地冒出一句感情衝動的話。這種憑感情衝動而代替真正理解的對話，自然無法再談下去了。

6. 聽話忌"因人廢言"

聽話者不能由於對發話者抱有成見，而對發話者的話認為都是不正確的。由於聽話者"因人廢言"往往導致對話的失敗。請看下面一段第一人稱的敍述：

> "大姐，我好久沒來看你了。"她動也沒有動一下，而且，沒有把手伸給我。
>
> "大姐，你的病是不是有好轉？"我又說，站在她的身邊。
>
> 她翻起仇視的眼睛瞅了我一下，然後用力拉着嘴角，鼻孔裏哼了兩聲之後，說："我能早死才是好事呢！"
>
> "這是為甚麼呀，大姐？"我說。
>
> "為甚麼？你知道！"她激動難耐地說，"你走吧！"她用下巴指着門口，"你就是我的親妹妹，我也不願看見你，在我死之前，我不想再看見你！"
>
> 我驚駭地站着。我不知道我是恐懼還是委屈，我身上發抖，心裏想哭。我木呆地站着。
>
> "我是活不久了，但我不准許任何人搶我的幸福。"她又仇恨地自語說。
>
> "呵，大姐。"我說。
>
> "請你走！"她說，她在暴怒了。

這裏的"我"是一位秘書，是一位天真貌美的女孩子。由於工作上的需要，和秘書長的接觸比較多，但純屬領導和部屬之間的正常關係。未曾想到正是這種工作關係卻遭到秘書長夫人的誤解，懷疑她與自己丈夫有不正當關係。可是，"我"並未察覺，當秘書長夫人生病時還去探望，並把對方當知己來交談。但聽話者卻囿於成見，存有戒心，懷着敵意來理解對方，結果一句話也聽不進去。

三、答話的方法及邏輯要求

　　答話是在發話、聽話的基礎上進行的。當發話者把問題或話題提出後，聽話者也聽明辨清了發話內容，然後就是進行答話。人們發現，現實生活中參與對話者如果能言善辯，善於應對，往往在各種人際交往中辦事成功率較高。因此，掌握答話的方法及邏輯技巧是現代人才不可缺少的才能和素質。答話的方法，根據發話是問句式發話，還是非問句式發話分為問答型答話法和非問答型答話法兩大類。

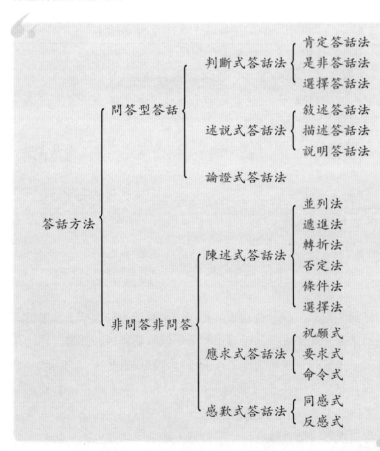

1. 問答型答話法

由發話者提出問題，答話者給予回答，這是一種使用十分廣泛的答話方式。問句一般可分為兩部分：一部分是"問句常項"（如"甚麼"、"怎麼樣"、"為甚麼"等）也稱"邏輯常項"；另一部分是"問句變項"（"問句常項"以外的其餘語言成分），也稱"邏輯變項"。問句的"邏輯常項"決定了問句的類型及要求，答話必須針對問句的邏輯常項做出相應的回答，因而，答話方法可分為判斷式、述説式、論證式三種類型。

（1）判斷式答話法

由發話者提出問句，要求答話者做出肯定或否定的答話。對話內容主要是對事物及其性質、特徵或所屬範圍做出判斷。

① 肯定答話法：即由發話者提出包含"是甚麼"的問題，要求答話者做出肯定回答，也就是對"甚麼"予以填充。如幼兒園裏教師擺出許多水果，教幼兒辨認的答話：

> 問：這是甚麼？
>
> 答：這是蘋果。
>
> 問：那是甚麼？
>
> 答：那是梨。
>
> 問：這是甚麼？
>
> 答：這是葡萄。
>
> 問：那是甚麼？
>
> 答：那是桃子。
>
> 問：這些都是甚麼？
>
> 答：這些是水果。

肯定式答話只要求做出肯定的回答，如果做出否定回答，則不符合問句的邏輯要求。

②是非答話法：即由發話者提出包含“是不是”（或“是……嗎？”）的聯繫式問句，要求答話者做出肯定或否定的回答。如，一位職工代表就工廠改革問題同廠長的對話：

問：你改來改去卻改到我們工人頭上來了，是不是存心整我們？

答：不是。

問：是不是改革以後，生產效率會提高，我們工人的報酬也會更合理？

答：是。不合理的定額非改不可，不然改革怎麼深入。

是非答話法只要求在是與非之間做出一種回答，“是”或“不是”即可。實際上這是一種省略結構，一種極簡單的回答，當然也可以把肯定或否定的理由表述出來。是非式答話與肯定式答話比較，主要是問句的邏輯常項要求不同。是非式要求做出“是”或“非”的斷定，肯定式只要求做出“是”的斷定。

③選擇答話法：即由發話者提出包含“是……還是……”的選擇式問句，要求答話者在幾種可能情況之間做出一種肯定的回答。如，戰國時代的墨子和他的學生子禽曾有這樣一段對話：

子禽：老師，話是多說好？還是少說好？

墨子：池塘裏的青蛙日夜不停地鳴叫，可有誰會理會呢？雄雞在天亮時只叫一兩聲，就引起了人們的注意。

選擇式問句的邏輯常項是“是……還是……”，它要求在問句提出的不同情況中，做出一種肯定的選擇，而不要求做出否定

回答。這是由問句的邏輯要求決定的。墨子在答話中所肯定的是
"少説好"，他是用蛙鳴和雞叫對比來表明的。

　　選擇問句有不相容選擇問句和相容選擇問句兩種，上面的例
子是不相容問句，即兩種選擇情況是不能同時存在的。根據不相
容選言判斷的邏輯要求，答話必須而且只能確定其中一個情況是
真的。下面我們再看看相容選擇問句的答話：

> 問：你是影迷還是歌迷？
>
> 答：我是影迷(或"我是歌迷"或"我既是影迷也是歌迷")。

　　相容選擇問句的邏輯要求是至少斷定有一種情況是真的。上
面可能有的三種回答都是合乎邏輯的。

　　(2) 述説式答話法

　　由發話者提出問題，要求答話者做出敍述、描述或説明的
答話。對話內容主要是對事物的發展過程、方法、手段的敍述；
或對事物形狀、樣態的描述；或對事物性質、情況的説明、評價
等。問句中一般使用的疑問詞是"怎樣"、"怎麼樣"、"甚麼樣"、
"如何"等，即填充式問句中的"怎樣"型問句，大體上可分為敍
述答話法、描述答話法、説明答話法等。

　　① 敍述答話法：即由發話者提出包含"怎樣"、"怎麼"的問
句，要求答話者回答某種方式、行為或情況等。如，一位女士遇
到一個棘手的問題向她的朋友請教。

> 問：當有人向你借錢，你又辦不到時怎麼辦呢？
>
> 答：你可以這樣回答："你是我要好的朋友，如果數目少
> 一些的話，我當然樂意借給你，然而數目太大的話，我就愛莫
> 能助了，請你原諒。"

這樣，既説話得體，又能得到朋友的理解。敍述式答話問句的邏輯要求是回答"怎樣"，而怎樣的內容究竟是方式，是手段，還是過程，那就要看問句中邏輯變項是甚麼。一般如果疑問詞用在動詞前是問方式（如"怎麼辦"），如果用疑問詞單獨作謂語、賓語或補語則是問情況或行動（如"你怎麼啦？""你打算怎樣？"等）。

②描述答話法：即由發話者提出包含"甚麼樣"或"怎樣"疑問詞的問句，要求答話者對靜態事物做出描述回答。例如：

> 問：救護車的形狀是甚麼樣？
> 答：救護車車身是白色的，車頭或車頂裝有報警器，車身兩旁和後面車門上都有紅十字標記，車門在車廂的後面。

描述式答話的問句的邏輯要求是回答"甚麼樣"，至於"甚麼樣"的內容究竟是性質，還是形狀，要看問句中邏輯變項是甚麼。這種答話與敍述式答話相比，其邏輯常項有些是相同的（"怎樣"），但有些（"甚麼樣"）卻主要是要求對事物靜態的性質、形狀的表述，而不是敍述事物動態的過程。

③説明答話法：即由發話者提出包含"如何"或"怎樣"等疑問詞的問句，要求答話者説明事物的程式、關係或事理。例如：

> 問：如何使用洗衣機？
> 答：先接電源，再放水，投入衣物，打開開關後定時，定檔；洗滌後，甩乾；洗完後斷電，放水；最後將洗衣機擦拭乾淨。

　　説明式答話與敍述式答話問句的疑問詞（邏輯常項）基本一致，只是邏輯變項部分要求不同。説明式答話在答話內容上側重説明、解釋。

　　（3）論證式答話法

　　由發話者提出包含"為甚麼"疑問詞的問句，要求答話者做出論證式的對話。答話內容主要是對某種現象原因的分析，或對某個論點提供論據予以證明。例如：

> 　　問：為甚麼説婉容不是清朝的末代皇后？
>
> 　　答：溥儀在 1908—1911 年做了 3 年清朝皇帝即被推翻，時年 6 歲，沒有娶親。就是説，中國這個末代皇帝是沒有皇后的。1922 年，溥儀 16 歲，同婉容結婚。如果説只要和末代皇帝結婚的人就是末代皇后，那麼後來與溥儀結婚的李淑賢，不也是末代皇后了？豈不荒唐！

　　論證式答話問句要求答話者對問句中所包含的論斷做出邏輯證明。答話的內容實際是提供論據，可以運用各種推理證明的方法進行回答，問話和答話組成一個論證過程。如果這個論證過程違反了推理或論證的規則，則不能完成論證式答話。上面例子是在答話中使用一個歸謬法證明：如果承認婉容是末代皇后，那麼也就肯定了只要和末代皇帝結婚的人就是末代皇后，這樣就會導出荒謬，後來與溥儀結婚的李淑賢也可稱為末代皇后了，可見婉容不是末代皇后。

　　綜上所述，問答型答話中的邏輯要求是由問句中的"邏輯常項"決定的。因此，了解發話者問句中的邏輯要求是正確進行答話的關鍵。

(4)"問域"與"答域"

掌握問答型答話的方法，必須了解問答答話法的邏輯要求與對話中論域的關係。所謂對話的論域就是指對話雙方所涉及的對象範圍，它是由問域和答域構成的。所謂問域就是由問句所給定的提問範圍；所謂答域就是由問句的問域所制約的回答的範圍。下面對判斷式答話法、述說式答話法、論證式答話法的問域和答域，分別予以說明。

① 判斷式答話法的"問域"和"答域"

肯定答話法問句的問域是由"是甚麼"所限定的提問範圍。要求確定所指事物是甚麼。雖然"是甚麼"的問域很寬，但一般這種提問都有指示代詞規定所指對象，可以根據具體對象作答。如果再加以限制，當然問域就更明確了。如問："這是一本甚麼雜誌？"問域就限定在"雜誌"的範圍了。答域必須與問域相對應。肯定式答話的答域要求做出肯定的回答，並說明所肯定的是甚麼事物。如問："這是甚麼？"答："這是一台錄影機。"既作了肯定回答，又指明了是甚麼事物。這樣，答域與問域相吻合。如果做出否定回答，就超出了問域範圍。如答："這不是一台電視機。"顯然這個回答脫離了問域，也就超出了答域範圍，而且這種回答也不能構成間接答話，因為用"這不是甚麼"回答，絲毫不能說明"這是甚麼"。

是非式答話中的問域，是由"是不是"或"是……嗎？"等疑問詞限定的提問範圍，要求做出是或不是某事物的斷定。一般這種問句都給出了所問的事物。因此，答域即在肯定或否定之間選擇。如問"他是不是作家？"回答"是"或"不是"即可。在是非式答話中，如果用肯定另外一種事物的答話做出否定的回答，雖然不符合問句本身的邏輯要求，但可以間接構成推論關係，應當允許。如問"這是不是一本小說？"答"這是一本詩選。"這個答句實際上是對問句的否定回答，因為在小說與詩選之間，肯定一者就可以否定另外一者。由"這是一本詩選"可以推出"這不是一本小說"，符合選言推理規則。如果在答句前加上一個"不"字，就構成了完整的承接關係。如"不，這是一本詩選"，既直接對問句作了否定，又間接作了某種肯定。

選擇答話法的問域，是在若干可能情況中，要求確定至少有一種是真的情況。相應的答域範圍，也就只能在問句所指出的事物範圍中做出相容或不相容的選擇。如果是相容選擇，答域範圍就是至少有一種情況是真的，如果是不相容選擇，答域就只能肯定其中一種情況是真的。

② 述說式答話法的"問域"和"答域"

述說式答話的問域是由"怎樣"一類邏輯常項限定的，要求對邏輯變項中事物的性質、形狀、發展過程、方法、手段、行為、事理等某一方面做出相應的回答。答域必須根據問域所限定的方面來回答"怎樣"，如果回答的內容不是所指事物的"怎樣"，而是其他事物的"怎樣"，或根本與問域無關的內容，都是脫離了問域，也就違反了問句的邏輯要求。

③ 論證答話法的"問域"和"答域"

論證答話的問域是由"為甚麼"一類邏輯常項限定的。要求對事物存在的原因或理由做出回答。答域必須是根據問域所限定的方面來回答"為甚麼"。如果回答的內容不是所指事物存在的原因或理由，而是指其他事物，或根本沒有回答"為甚麼"，都是脫離了問域，也就違反了問句的邏輯要求。例如，教師厲聲質問正在參加考試的學生："你為甚麼偷看同學的答案？"學生回答："我甚麼也沒看見。"學生的回答沒有針對問域從原因或理由方面說明"為甚麼"，而是轉移了話題。

回答型答話中的三種具體形式有時可以結合在一串問句中使

用。如問"甚麼是'人身保險'？怎樣參加'人身保險'？為甚麼要搞'人身保險'？"這實際是三個問句要求三個回答。只有搞清楚每一問的問域、答域，才能回答準確。

綜上所述，明確對話的問域和答域，可以準確地根據問句的邏輯要求，做出恰當的回答，避免含糊其辭、答非所問的答話，從而提高對話的質量和效率。

2. 非問答型答話法

凡是針對非問句式發話，做出答話的方法，就是非問答型答話法。可分為陳述式答話法、應求式答話法、感歎式答話法三種。

(1) 陳述式答話法

由發話者提出某種陳述，引發對話者做出相應陳述的方法。對話內容包括對事物或現象的性質、狀態、存在、關係等方面的表述。這種答話中的判斷與發話中的判斷往往構成複合判斷，而且必須符合複合判斷的邏輯要求。有並列法、遞進法、轉折法、否定法、條件法、選擇法等。

① 並列法：即答話與發話構成並列關係的對話形式。例如：

> 甲：肯德基家鄉雞的味道不錯。(p)
>
> 乙：並且價格合理。(q)

甲、乙雙方做出不同內容的表述，乙的表述與甲的表述有並列關係。甲、乙表述的結合構成一個聯言判斷形式"p 並且 q"。語言聯結詞是"並且"（可省略），其邏輯要求：發話的 p 真，答話的 q 也必須真。

② 遞進法：即答話與發話構成遞進關係的對話形式。例如：

> 甲：犯罪是觸犯刑法的行為。(p)
>
> 乙：而且是應受刑法處罰的行為。(q)

甲、乙雙方做出不同內容的表述，而乙的表述對甲的表述有遞進關係。甲、乙表述結合構成一個聯言判斷形式。語言聯結詞是"不但，而且"（可省略），其邏輯要求是，發話的 p 真，答話的 q 也必須真。

③ 轉折法：即答話與發話構成轉折關係的對話形式。例如：

> 甲：這位解說員口才很好。(p)
>
> 乙：可是聲音太小了。(q)

甲、乙雙方做出不同內容的表述，而乙的表述與甲的表述有轉折關係。甲、乙表述的結合構成一個聯言判斷形式。語言聯結詞是"雖然，但是"（可省略），其邏輯要求：發話的 p 真，答話的 q 也必須真。

以上三種形式的邏輯要求是相同的，但在句義關係上卻有並列、遞進、轉折的不同。

④ 否定法：即答話在發話的基礎上給以否定的表述，構成一組具有矛盾關係或反對關係的對話形式。例如：

> 甲：所有動物的血都是紅色。(p)
>
> 乙：並非所有動物的血都是紅色。（非 p）如：烏賊、蝦的血就不是紅色的。

甲、乙的表述構成了一對具有矛盾關係的判斷。根據邏輯規律，兩個互相矛盾的判斷不能同真，也不能同假。一個真另一個必假;一個假另一個必真。答話的"非 p"真,發話的 p 必假。

如果答話與發話構成互相反對的表述,根據邏輯規律,兩個互相反對的判斷不能同真,可以同假。一個真另一個必假;一個假,另一個可真可假。所以,也可以由答話真來否定發話。例如:

> 甲:我認為死者是被人殺害的。(p)
> 乙:不,我認為死者是自殺的。(q)

甲、乙的表述構成了一對具有互相反對關係的判斷(還有其他原因造成的死)。如果事實確證答話 q 真,發話 p 必假。

⑤條件法:即答話在發話的基礎上,以發話為條件引出某種結果的表述構成的對話形式。例如:

> 甲:小李的詩集很受讀者歡迎。(p)
> 乙:那小李的詩一定寫得不錯。(q)

這組對話是以發話提出的判斷為充分條件,推出一個必然結果,構成一個充分條件假言判斷:如果小李的詩集很受讀者歡迎,那小李的詩一定寫得不錯(如果 p,那麼 q)。邏輯常項是:"如果,那麼"(可省略)。邏輯要求:答話內容必須是以發話內容為充分條件而產生的必然結果。如果違反這個要求,這組對話就不能構成充分條件關係的對話形式。按對話的思路來分析,可以看做是假言推理的省略式,對話中省略了一個前提"如果一個人的詩集很受讀者歡迎,那麼他的詩一定寫得不錯"。發話人肯定其前件(p),答話人推出肯定後件(q)作結論。

⑥選擇法:即答話在發話的基礎上做出另一種選擇的對話形式。例如:

> 甲：這種新產品可能暢銷。(p)
> 乙：也可能滯銷。(q)

又如：

> 甲：他可能是演員。(p)
> 乙：也可能是導演。(q)

　　上述兩組對話中，甲乙雙方的表述都可以構成一個選言判斷。前者中的答話提出了一個與發話不相容的可能情況，構成一個不相容選言判斷。後者中的答話提出了一種與發話相容的可能情況，構成一個相容選言判斷。兩者的判斷形式都可用"p 或 q"表示。邏輯常項是"或者"（或"可能"、"也許"等）。邏輯要求：答話內容必須在發話提供某種情況的前提下做出另一種與該情況相容或不相容的選擇。

　　（2）應求式答話法

　　由發話者提出某種願望、要求，答話者表示回應或回絕。答話內容只需對希望、請求、命令等做出簡短的回答。

　　① 祝願式：

> 甲：祝你一路平安。
> 乙：謝謝。

　　② 要求式：

> 甲：請您為觀眾講幾句話。
> 乙：好。

③ 命令式：

> 甲：你必須在一小時之內到達指定地點。
> 乙：是。

（3）感歎式答話法

由發話者發出感歎的語句，答話者相應做出某種表述。答話內容多為某種印象、感受。

① 同感式：

> 甲：夏威夷的景色真是美極了！
> 乙：是呀，真是太美了！

② 反感式：

> 甲：他的演説令人感動！
> 乙：有甚麼可感動的？！

感歎式答話在戲劇中經常出現。請看在莎士比亞《奧賽羅》中依阿古在欺騙了奧賽羅之後怎樣火上加油激起奧賽羅的憤怒：

> 奧賽羅：啊！一千倍！一千倍的可惱！而且她的性格又是這樣溫柔！
> 伊阿古：嗯，太溫柔了。
> ……
> 奧賽羅：我要把她剁成一堆肉醬！叫我當老王八！
> 伊阿古：呵！她太不顧羞恥啦！

相互發出同感的對話，使奧賽羅對妻子的憤怒無法抑制，導致最終將愛妻殺害。

上述各種非問答型答話是不包含疑問句，而包含陳述句、祈使句、感歎句的對話形式，其邏輯要求主要根據對話雙方構成的判斷類型來決定。如並列法、遞進法、轉折法答話都要求符合聯言判斷的規則，要求答話的陳述都必須是真的。而條件法、選擇法答話則分別要符合假言判斷、選言判斷的規則。否定法答話則要求符合判斷間真假對當關係規則。應求式答話的邏輯要求是答話必須針對祈使句所包含的判斷做出回答。感歎式答話的邏輯要求也是針對包含在感歎句中的判斷做回答。任何與發話內容毫無關聯的答話內容，都不能構成有效的對話。

第二節　對話的方法和規則

上一節是從對話過程的發話、聽話和答話三個方面，分別按問答型和非問答型的語句特點構成的發話和答話方法作了介紹。本節將從對話的對答過程中，根據答話內容是否直接針對發話分為直接對話和間接對話兩大類，分別介紹各種對話方法及邏輯規則和要求。

一、對話的方法

對話的種類繁多，形式多樣，對話的內容又是千變萬化，因而，對話的方法也有多種類型。在對話方法上沒有固定不變的對應形式，往往是一個發話內容，可以有多種對話方法。雖然如何對話要取決於對話的各種主、客觀因素，但以根據對話方法的不同特點，予以分類研究。按對話者是否直接針對發話內容，可將對話方法分為直接對話法和間接對話法兩大類。直接對話法又可分為直陳法、反問法、模糊法等。間接對話法又可分為間接陳述法、間接揭示法、引申歸謬法、委婉謙詞法、借題發揮法、假設條件法、運用悖論法、運用幽默法等。這些方法既可用於問答型對話，也可用於非問答型對話。列表如下：

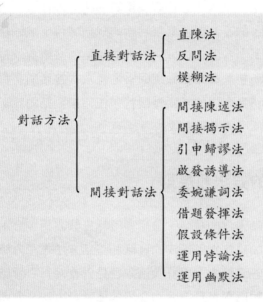

1. 直接對話法

（1）直陳法：即針對發話內容直接對話的方法。一般用極簡練的詞語或句子，構成簡單的對話。例如：

> 甲：你是記者嗎？
> 乙：是。
> 甲：今天這個會開得好！
> 乙：我看開得不太好。

　　直陳法的邏輯要求是對話有明確的針對性。一般是使用最簡練的詞（詞組）表達一個概念或用句子表達一個判斷。如果只表達一個概念，而這個概念又是承接發話內容的，或是肯定、或是否定，或是陳述、或是說明，那麼這個概念實際表達的是判斷。請看下面的對話：

> "你是甚麼人？"
>
> "追求自由的人。"
>
> "你從哪裏來？"
>
> "江西瑞金。"
>
> "是誰派你來的？"
>
> "我的內心。"
>
> "你來幹甚麼？"
>
> "尋找自由。"
>
> "你們的人在哪裏？"
>
> "到處都有。"

　　其中每一次對話都是有針對性的直陳對話。直陳法也可以由較長的句群（語段）構成。

　　（2）反問法：即用反問語句進行直接對話的方法。例如：

> 甲：你怎麼能這樣說？
>
> 乙：難道我不能這樣說嗎？

　　反問法的邏輯要求是用反問句肯定與問句發話相反的內容。上例中問句邏輯重點是"怎麼能"，答句的邏輯重點是"難道不能"。問句的實際表達意義是"不能"，而答句的實際表達意義是

"能"。反問法與直陳法往往結合運用,以加強對話的表達力量。
請看下面對話:

> 問:那你沒有信仰?
>
> 答:怎麼沒有信仰?我信仰進化主義!

　　這段對話中夏明翰用了一個反問句,一個直陳句,充分顯
示了夏明翰的堅定信念和不可動搖的革命意志。直接對話法有一
次性對話,也有連續使用直接對話,形成逐步遞進的一串對話。
又如:

> 甲:你在哪兒工作?
>
> 乙:我在學校工作。
>
> 甲:在哪個學校工作?
>
> 乙:第七中學。
>
> 甲:做甚麼工作?
>
> 乙:教書。

　　連續對話要求每組對話之間要有承接關係。
　　(3)模糊法:即用模糊語句進行直接對話的方法。例如:

> 甲:您將何時訪問中國?
>
> 乙:我將在適當的時間去貴國訪問。

　　模糊法常應用於不可能或不必要做出精確表述的對話場合,
如上面這段對話,在目前不好確定具體時間的情況下,就可使
用"適當的時間"這種模糊的語言來表達,這樣既不肯定某個時

間，又不否定去訪問這件事，這種談吐有度的對話，在外交場合是經常使用的。模糊語言是人們口語交談中大量存在的語言現象，如"多數""少數""若干""某地""某種意義""一般來説"等等。在一定的語境條件下，使用模糊語言往往比用精確語言表達的效果要好。例如：

> 甲：你的孩子多大了？
>
> 乙：快七歲了。

如果乙回答："六歲零三百二十八天。"這樣精確的表述，一般情況下是沒有必要的。

模糊對話表面上看，似乎沒有邏輯的準確性，但它在特定的語境下，卻更能適應某種表達的需要，有其合理性。此種合理性應看做屬於邏輯所允許的範圍，它的邏輯要求表現為，在不必要或不可能做出精確表述時，恰當地使用模糊語言是最有效的，甚至是最佳的選擇。要知道，語言表達並非在一切情況下都是越準確越好。當然，這裏所説的"模糊"決非表達"含混"，更非工作中的不負責任故意推脱之辭。關於"模糊性"的研究，近代已有"模糊語言"、"模糊數學"、"模糊邏輯"等學科進行探討。

2. 間接對話法

（1）間接陳述法：答話者不直接針對發話者的語句作答，而通過對另外某種情況的陳述做出間接對話。如：

> 甲：你今天去不去看展覽？
>
> 乙：我昨天看過了。

　　這組對話中，問句的邏輯重點顯然要求回答"去不去"，答話者本應回答"去"或"不去"。如果要去，當然可以直接回答"去"。如果不去，一般總要說明理由，往往是不直接回答"不去"，而用間接回答法說明不去的理由，由問話者去推出答話的結論。這種對話表面上看似乎脫離了問句的邏輯重點，實際上答話與問話之間仍然是有邏輯聯繫的。只是答話者只講了理由，省略了結論，而省略的語句，正是對問句的邏輯重點的回答，因此是一種間接對話法。這種對話與非所問不同。如：

> 甲：你知道這個字唸甚麼嗎？
> 乙：這個字我過去學過。

　　這種答非所問的對話在我們日常生活中時常聽到。問句的邏輯重點是要求回答"甚麼"，而答話者卻用一個脫離了該問句的問域的陳述來回答，等於沒有回答。因為從過去學過這個字，不能必然推出現在知道這個字唸甚麼。可能會唸，也可能不會唸。而作這種回答往往是不會唸的搪塞之詞。

　　（2）間接揭示法：即不直接回答發話者的語句，間接針對語句中隱含的判斷予以對話的方法。這是對付"複雜問語"（包含預設的問句）的一種對話方法。如：

> ① 甲：你戒煙了嗎？
> 　　乙：我根本不抽煙。
> ② 甲：你準備何時出國？
> 　　乙：誰說我要出國？
> ③ 甲：這次考試您別出難題。
> 　　乙：你怎麼知道我出題？

以上三組對話中的發話，邏輯上叫做"複雜問語"，即問句中包含了預設（隱含判斷）。針對問題本身，不管答話者做出肯定或否定的回答，都等於承認了問句中的預設。遇到這種問句，就不能只看問句表面的邏輯重點，如果問句中的預設是真實的，那麼屬於正常的簡單問句，可以按問句作直接回答。如果提問者在問句中埋伏了一個不真實的預設，或有意要套出答話者對預設的肯定，那麼答話者就要間接地針對問句中的預設給予揭露性的回答。如上面三組對話中的答話都是針對預設揭示性的回答。例③是祈使句中包含預設。

（3）引申歸謬法：即以發話者的語句為條件，引申出一個充分條件假言判斷，運用歸謬法，通過否定這個假言判斷的後件，從而否定發話內容（前件）的間接對話方法。例如：

> 甲：我看他很謙虛。
>
> 乙：要是他很謙虛，為甚麼他到處說自己是天才？

引申歸謬法對話的邏輯要求是，必須以發話為條件構成一個充分條件假言判斷，並運用否定後件必否定前件的規則達到反駁發話的目的。上面的對話中包含的推理是：

> 如果他謙虛，他不會到處說自己是天才，
>
> 他到處說自己是天才，
>
> 所以，他不謙虛。

西漢時，東方朔足智多謀，能言善辯。一次，漢武帝對大臣說："依我看，《相書》有一句話很準：'人的人中如果長一寸，就可以活到一百歲。'"眾大臣應聲說："對！陛下高見。"東方朔卻仰天大笑，有個大臣指責他膽敢取笑皇上，東

方朔說道："我哪裏是笑陛下，我是笑彭祖的面長！"這時，漢武帝便問："彭祖面長有甚麼好笑？"東方朔答道："傳說彭祖活到八百歲。如果《相書》真的很準，那麼彭祖的人中就應有八寸長，而他的臉相應也會有一丈多長了。"

表面上看，東方朔運用了引申歸謬法反駁了《相書》的說法，但其中包含的假言推理並不合乎邏輯。因為，《相書》中的假言判斷是：如果人中長一寸，就可以活到一百歲。而東方朔是以彭祖活到八百歲反推彭祖人中長八寸。從邏輯上看，一個充分條件假言推理不能由肯定後件推斷肯定前件，而且"一寸長的人中"與"一百歲"也沒有按比例增長的必然聯繫。因此，運用引申歸謬法，必須注意其中推理是否正確。

（4）啟發誘導法：即通過連續對話，層層剝筍，步步深入，最後推導出一個正確認識的間接對話法。例如：

① 甲：你知道甚麼是祖國嗎？

乙：祖國就是國家。

甲：那麼美國、英國、日本也是國家，為甚麼不是你的祖國呢？

乙：它們不是自己的國家。

甲：對，只有自己的國家才是祖國。

② 甲（教師）：甚麼是動物？

乙（學生）：雞鴨豬狗是動物。

甲：為甚麼是動物？

乙：因為牠們會叫喚。

甲：蚯蚓不會叫喚，為甚麼也是動物？

乙：蚯蚓會爬。會爬、會走的都是動物。

> 甲：魚不會爬，會在水裏游，鳥也不會爬，會在天空飛。牠們不也是動物嗎？
>
> 乙：牠們是動物，因為牠們會活動。能活動的都是動物。
>
> 甲：汽車會走，飛機會飛，為甚麼它們都不是動物？
>
> 乙：它們自己不會飛，不會走，是人開的，沒有生命的不是動物。
>
> 甲：對了，能自己活動的生物叫動物。

誘導對話法一般是通過一步步地啟發，使對方通過被誘導出的認識，逐步接近正確的結論。這種方法是邏輯的比較法、限制法、概括法、劃分法和定義法的綜合運用，往往是揭示事物的本質屬性形成概念的過程，在低年級啟蒙教學中最常用。誘導法對話的邏輯要求是通過若干中介性對話，最後回答開始發話的邏輯重點，形成一個完整的對話體系。因此它不是若干直接對話的簡單總和，而是一種間接對話法。如果把中間層次都省略，就是一組陳述性的自問自答。即：

> ① 甲：你知道甚麼是祖國嗎？
>
>   甲：只有自己的國家才是祖國。
>
> ② 甲：甚麼是動物？
>
>   甲：能自己活動的生物叫動物。

（5）委婉謙詞法：即為了使對方感情上好接受或某種其他原因，把本來可以直接說出的意思，改變一下說法，用間接法予以對答。如：

> 甲（顧客）：呵，我錢帶得不夠！這怎麼辦？
> 乙（售貨員）：沒關係，這是難免的，您回去拿錢，我給
> 您留着，或者您可以買另一種。

售貨員本來可以直接説"這東西你就別買了"了事，但為了使顧客減少由於錢不夠而產生的尷尬感，使用了其他語句間接表達了這個意思。如有一位優秀售貨員談注意語言的體會時説：對顧客説"你買點甚麼？"會給顧客一種不買不行的緊張感，而用"您需要買甚麼？"就顯得輕鬆，增加好感。顧客買完以後，再問"您還需要別的嗎？"如果顧客買得多就説："請您把東西帶好。"如果是老弱病殘就説："請您慢走！"遇到不太講文明語言的顧客，如有的年青人説："喂，給咱拿條褲子！"這時就委婉地説："請您稍等一會兒，等我接待完了這幾位先來的顧客，立刻就給您拿！"由於語言委婉，言詞有理，可使對方改變態度。在對話中，往往根據具體説話的語境，要求在表達上要委婉些。從邏輯上分析，就是使用不同的語句來表達同一個判斷。如"某人死了"，可以根據不同語境説"某人去世了"，或"某人不在了"等。有的可在句子上稍加改變，但基本意義不變。如：

> ① 上車不打票真不像話。
> 　　上車不打票多耽誤事。
> ② 最近我沒時間去看你。
> 　　最近我想你一定很忙，不便佔你時間。

這種對話方法的特點是言辭委婉，留有商量、迴旋的餘地。如表示"不"的方式就很多：

① 甲：你覺得這件衣服怎麼樣？
  乙：很好。不過我更喜歡……
② 甲：咱們何時會見？五點好嗎？
  乙：四點半怎麼樣？
③ 甲：你今天能來嗎？
  乙：今天不行，以後吧，到時候我再告訴你。
④ 甲：我求您的事幫我辦了嗎？
  乙：我已經跟人說了，還要等回信。

但是，謙詞過分就會成為令人討厭的贅語。例如：

處長：你找我甚麼事？
職員：您現在一定很忙吧？我只佔您幾分鐘的時間。我很不願意來打擾您，因為我知道您是多麼忙，而我的很多事情都可以拖一拖再辦。可是，現在有幾件事情必須由您做出決定我才能夠往下幹。我已經等了很長時間了，現在是個合適的時候嗎？我想我沒有妨礙您甚麼事吧？

這種過於囉嗦的"委婉謙詞"會使人感到很不自在，其實，這位職員只要簡潔地說："我有幾件事必須由您做出決策，您這會兒有空嗎？"就已經足夠了。因此，必要的、恰當的委婉謙詞，可以使堅冰融化，收到很好的交際效果，而過分的謙詞，反而會使對方倒胃口，不利於交際。

（6）借題發揮法：即不直接從正面對話，而是借助對方的話予以反義發揮，變被動為主動的間接對話法。如：

蘇聯詩人馬雅可夫斯基在莫斯科一個博物館大廳舉行的演

講會上，與攻擊他的人展開一場舌戰，多次借發問者的話回敬過去，給予對方無情的嘲諷，同時也顯示了詩人的高尚品格和革新精神。

"馬雅可夫斯基，您今天晚會得了多少錢呵？"

"這與您有何相干？反正您是分文不掏的。我還不打算與任何人分哪！"

"聽說，在墨西哥可能出了第二個馬雅可夫斯基？"

"這為甚麼不可能呢？瞧，我就要第二次到那裏去，並且還要在那裏成家呢！"

"您的詩太駭人聽聞了！這些詩是短命的，明天就會完蛋，您本人也會被忘卻。您，不會成為不朽的人……"

"請您過一千年再來，到那時我們再談吧！"

一張條子上説，"您説，有時應當把那些沾滿'塵土'的傳統和習慣從自己身上洗掉，那麼您既然需要洗臉，這就是説，您也是骯髒的了……"

"那麼您不洗臉，您就自以為是乾淨的嗎？"

"馬雅可夫斯基，您的詩不能使人沸騰，不能使人燃燒，不能感染人。"

"我的詩不是大海，不是火爐，不是鼠疫。"

"您的詩怎麼也趕不上普希金呵！"

"我熱愛普希金！也許我比您更愛他。我是想在普希金的影響下創出一條嶄新的詩路，您明白嗎？全新的！而不是承襲、重複別人的東西。詩行是新形式的，辭彙也要從根本上翻新，把詩歌提到現代水平。這就是我為之終生奮鬥的目標！"

上述對話特點，一在"借題"，即借用發話中的概念或判斷；二在"反義"，即對話不僅否定發話，而且包含對發話者的某種譏諷（反擊）。

（7）假設條件法：即由對話人假定出某種條件，然後做出回答的間接對話法。例如：

> 甲：我能不能到上海"世博會"去參觀？
>
> 乙：如果你有入場券，就可以去參觀。否則就不行。

當對話人不能直接針對問話做出"能"或"不能"的回答，但他知道解決這個問題的條件時，以有無該條件為基礎，做出間接的回答。此種對話方法也是一種很常見的對話方法。關鍵在於對話人是否知道解決問題的"條件"，以及願意不願意告訴對方。如果對話人不知道這個"條件"，或不願意告訴對方，也就無法構成此種對話。這裏的"條件"，可以是"充分條件"，或"必要條件"，或"充分而且必要條件"。對話人必須根據實際存在的條件關係以及具體的語言環境，恰當地選擇某種假言判斷。

運用假設條件法進行對話，有時可以巧妙地解決使人很難以回答的問題。例如：

> 皇帝問："人人都說你很有智慧，你知道這條渠的水有多少桶嗎？"
>
> 阿凡提答："如果這個桶有那條渠那樣大的話，那就只有一桶水；如果這個桶有這條渠一半大的話，那就有兩桶水；如果這個桶有這條渠十分之一大的話，那麼就有十桶水……"

　　阿凡提的回答，恰當地使用了三個充分條件假言判斷，都是在假定某種條件的基礎上做出的，可謂妙用假設條件對話法。

　　(8) 運用悖論法：即由對話的真或假都能推出與發話人原來的規定相矛盾的判斷，使發話人陷入被動的方法。如：

> 　　古代有一個奴隸主，對走近他莊園的人都要抓來問："你是來幹甚麼的？"並規定：如果被抓的人回答是真話，就要被砍頭；如果回答是假話，就要被吊死。有一次抓到一個聰明人，奴隸主問：
> 　　"你是來幹甚麼的？"
> 　　"我是來讓你吊死的。"
> 　　奴隸主只好把這個聰明人放了。

　　這段對話中，聰明人回答得很巧妙。"我是來讓你吊死的"如果是真話，就只能吊死，不能砍頭，這與奴隸主原來的規定相矛盾，如果是假話，從話的內容看，就不能被吊死，這又與奴隸主原來的規定相矛盾，結果奴隸主無法執行他的規定。這裏對話人實際上是用造成悖論的方法，使奴隸主陷於自相矛盾的地步，這也是一種對話的邏輯藝術。

　　必須指出，對話的方法雖可概括出多種，但它只為對話提供技巧。任何對話方法都是為一定的對話目的服務的。對話常常是解決問題、開展工作的一種有效手段。在人們的交際過程中，一般來說，只有明確的對話目的，誠懇謙虛的態度，直率簡潔的談吐，才能通過對話獲得成功。例如，科學家法拉第通過和戴維爵士的一次談話，得以進入英國皇家學院工作。

戴維：“很抱歉，我們的談話隨時可能被打斷。不過，你還幸運，此時此刻儀器沒有爆炸。法拉第先生，信和筆記本我都看了。你在信中好像並沒有説明在哪裏上的大學。”

法拉第：“我沒有上過大學，先生。”

戴維：“噢？但你做的筆記説明你顯然是理解這一切的，那又怎樣解釋呢？”

法拉第：“我盡可能去學習一切知識，還在自己房間裏建立了小實驗室。”

戴維：“年輕人，我很感動。不過，可能因為你沒到實驗室幹過，所以才願意到這兒來。科學太艱苦，要付出極大的勞動，而只有微薄的報酬。”

法拉第：“但是，只要能做這件工作，本身就是一種報酬呵。”

戴維：“哈哈哈，你在看我眼邊的傷疤，這是氫和氮實驗引起的一次爆炸留下的。我想，你裝訂的那些書籍總不曾將你彈痛，讓你出血或把你打昏吧。”

法拉第：“是的，不曾有過。但每當我翻開裝訂的科學書籍時，它的目錄常常使我目瞪口呆，神魂顛倒。”

由於法拉第在這次對話中，目的明確、態度誠懇，並以熱愛科學，不怕艱苦的執着追求，直率簡捷的語言，深深打動了戴維。戴維爵士破格讓法拉第當了自己的助手。這為法拉第奠定了以後成功的基礎。

對話中必要的解釋有時是必須的，但過分的辯解效果卻是極壞。失敗的對話往往是由於使用辯解性語言。如果一開口説話就為自己辯護、解釋、生怕人家不理解自己，實際上，這種辯解性語言使人很反感，缺乏可信性。律師常告誡將要出庭的當事人：

"如果你不能直截了當正中要害，你就會因為語言繁瑣而陷入不利地步，這樣別的人也就沒有勇氣和信念來嚴肅認真地對待你了。"日常生活中也常見到這種絲毫沒有說服力的辯解：

> 甲：你今天為甚麼遲到了？
>
> 乙：很對不起，今天我是遲到了，但我不是故意的，真不是故意的，昨天我工作時間太長了，回去已很晚，又忙着做飯，飯後，又來了客人，晚上睡覺我記得鬧鐘是上了弦的，不知怎麼今天早上我也沒聽見鬧鐘響……

這種辯解性語言的效果糟糕極了，還不如直截了當地說："很對不起，我睡過時間了。"埃德溫‧紐曼說："直截了當的語言 —— 如果願意，不妨試一試 —— 會增加語言的趣味，會有助於運用事實來代替混亂的思想，會促進你培養有條理地思考問題的習慣，甚至會有助於你在講話時的偶爾停頓也變得得體自然。"此外，頻繁地改變話題也常會使對話失敗。例如：

> 外商："最近，我公司生產一種風雨衣，款式極為新穎……"
>
> 我方外銷員："談到新穎，我想到上個月中國生產的一種新式酒瓶子……"
>
> 外商："這種風雨衣在國內市場上，很快被搶購一空，可謂暢銷貨……"
>
> 我方外銷員："要說暢銷，在中國最近旅遊鞋很暢銷，年輕人都喜歡穿……"

在談判中，如果常打斷對方的話，頻繁地改變話題，顯然是不會解決任何問題的。

（9）運用幽默法：幽默是一種微笑的藝術，幽默的語言表達常常以對話形式出現，一段幽默對話，給人以詼諧的情趣，使人在笑意中有所悟。幽默的形式是輕鬆愉快的，但它所揭示的道理或諷喻的事物，卻是嚴肅的。

幽默對話是對話中的一種特殊形式。從修辭方面看，常用雙關、誇張、隱喻、影射等手法表現幽默的內涵，因而，構成一般幽默對話，需要有較高的語言表達能力。幽默給人感知的東西往往不在文字的表面，而是"意在言外"，需要仔細品味，才能深解其意，從幽默的這個特點來看，它實質上是一種思辨的藝術。因此，針對發話構成一段幽默對話，必須具有較高的思辨能力，才能構思奇巧，創造出發人深省的幽默對話。從這個意義上説，幽默又是一種邏輯的藝術，而它又常常有意反用邏輯思維的規律，通過特定的語境以"偷換概念"，或"轉移話題"，或"自相矛盾"等違反邏輯的手段構成，使人們在笑聲中獲得某種諷喻意義。因此，幽默對話是以詼諧的情趣，運用某種修辭手法或邏輯手段而構成的對話形式。

掌握幽默對話的技巧，要求對話人的知識廣博、情操高尚，具有豐富的想像力和較高的思辨能力。這種思辨能力的核心，就是聯想、推理的能力。在社會交往中，構成一段頗有含義的幽默性對話，必須經過機敏的思辨才能獲得。幽默對話主要的構成方法有如下幾種：

① 通過"偷換概念"構成幽默對話。例如：

> 兒子："爸爸，'乾淨'一詞怎麼講？"
>
> 爸爸："是指很衛生、很整潔的意思。你看，咱們屋裏打掃得乾淨嗎？"

> 兒子："不對！書上説'把敵人消滅乾淨'，難道是説把敵人消滅得很衛生、很整潔嗎？"
>
> 爸爸："那你説'乾淨'，怎麼講？"
>
> 兒子："就是'一個也不剩'。"
>
> 爸爸："胡説！難道叫我把屋裏的東西打掃得一點也不剩，才叫'乾淨'嗎？"

這段對話中，通過父子對"乾淨"一詞在不同語境中的不同理解，然後把一種語境中的解釋用在另一種語境中，即"偷換概念"，構成了幽默對話。

② 借"轉移話題"構成幽默對話。例如：

> 甲："你説踢足球和打冰球比較，哪個門難守？"
>
> 乙："我説甚麼門也沒有後門難守。"

這段對話中，甲的話題是"哪個球門難守"，乙卻把話題轉到人們之間"拉關係、走後門"的"後門"上去，這是取"難守"這個詞轉移話題，構成了幽默。

③ 利用"自相矛盾"，構成幽默對話。例如：

> 老師："你願意考一道難題，還是考兩道容易的題？"
>
> 學生："考一道難題。"
>
> 老師："好吧，那麼你回答：人是怎麼來的？"
>
> 學生："媽媽生的。"
>
> 老師："在此以前呢？"
>
> 學生："老師，這是第二個問題了。"

這段對話中，老師同意學生"考一道難題"，但卻對學生先後提出了兩個問題，儘管"難題"是第二個問題，那也是"第二道"題了。因而，學生抓住了老師的自相矛盾，作了巧妙的回答，構成了幽默。

④ 利用隱含判斷構成幽默對話。例如：

> 海涅因為是猶太人，經常受到各種歧視。一次晚會上，有個旅行家對海涅講述他在環球旅行中發現了一個小島，他說：
>
> "你猜猜看，在這個小島上有甚麼現象最使我感到新奇？那就是：在這個小島上竟沒有猶太人和驢子！"
>
> 海涅白了他一眼，不動聲色地回答道："如果真是這樣，那只要我和你一塊到小島上去一趟就可以彌補這個缺陷了！"

這段對話中，海涅洞察旅行家的惡意，構思了一個隱含判斷，即"我是猶太人，你是驢子"沒有說出，而是用一個肯定對方的話為真的假言判斷，即"如果真是這樣，那只要我和你一塊到小島上去一趟，就可以彌補這個缺陷了"，從而使對方從邏輯上推出其中的隱含判斷 —— 他自己就是那個驢子。

⑤ 運用推理構成幽默對話。例如：

> 妻："為甚麼我每次練歌，你都到街上去？"
> 夫："很簡單，我不想讓鄰居誤會我在虐待你。"

這段對話中，丈夫的答話是經過一個比較複雜的推理獲得的。推理的過程是：

> 如果你的丈夫虐待你，並且你發出這種難聽的聲音，
> 那麼你的丈夫一定是在家裏；
> 現在你發出了這種難聽的聲音，但是你的丈夫不在家裏；
> 所以，你的丈夫並沒有虐待你。

這在邏輯上是一個"反三段論推理"的形式，即：

> 如果 p 並且 q，
> 那麼 r，
> p 並且非 r
> ─────────
> 所以，非 q

推理的結論是：你的丈夫並沒虐待你。實際的言外之意是：你發出的聲音難聽。

由推理構成的幽默對話，一般都有隱含的判斷。

總之，對話是一種語言表達的藝術。一個人的對話能力如何，要取決於多種因素，包括世界觀、思想品德、知識、教養、邏輯水平等。表面上看，這些答話沒有直接針對話題對答，而是迂迴前進，卻說到問題的根本，把對方的隱語道破，使對方再也無法啟口。掌握此種對話本領，既要熟悉情況，又要摸到思路；不但要氣勢逼人，還要機智應變。

二、對話的規則

如果我們只是了解對話的性質、特徵、種類和方法，還不能完全解決如何對話的問題。要掌握好對話還必須進一步了解對話的前提和規則。讓我們從一組簡單對話談起。

> 甲：你正在看甚麼？
> 乙：我正在看報紙。

在這樣一組很簡單的日常對話中，我們可以看到它包含着對話的一些最主要之點：發話者是甲，受話者是乙。問句要求回答"甚麼"，對話針對問域做出回答。對話類型是問答型肯定式。對話方法是直接陳述法。然而，並不是所有對話都能成功，或者說不是由兩個人隨便發出兩句話就能構成對話。構成一組合理性的對話，需要有一定前提，並且要遵守對話規則。

1. 對話的前提

這是指對話過程雙方必須對各自發出的語音所表示的意義有共同的理解，也就是要求雙方必須有可以交流的共同語言。否則，根本無法構成對話，也就不可能實現人們之間的思想交流，相互理解。甲說："你正在看甚麼？"如果乙不了解甲所發出的語音都代表甚麼意思，當然就無從作答，所以使用不同民族語言不能直接實現對話，但如果中間經過翻譯，用另一種乙能理解的語音符號表示出甲的意思，那麼，乙就可以接受甲的語音信息而給予回答。但是如果僅僅理解了每個通過語音表達的詞的含義，而不了解用詞造句的語法規則，那就很難確定哪個詞在前，哪個詞在後，表達出來仍然會不知所云。這就是有的翻譯雖然每個詞都能譯出，但詞序排列可能不對而出現錯譯的原因。美國克雷奇等人在《心理學綱要》這本書中曾通過一組生活對話指出："他們兩者在編和譯信息時不僅必須知道和使用同一種代碼，而且在應用這種代碼時也必須使用同一種規則。換句話說，他們倆必須知道同一語言。"（〔美〕克雷奇等：《心理學綱要》，文化教育出版社 1980 年版，第 148 頁。）因此，對話的前提，既要了解發話中每個詞的意義，還要了解發話語言的規則。只有具備這個前提才能理解對方的話並做出相應的對話。而對話者所用的語言也必須是發話者能理解的並懂得其規則。這裏所説的規則主要是指對話語言的語法規則，它是作為對話的前提要求，並不是對話之間聯繫的規則。對話的聯繫規則要比這複雜得多。當然沒有對話的這些前提，根本不能構成對話，也就不會有甚麼對話規則了。

2. 對話的規則

一個最簡單的對話過程，是一個包含着簡單關係的對話體，也可以是包含着很複雜的多層關係的對話體。有人説："人們的説話是在許多不同水平上組織起來的，從聽得見的語言的表面水平，上升到以邏輯和意義為基礎的深度水平。"兒童的對話水平與成年人的對話水平顯然有很大差別。因此，要從大量的不同的人和不同的語境條件下的對話中概括出普遍性規則是比較困難的。即使在簡短的對話之間，隱含的語境因素往往也是很複雜的。

美國語言學者 W・拉波夫在《在社會環境裏研究語言》中，提出了對話分析中的一些不變性規則。他指出："在語言分析的某些領域中，如果不考慮語言行為的社會環境，要想發現其中基本的不變性規律簡直是不可能的，最突出的例子就是對話分析，對話分析的根本問題是如何發現前後兩句話聯繫起來的規則，換句話説，我們要弄明白人們是怎樣去理解連貫的對話的。"（W・拉波夫：《在社會環境裏研究語言》，載《語言學譯叢》第 1 輯，中國社會科學出版社 1979 年版，第 15 頁。）例如，一個最簡單的是非型直接對話的結構：

甲：你是北京人嗎？（邏輯常項 "是……嗎"）

乙：是。

顯然，乙的對話是從甲的問話中來的，實際是說："是的，我是北京人。" 此種對話之間的聯繫可以總結出一種規則：

如果甲發出一個甲不知道而乙知道的事件的問話，對這個問話中的判斷用 S—P 表示，而答話只用一個語詞（概念）表示出某種斷定（肯定或否定），這個斷定用 E 表示，那麼，乙就是用 E—P 這個陳述來回答甲，對話關係式為：

甲：S—P

乙：$E(E—P)$

但有些對話卻不能用 "是" 或 "不是" 來回答。如：

甲：這是一輛甚麼車？（邏輯常項 "是甚麼"）

乙：奧迪牌轎車。

顯然，乙的對話不是由甲的問話得出，而是在問域內確定出某種事物。此種對話之間的聯繫也可以總結出一種規則：如果甲發出一個甲不知道而乙知道的事件的問話，對這個問話中的判斷用 S—P 表示，而答話只用一個語詞（概念）表示出某種事物，對這個答話用 P_1 表示，那麼，乙就是用 S—P_1 這個陳述來回答甲。對話關係式為：

甲：S—P

乙：$P_1(S—P_1)$

為甚麼有的對話能用"是"或"不是"來回答，有的對話不能用"是"或"不是"來回答？這主要是由問話的不同邏輯重點和問域決定的。從對話內容來看，無論哪種回答，對話者對發話內容必須了解。如果發話內容是受話者根本不了解的，則無法作答。如果是間接對話形式，對話關係就要複雜得多。從表面上看，一次間接對話的發話和對話之間似乎沒有甚麼聯繫，實際上這中間可能包含着許多行為關係。對這種對話的分析比較複雜，概括一般規則也比較困難，它要把在具體語境中各個不同層次上的行為關係互相聯繫起來，而且還要把這些行為和話語聯繫起來，才能揭示出對話之間的邏輯聯繫。因此，間接對話的分析必須了解説話的人和説話的環境以及對話雙方的行為關係。例如：

> 甲：那麼，你打算幾時回家呢？
>
> 乙：哦，為甚麼？

在這兩個問句之間不存在任何句法上的關係，也看不出直接的內容聯繫（如果答話説明幾時回家，那就是一個直接對話 S—P$_1$ 的形式）。所以，用直接對話規則無法分析出它們之間的關係來。既不能把乙的對話分析為 S—P$_1$ 形式，也不能分析為 E—P 形式。必須了解説話人和説話環境的情況，才能正確分析出中間的層次。假定甲是一個大學生，原來和母親乙住在一起，家裏的甚麼事情都由母親料理。可是大學生的姐姐結婚後生了小孩，需要母親照顧，把母親接到姐姐家去了。大學生不會料理家務，想要母親快點回家，而母親卻不認為大學生不能料理好家務，而且女兒家的事情還需要待一段時間。在這樣的語境下，母子兩人就會有上述的對話，母親就會對兒子的發話做出"為甚麼"的答話。

　　由此可見，對話的分析是相當複雜的，在許多場合中，完全憑直觀就想找到對話間的邏輯聯繫是很困難的。但是對話的一些基本要求我們是可以把握的，如發話的邏輯重點和問域是否明確，發話的內容受話者是否了解，對話的直接語境是怎樣的。分析對話，首先要準確把握對話內容所傳遞的信息，然後要看雙方對話的內容是否具有邏輯聯繫。

　　對於間接的對話，關鍵是把中間的層次揭示出來。認知心理學家對這個傳遞信息過程作了研究，有意義的是在問題需要深入研究時，語言、心理與邏輯發生了關聯，對話成為一個綜合的多元研究課題。心理學家安德森提出了四項交談準則：

　　（1）數量準則：雙方發話的語義信息量，都應是雙方需要的，既要防止信息量不足，也要避免多餘的信息量。

　　（2）質量準則：雙方發話要力求真實有據，避免傳播假信息。

　　（3）關係準則：雙方發出的信息要與所說的事情有關，不能離題太遠。

　　（4）方式準則：雙方發話必須以清晰傳播的方式，避免各種對語音的干擾因素。

　　其中，第一項數量準則對交談最為重要，是一項根本要求，因為這決定着發話內容是否有用，是否為對方需要。這一準則要求發話者組織語言，做出恰當的假設和斷言，即把聽話者記憶中的概念聯繫起來，進行推理性分析，做出假設，然後做出斷言，使發出的信息插入到聽者的知識結構中去。發話者一般要選擇出能起到這些功能的最簡單的句子，發出最大的信息量，而避免一切不需要的信息。對話成功的關鍵是對言語的理解。所謂理解，就是搞清言語的意義（語義），也就是搞清說話者借助語言所要傳遞的信息。理解言語是以正確的感知為基礎，但不是簡單地移植於頭腦，而是通過一系列積極的建構活動，及想像、推理等去揭露言語的意義，具有不同語言水平及邏輯水平的人，理解水平可能很不一樣。

言語理解的水平可分三級。第一級水平：各種複雜的語義都要依靠詞來表達，因此，正確理解詞義為言語理解的第一步；第二級水平：由於理解詞義不等於理解短語和句子，如"走""馬""觀""花"四個詞。組成短語又有新解，即需要借助句法、語境等重新建構語義；第三級水平：由於説話人的態度和情感因素影響語義內容，還要了解説話人的動機和目的，並理解到語義中的隱含成分。事實上，受話者往往無法將語義信息完全而準確地還原為發話者所要傳達的意義。這主要有兩方面的障礙：一是語音和語義能否完全一致，這裏有同音異義的問題，也有噪音干擾的問題，還有經多次轉傳致使原話原義被改變的問題。例如，某縣接到上級電話通知："明日有寒流來，請做好準備。"結果被理解為："明日有韓劉來，請做好準備。"該縣做了迎接韓書記、劉局長的準備。另一方面的理解障礙是，受話人的理解有選擇性，特定的受話者將選擇自己特定的理解。因此，受話者理解的意義越能接近發話者的意思，則理解的效果就越好。這種情況可用兩圓的三種關係來表示：

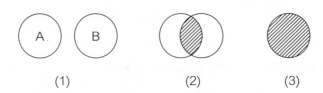

A：發話傳出信息；B：受話引出信息。

圖（1）A 與 B 完全脫離，表示信息阻斷，交流失敗，圖（2）A 與 B 部分重疊，表示信息部分溝通，部分阻斷；圖（3）A 與 B 完全重疊，表示信息完全溝通，信息被理解，交談傳遞成功。由圖可知，A、B 重疊部分越多，對話傳播信息的效果就越好。

由此可見，發話者傳出甚麼信息，受話者未必就能完全理解到甚麼信息。如果希望使受話者的選擇性理解引出你所傳出的信息，就要對受話者有所了解，對他的知識結構、心理狀態以及交談的語境等都要了解，才能構成正確的假設，使發出的語義斷言，為對方所理解。例如，一個臥軌自殺被人救起的婦女，當問她為甚麼要自殺時，她卻一再地説："我恨你、恨你！"如果不了解自殺原因，就不可能理解這句話的意思。原來她的丈夫殺了她的前夫，將她霸佔，她幾次自殺都未遂。了解到這個原因背景、事件語境，也就理解了她為甚麼會發出這樣的答話。

總之，無論是直接的還是間接的對話，是否成功，都要取決於對話雙方所談語義內容的邏輯聯繫及語境條件，並且要通過言語鏈及各種非語言信息的綜合分析，才能達到雙方在邏輯鏈上的溝通。如果對話雙方中有一方違反了對話規則及邏輯思維規律，那就不能實現相互理解，也就不能達到對話雙方的目的。

根據以上分析，對話的要求（規則）可概括為如下幾點：

（1）對話的內容必須是相互可理解的同一語言（包括語義和語法）。

（2）如果發話者要求受話者的對話是受話者所了解的，並且受話者的對話是發話者能了解的，可以使對話成功。

（3）如果發話內容是受話者不了解的，或受話者的對話內容是發話者不能了解的，都不能使對話成功。

（4）對話的語境和對話的中間層次（行為關係）必須是雙

方都有所了解的。

(5) 對話內容中的概念、判斷、推理都要合乎邏輯要求，並在雙方對話總體上構成一組能夠相互理解的完整的邏輯鏈。

綜上所述，對話關係實際是事件的邏輯聯繫的反映，它通過對話者的邏輯思維來溝通對話雙方與事件之間的聯繫。由於種種條件的影響，實現這種溝通的渠道，往往是很曲折的，要經過許多層次的分析，才能揭示出這種聯繫。不過，有一點可以肯定，凡是成功的合理性對話，總是要合乎邏輯的，如果對話者的思維違反了邏輯，就不能構成合理性的對話。因此，我們必須進一步研究對話的邏輯要求，從而提高對話的質量和效率。

第三節　對話的邏輯要求

對話的規則是對話成功的準則，而要使對話成功，最重要的是要合乎邏輯要求。對話系統中的邏輯要求就是要使對話具有合理性和有效性。邏輯性是合理性和有效性的內在依據。就對話總體來說，無論用怎樣的方法發話或答話，雙方的對話如果在哪一個概念上不明確，或判斷上出現歧義，或推理失誤都會使整個對話失敗。因此，對話中明確使用概念，正確地下判斷，合乎邏輯地進行推理，以及遵守邏輯思維的基本規律，這些都是對話的邏輯要求。

一、對話中概念要明確

對話雙方的語句主要是由表達概念的詞語組成，因此，要使對話能相互理解，邏輯上首先要求雙方使用的概念都是明確的，必須在同一意義上使用同一個詞語，否則，就會出現誤解。
例如：

> 甲：你近來怎麼樣？
>
> 乙：唉，別提啦，考試沒及格。
>
> 甲：我不是問你考試怎麼樣。
>
> 乙：哦，我的身體倒還好。
>
> 甲：你怎麼了，我是問你近來工作怎麼樣？
>
> 乙：還說我怎麼了！你問得就不清楚。

　　上述對話是日常生活中常聽到的，顯然這種對話效率很低，必須幾經反覆才弄明確，原因就在於開始問句中的“近來怎麼樣”使用得不明確，它的外延可以包括工作、學習、身體各方面的情況，從哪方面對話都是可以的。應當對“近來怎麼樣”加以限制才能明確問域，問域明確了答域也就明確了。

　　有些詞語在不同的對話語境中其含義可作不同的理解，不能通用。如中國有一個科學家代表團到美國訪問。有一天，一位華裔老科學家來到中國代表團駐地拜訪老友，有一位代表向老科學家問候：

> “您愛人身體好嗎？
>
> 老科學家有些不高興地說：“你說甚麼？”
>
> “我是問您太太身體好嗎？”
>
> “哦，我是七十多歲的人了，今天我兒子也在場，你怎麼開始竟問起我的女友來了。”

　　為甚麼一句話會引起老科學家不高興呢？原因就在於問句中

使用的"愛人"這個詞有不同的理解。在中國,"愛人"這個詞是指妻子或丈夫;而在美國卻是指女友或情人。這就難怪老科學家要生氣了。

在較長的對話中,要注意防止由於對方"偷換概念"而導致自相矛盾。偷換概念往往是有人故意違反邏輯,進行詭辯造成的。我們這裏舉一個古希臘智者學派的詭辯事例:

> 智者歐底姆斯與前來求教的青年對話,歐底姆斯首先向青年發問:
>
> "你學習的是已經知道的東西,還是不知道的東西?"
>
> "學習的是不知道的東西。"
>
> "你認識字母?"
>
> "我認識。"
>
> "所有的字母都認識嗎?"
>
> "是的。"
>
> "教師教你的時候,不正是教你認識字母嗎?"
>
> "是的。"
>
> "如果你認識字母,那麼他教你的不就是你已經知道的東西了嗎?"
>
> "是的。"
>
> "那麼,或者你並不在學,只是那些不識字母的人在學?"
>
> "不,我也在學。"
>
> "那麼,如果你認識字母,就是學你已經知道的東西了。"
>
> "是的。"
>
> "那麼,你最初的回答就不對了。"

這段對話中,歐底姆斯用一連串的問話使青年陷於自相矛盾，是由於歐底姆斯在對話過程中玩弄了"偷換概念"的詭辯術。他在對話中所說的"教師教你的時候"沒有加以時間限制，因此，它既可以指過去某個時候，也可以指現在某個時候，而他把這個語詞分別用在了"認識字母"這件事的前和後，通過對話誘使青年陷入了自相矛盾。再看《韓非子·説林上》中"不死之藥"的故事：

> 有獻不死之藥於荆王者，謁者操之以入。中射之士問曰："可食乎？"曰："可。"因奪而食之。王大怒，使殺中射之士。中射之士使人説王曰："臣問謁者，謁者曰'可食'，臣故食之，是臣無罪，而罪在謁者也。且客獻不死之藥，臣食之而王殺臣，是死藥也，是客欺王也。夫殺無罪之臣，而明人之欺王也，不如釋臣。"王乃不殺。

這個故事是説，有人給楚王獻"不死之藥"，謁者（掌管傳達的官員）拿藥進入宮內時，中射之士（在國王身邊掌管顧問應對的官員）問道："可以吃嗎？"回答："可以。"中射之士便把藥搶過來吃了。楚王知道後便要殺中射之士。中射之士讓人對楚王説："我問謁者可以吃嗎？他説可以吃，所以我才吃了。我沒有罪，有罪的是謁者。而且這是不死之藥，我吃了而你殺死我，這藥就是'死藥'了，也就是獻藥的人欺騙了你。那樣，你把無罪之臣殺死，而使人知道你被人欺騙，倒不如放了我好些。"楚王聽了這番話，覺得很有道理，也就不殺他了。這個故事中所包含的對話，從邏輯角度分析，中射之士的話在邏輯上是站不住的。他利用了"可食"這個詞的歧解，開始謁者所説的"可食"是説"可以吃"。後來中射之士讓人向楚王説的"可食"是"我可以吃"，所以把罪責推到了謁者身上。並且對"不死之藥"中的

"不死"也作了歧解,原來所説的"不死"是指長生不老,後來中射之士又把它説成"不能殺臣"。由於中射之士兩次"偷換概念"進行詭辯,造成一種表面上似乎有邏輯性的辯詞,欺騙了楚王得以蒙混過關。由以上事例可見,在對話中要注意明確概念。

二、對話中判斷要恰當

對話雙方主要都是通過語句表達判斷的,即使是不直接表達判斷的問句,其隱含的預斷在對話中仍然是起作用的,而且答話一般也是用判斷表達的。因此,對話中的判斷是否準確、恰當,關係到整個對話的成敗,可見,判斷要恰當是對話中基本的邏輯要求。前述的事例已説明,在對話中使用概念不明確就會造成對話上的邏輯錯誤。對話不但要由概念組成,而且要由概念組成的各種不同判斷的語句組成,即使對話中只説了某個概念,實際上是表達一個判斷。由此看來,對話的聯繫,實際就是判斷之間的聯繫。因此,不但判斷要恰當,而且判斷之間必須符合相應的邏輯規則,才能使對話合乎邏輯要求。

1. 判斷不當的發話。

① 甲:你的缺點太多,真是不可救藥!
乙:缺點多就不可救藥嗎?
② 甲:你一定是要演出才去做美容。
乙:去做美容就是要演出嗎?

①和②中的發話者都提出了不恰當的判斷。①中提出的"缺點多"不能構成"不可救藥"的充分條件,是強加條件的錯誤,對話者的反問是對的。②中提出的"要演出"是"做美容"的必

要條件，其實，不演出也可以做美容，二者沒有必要條件關係。發話者的判斷是不恰當的，對話者的反問是正確的。

2. 判斷不恰當的對話。

> ①　甲：小劉你怎麼又遲到了？
> 　　乙：遲到不遲到算甚麼事！
> ②　甲：可不能拉關係走後門呵！
> 　　乙：走後門的又不是我一個人。

①和②中乙的對話都是不恰當的判斷。①中的對話不但答非所問，而且對遲到的斷定是"不算事"，這顯然是不恰當的。②中的對話對發話者的批評做出了錯誤的反駁，這裏包含着一個內容錯誤的判斷，不是我一個人幹的事就是我可以幹的。判斷不但要準確，而且要恰當。一個準確的判斷可能用得不恰當，而一個恰當的判斷必當是準確的。上面例子中包含不恰當判斷的對話，在日常生活中是很常見的，應予以注意。

3. 對話雙方在判斷中要注意斷定的範圍。

> 甲(父)："早說過不許你抽煙，你怎麼還在公開場合抽煙！"
> 乙 (子)："今後我一定不在公開場合抽煙。"

這組對話中，父子所作的判斷都是不恰當的。父親的本意是要兒子不要抽煙，但用"公開場合"限制"抽煙"就把概念外延縮小了。這實際是把對抽煙的"全稱否定"變成了"特稱否定"。兒子恰好就承接着父親語句中已被縮小的概來回答。這個回答，顯然不是父親的意思，但也不好怪兒子，因為話是自己引出來的。

宋代王鞏《隨手雜錄》中記載：

> 吉甫問曾曰："蘇軾何如人也？"曰："聰明人也！"吉甫屬聲曰："堯聰明耶？舜聰明耶？大禹之聰明耶？"曰："非三人之聰明，亦是聰明也。"

這段文字記載了呂吉甫與曾之間的一段對話。呂吉甫問曾，蘇軾是個怎樣的人？曾回答，蘇軾是個聰明人。呂吉甫對這個回答很不滿意，竟反問曾，蘇軾有堯、舜、大禹那麼聰明嗎？言下之意，沒有再比堯、舜、大禹更聰明的了。曾的回答，從邏輯上反駁了呂吉甫的看法：即使沒有這三個人那樣聰明也算是聰明人。從邏輯上分析，一開始呂吉甫對曾的答話就理解錯了，"蘇軾是個聰明人"是一個單稱肯定判斷，肯定判斷的謂項"聰明人"是不周延的。曾肯定蘇軾是聰明人，絲毫不意味着，除蘇軾以外就沒有聰明人了。而呂吉甫的對話，卻把"聰明人"的外延只限定在堯、舜、大禹三人的範圍，把蘇軾以及其他的聰明人都排除在外，這顯然是不合邏輯的。曾的答話正確地指出了呂吉甫在概念上的邏輯錯誤，從而也就指出了對方在判斷上的失誤。

4. 對話中不應包含自相矛盾的判斷。例如：屠格涅夫的小說《羅亭》中羅亭與畢加梭夫的一段對話：

> "很好！"羅亭插口道："那麼據你説來是沒有甚麼信念之類的東西了。"
> "是的，沒有。"
> "這就是你的信念麼？"
> "是的。"
> "那麼你怎樣可以説是沒有這東西呢？這裏你首先便已經

有了一個。"

　　於是，室內的人都笑了，彼此你看我，我看你。

　　這一段對話，羅亭巧妙地使對方自己先後的答話陷於自相矛盾。畢加梭夫開始認為 "沒有" 任何信念，然後，又承認自己這個回答本身就是一種信念。這樣畢加梭夫在對話中就犯了自相矛盾的邏輯錯誤。

　　5. 對話中不應包含有歧義的判斷。例如：

　　① 甲：你昨天下午幹甚麼去了？
　　　　乙：昨天下午我訪問了突然患病的張明的父親。
　　② 甲：星期天是不是有兩個旅遊的人找不到導遊特別着急？
　　　　乙：我應當怎樣理解您的話呢？

　　①中乙和②中甲的話是包含歧義的語句。例①中乙的話既可理解為 "張明" 突然患病，也可理解為 "張明的父親" 突然患病。②中甲的話既可理解為 "兩個旅遊的人找不到了" 也可理解為 "導遊找不到了" 的團員。

　　早在兩千多年前，古希臘的亞里士多德就十分注意語詞和表述的歧義問題。他在《辯謬篇》中明確指出："對於一個歧義的名詞或歧義的表述，一個人的答辯應當像下面這種樣子，說 '在一種含義上它是這樣，而在另一種含義上它不是這樣。' 例如，'說的不說話' 在一種含義上是可能的，而在另一種含義上是不可能的。"（亞里士多德：《辯謬篇》，177a。）亞氏曾對他的學生教導說："如果你不了解對方所提出的問題，你並不需答應 '是' 或 '不是'，只需說 '我不明白'，因為問題的意義模糊，你隨便答覆，就會引起困難，你真正了解了所提問的問題，而問題所指的意思不只一樣，你就應該按其不同的意思作答……假如你事先不發覺問題的雙關性，按你所了解的答覆了，而提問的對方把問題看成和你的理解不同，你就應指出：'那不是我承認時所理解的意思，我是這樣理解的。'詞句含義不只一樣，意見當然就會分歧，如果問題是清楚而又是簡單的，你就應該答應'是'或'不是'。"（亞里士多德：《論辯常識篇》第八卷，第 7 章。）

三、對話中推理要合乎邏輯

對話雙方之所以能構成一組對話，關鍵在於有聯繫雙方的對話內容，因此要求對話內容既是可理解的，又是有邏輯聯繫的。對話雙方所提出的判斷，有時就是一個省略推理中的前提或結論。這樣就要求在對話的前提或結論之間必須合乎推理規則，才能構成一組有邏輯性的對話。有的對話本身就可構成一個完整的推理，有的對話中間有許多中介被省略，需要把省略部分恢復，然後再用推理規則檢查是否正確。這些步驟，由於需要考慮的因素較多，往往是比較複雜的。但是，在日常對話中各種推理形式和方法被廣泛使用，而且構成各種複雜對話內在的邏輯依據。只有揭示出對話中的推理形式，並按規則檢查，才能確知對話是否具有合理性和有效性。下面介紹幾種對話中的推理形式。

1. 對話中包含假言推理。

① 甲：今天下午有會嗎？

乙：如果經理今天上午來了，今天下午就一定開會。

甲：哦，經理今天上午來了。

乙：那麼今天下午一定開會。

這是由一組對話構成的充分條件假言推理的肯定前件式。其推理的形式結構是：

> 甲： q ？
> 乙： p→q
> 甲： p ⎱ 推理結構
> ──────
> 乙： q

② 甲：小張來了嗎？

乙：沒來。

甲：你怎麼知道？

乙：如果小張來了，他的車就在外邊，但是他的車不在外邊。

這是由一組對話構成的充分條件假言推理否定後件式。其推理形式結構是：

> 甲：p ？
> 乙：q̄
> 甲：怎麼知道 p̄ ？
> 乙：p→q
> ──────
> q̄ ⎱ 推理結果
> ∴ p̄

③何札・納斯萊金的故事中有一則借鍋的故事：

> 納斯萊金向一個富有而吝嗇的鄰居借了一隻大鍋，還鍋的時候，附帶送了一隻小鍋，並解釋說，這隻小鍋是大鍋生

的，既然大鍋是屬於它主人的，那麼小鍋也應屬於它主人。鄰居完全同意這種推論，就把小鍋也收下了。當納斯萊金重新向這個鄰居借大鍋時，鄰居就很高興地給了他。但是，很長時間也不見還鍋，鄰居跑來問納斯萊金：

"你怎麼還不把鍋還給我？"

"我倒很高興還你鍋子，可是不可能，因為它死掉了。"

"怎麼！你簡直胡說八道 —— 難道鍋子還會死嗎！？"

"要是大鍋會生小鍋的話，那它為甚麼不會死呢？"

這段對話中，納斯萊金運用了假言推理，使吝嗇的鄰居佔了小便宜卻吃了大虧。納斯萊金最後答話中包含的假言推理是：

> 如果大鍋能生小鍋，那麼大鍋也就會死掉，
>
> 現在大鍋生了小鍋（鄰居完全同意，並已收下小鍋），
>
> 所以，大鍋也就會死掉。

④《莊子·秋水篇》有一篇記錄莊子與惠子關於"魚之樂"的對話：

> 莊子與惠子遊於濠梁之上。莊子曰："儵魚出游從容，是魚之樂也。"惠子曰："子非魚，安知魚之樂？"莊子曰："子非我，安知我不知魚之樂？"惠子曰："我非子，固不知子矣，子固非魚也，子之不知魚之樂全矣。"莊子曰："請循其本，子曰'汝安知魚樂'云者，既已知吾知之而問我，我知之濠上也。"

這是一篇有名的對話：

莊子："魚在水裏自由自在地游，這是魚的快樂。"

惠子："你不是魚，怎麼知道魚的快樂？"

莊子："你不是我，怎麼知道我不知道魚的快樂？"

惠子："我不是你，當然不知道你，但你本來不是魚，你也就全然不知魚的快樂了。"

莊子："你本來說'你怎麼知道魚的快樂'。你既然知道我知道魚是快樂的而還要問我。我是在這城池（濠）的橋（樑）上知道的。"

　　對這段對話歷來有不同的理解，有的說惠子在詭辯，有的說莊子在詭辯。我們且不去評論這些分析，只就惠子與莊子在對話中構成的推理來看，是有邏輯性的：

惠子（假言推理）：

只有是魚，才能知道魚的快樂，（省略）

你不是魚，

所以，你不能知道魚的快樂。

莊子（假言推理）：

只有是我，才能知道我不知道魚的快樂，（省略）

你不是我，

所以，你不能知道我不知道魚的快樂。

惠子最後的話是一個聯言推理的合成式：

如果我不是你，那麼我不知道你，但，如果你不是魚，那麼你也不知道魚。

　　由於對話具有邏輯性，因而都有一定的說服力。

　　⑤甲（旅客）："你們的火車總是晚點，這火車時刻表還有甚麼用？"

　　乙（鐵路職員）："如果火車總是正點，那我們的候車室還有甚麼用呢？"

　　旅客的推理是一個正確的充分條件假言推理肯定前件式：

　　如果火車總是晚點，那麼火車時刻表就失去作用了。

　　你們的火車總是晚點，

　　所以，你們的火車時刻表失去作用了。

　　而鐵路職員的推理是一個包含虛假前提的充分條件假言推理否定後件式：

　　如果火車總是正點，那麼候車室就失去作用了。（虛假前提）

　　候車室要發揮作用，

　　所以，火車總是晚點。

　　分析對話中的假言推理，由於經常有所省略，所以我們必須把省略的部分補充起來，然後用有關推理規則來檢查，既要注意推理形式是否符合規則，也要注意前提是否真實。

　　2. 對話中包含選言推理。例如：

　　甲：你知道老王在哪兒嗎？

> 乙：不是在健身房，就是在棋牌室。
> 甲：老王不在健身房。
> 乙：老王一定在棋牌室。

這是由一組對話構成的不相容選言推理的否定肯定式。其推理形式的結構是：

> 甲：　　？
> 乙：　p ∨ q
> 甲：　p̄　　 ⎫
> ─────────　 ⎬ 推理結構
> 乙：　q　　 ⎭

3. 對話中把選言推理與假言推理結合運用。如《戰國策·齊策》中有一段"入朝於秦"的故事：

> 齊王建入朝於秦。雍門司馬前曰："所為立王者，為社稷耶？為王立王耶？"王曰："為社稷。"司馬曰："為社稷立王，王何以去社稷而入秦？"齊王還車而反。

這段故事是說由於秦國打敗了齊國，齊國的國王田建，就準備到秦國去朝見秦王稱臣，車到雍門時，那裏的司馬上前對齊王說："你所以要立王位，是為國家呢，還是為自己呢？"田建回答說："為國家。"司馬說："既然是為國家而立王位，那麼你為甚麼要離開自己的國家而去朝服於秦呢？"齊王聽了司馬的話，就調過頭來，驅車而回。這段對話中，雍門司馬是運用了一個選言和假言相結合的推理說服了齊王：

> 所為立王者，為社稷耶？為王立王耶？
>
> 為社稷。
>
> 王何以去社稷而入秦？

其中“為社稷”肯定了選言判斷“所為立王者，為社稷耶？為王立王耶？”中的一個選言支，緊接着，司馬又以“為社稷”為前件，構成一個充分條件假言判斷“如果為社稷，就不應離開社稷而入秦”，然後推出“齊王不應離開社稷而入秦”為結論，並以此說服了齊王。

由此可見，我們研究對話不能不注意邏輯，正確有效的對話需要符合邏輯，錯誤無效的對話常常是違反邏輯的。在分析對話推理過程中，既要注意推理形式上是否合乎規則，又要注意前提是否真實。例如：

> 甲：您是廠長嗎？
>
> 乙：是。
>
> 甲：那您一定是大學畢業的。
>
> 乙：不，您說錯了。

這段對話中，甲運用了一個三段論推理，但得出了錯誤的結論。從推理形式上分析，甲省略了大前提。如果把該三段論的完整式按規則恢復出來，其中省略的大前提應是：“凡廠長都是大學畢業的。”即：

> 凡廠長都是大學畢業的，（大前提省略）
>
> 您是廠長，（小前提）
> _____
>
> 所以，您是大學畢業的。（結論）

顯然，上述對話中，甲的推理雖然形式上是一個合乎邏輯的三段論，但卻隱含了一個錯誤的大前提，導致推理的結論不必然為真。因此，分析對話中的推理，除注意其是否合乎邏輯外，還要看其前提是否真實，如果前提真實，同時又合乎邏輯，結論必然為真；如果前提虛假，即使合乎邏輯，結論也不必然為真。前提真假本身不屬於邏輯問題，但自然語言推理離不開語義內容；不考慮語義內容真假，只分析其邏輯形式，就如同無米之炊，是做不成飯的。事實上，前提虛假是對話推理中常犯的錯誤，因為作為發話的主體是人，由於人們認識上的局限，往往自覺或不自覺地做出錯誤的判斷或假設，而導致推理的錯誤。例如：

> 甲：張青是誰？
> 乙：是個幼稚園教師。
> 甲：那一定是位女性吧？
> 乙：不，他是位男性。
> 甲：我還以為幼稚園教師都是女性呢。

這段對話中，甲的推理是：

> 幼稚園教師都是女性，
> 張青是幼稚園教師，
> ―――――――――――――
> 所以，張青是女性。

顯然，甲認為"張青是女性"的根據（大前提）是"幼稚園教師都是女性"。豈不知幼稚園教師雖然絕大多數是女性，但並不排除有個別的男性幼稚園教師。因此，雖然推理形式是合乎邏輯的，但由於甲認識上的錯誤，導致了推理結論的錯誤。

　　綜上所述，研究對話邏輯，不但要了解對話的一般交際原理、方法及準則，還要具體揭示對話的深層語義關係，分析對話中概念是否明確，判斷是否恰當，以及推理的有效性和前提的真實性等問題。總之，要使邏輯在自然語言對話中發揮作用，使對話獲得成功，必是邏輯與非邏輯因素綜合運用的結果。

第 *3* 章 演説與邏輯

第一節　演説的結構及準備

一、演説的結構

　　演説的類型按其體裁有敍述式演説、説明式演説、議論式演説、辯論式演説等。無論哪種演説都有其組成結構。西賽羅曾把演説分為六個部分：緒論、説述、提意、憑證、反駁、總結。亞里士多德把演説分為緒論、解釋、憑證、總結四個部分。我們可以大體歸結為三大部分，即引論、本論、結論（按論證結構），或開頭、中間和結尾（按表述結構）。這三個部分具有內在的邏輯聯繫，其中的每一個部分都是不可缺少的有機組成部分。

　　引論部分對整個演説是開場，起導引和橋樑作用。主要是造成演説的“最初印象”。演説的引論與演説的開頭基本是一致的。引論主要是從論證過程來説的（引出論題）。開頭是從演説表述過程來説的。開頭俗稱“開場白”。開頭部分除包括引論外，還可包括一些開頭的話。奧地利的樂團指揮韋勒説：“開場白則是演説者和聽眾之間的第一座橋樑。”

　　本論部分是演説的主要部分，是演説的主幹或中心，包括演説的主題和材料、論述的觀點和論據以及論證的層次、方法等，這一部分是決定演説總體效果的核心部分，演説的邏輯思路集中表現在這一部分。

演説的結論部分則為演説本論必然得到的結果。這一部分要研究如何使演説合乎邏輯地得出最後結論，並且使演説結束恰當、適度、印象深刻而又留有餘味。主要是完成演説的"最後印象"。演説的結論與演説的結尾基本是一致的。結論主要是從演説本論的論證過程來説的，而結尾是從演説表述過程來説的。結尾部分除包括結論外，還可包括一些結束性的話。演説整體的邏輯性對結尾部分提出了嚴格的邏輯要求，結尾是實現演説總目的，檢驗演講整體效果的最後歸結。總之，這三個部分是互相聯繫又互相區別的，要研究演説整體的邏輯，必須對這三部分分別加以研究。而對這三部分的整體考慮應當在演説的準備中即已完成。

二、演説的準備

要組織好一篇演説的材料，取決於演説前的準備，這種準備包括對演説對象的調查了解和編製演説提綱。演説調查即了解聽眾中存在哪些與講題有關的問題，以及聽眾的理解水平及接受能力。這一步應當包括到演説總體考慮之中，因為演説對象是演説的受話者和檢驗者，不考慮對象的演説就會成為無的放矢，完全失去演説的作用，因此，演説總體的邏輯思路應從這裏開始，然後，以此為依據，有針對性地組織好演説的各個部分，編製好一份好的演説提綱或演説詞，其中要考慮如何確定演説的主題，總體結構以及如何確定一個恰當的開頭和巧妙的結尾。

演説是否都要有提綱，有人認為演説可以不必事先寫提綱或演講稿，只要想好了説就行了，當然，有些特殊場合下的即席演説或演説者就某一非常熟悉的事物發表談話，可以不用事先起草演講提綱或講稿，但一般説來，凡是成功的演説都要有文字準備，尤其是長篇演説，更需事先寫出提綱或演説稿。林肯著名的最短演説，也是在演講前經過仔細斟酌事先寫好了的，否則，未必能有這樣的成功。經驗證明，一篇好的演説就應當是一篇好的演説詞，沒有充分準備的演説也不可能達到預期效果。

　　編寫演説提綱或演説詞，主要是把演説本論部分寫好。引論和結論都是圍繞本論的。引論部分是本論的先導，結論部分是在本論完成後的必然結果。本論寫好了，結論自然就會有了。結論理應合乎邏輯地從本論中推出，而且它還常常要與引論相互照應。開場白和結束語往往是提綱全部考慮好以後，根據現場的演説背景等條件決定的。這部分是靈活的，可以用多種方法引入本論，也可用不同的結束語作結尾。編寫本論提綱只要求列出演説主體部分的框架，使演説者對要講的問題心中有數。如對社會青年以"成才之路"為題作講演，就可以編製演説大綱：

　　講題：成才之路。
　　內容提綱：
　　1. 問題的提出和對此問題的若干看法。
　　2. 對"成才"看法的分析。
　　3. 應當怎樣理解"成才"？
　　4. "人才"標準和要求。
　　5. 甚麼是我們的"成才之路"？

　　這種演説的提綱包括提出問題、分析問題、解決問題三個部分，可以詳細，也可簡略。表面上看這種提綱與文章的要求沒有甚麼區別,但是它卻需要從紙的平面上變成會場上身歷聲的效果。如果是寫一篇演講詞,更要注意與文章寫法的不同之處,一篇好文章未必是一篇好演説詞,反之,一篇好演説詞也未必就是一篇好文章。因此,有專門研究如何寫好演講詞的"演講作文法"和研究如何演説好的"演講發表法"。寫好一篇演講詞與發表一篇演講詞,二者既有區別又有聯繫,寫好演説詞是發表演説詞的依據。因此,研究演説,就要研究演説詞的寫法,主要是研究本論部分的寫法。需要注意的是,一篇再好的講稿,它也是紙上的東西,而演講是要把它變為立體的聲形一體化的演説;因此,最好不要照本宣讀,否則就會明顯降低演講的效果。美國口才訓練學家桑迪‧林弗説:"凡演講,百分之九十九都無須拿稿。一個人拿起講稿來'讀'話時,人們對他的相信程度也隨之降低了。聽眾越是感到你在與他們交談,你演講的效果就越好。"演講時最好不拿講稿並不是不要準備講稿,也不是不帶講稿。只有當你把要講的內容爛熟於心或是你完全可以駕馭的簡短演説時,才可以完全脱離講稿。但凡重要的演講,最好預備出講稿,必要時看一下,並不影響整體效果。

第二節　演説的邏輯要求

一、邏輯是演説中的命脈

　　演説是"説"的藝術，"説"要通過語言來表達，而語言的表達既有語法、修辭問題，也有邏輯問題。邏輯是語言表達的內在依據，同時，演説又是多因素的綜合體。而在演説的諸多因素中，邏輯是組織好一篇演説的核心要素，是使演説這種複雜的多元結構體的各有關要素（語言、心理、形態等）構成系統和整體的內在依據，可以説是貫穿全部演説的一條命脈。有人認為演説近乎是一種形象的表演藝術，是一種運用態勢語言的"人類言態表達學"。也有人強調演講表達的誘動性，比較注意聽眾的心理、演説詞的生動、趣味、靈活等，而忽略了演説的邏輯性，或只把邏輯性作為一個輔助的因素來看待。認為演説中的邏輯只是如何運用概念、判斷和推理的問題。沒有看到演説的整體結構對演説思路的邏輯要求，應當説邏輯在演説中的作用，主要體現在演説整體的邏輯性方面。當然這整體的邏輯性並非與局部的邏輯性無關，它要通過明確的概念，恰當的判斷和合乎邏輯的推理體現出來。而對每一種思維形式的運用都不是孤立的，是與整個演説思路緊密結合的，二者是有機結合在一起的，因而演説的邏輯實際就是由概念、判斷和推理結合成的演説思路的邏輯。正是這條思路的邏輯構成演説整體結構的命脈。

　　一個人思維是否清楚決定着語言表達是否清楚。一般説來，概念不明確，必然表現為用詞不當，判斷不準確就會出現錯句，推理不合邏輯就會出現論證失誤。寫文章如此，演説也是如此。有人指出："夫思維為演説之根本，而思維與語言之真確又為演説成功之要素。如辭意曖昧誤失，則雖口若懸河，聲情並茂，而聽者已誤解其意，或不明其意，尚安能為之誘動哉？故偉大之演説家，其推理必精，觀察必正。而此種才能之訓練，乃論理學之職務，是以論理學與心理學，俱為演説學之基礎科學也。"（楊炳乾：《演説學大綱》，商務印書館 1933 年版，第 32 頁。）因此，一篇演説內容再好、激勵再強、表情、姿態俱佳，但如果失去了清楚而有條理的思路，精確而有説服力的論證，則演説就失去了它的真實性而陷於失敗。

由此可見，邏輯可説是演説的核心與命脈，包括整體的和局部的兩方面邏輯要求。整體邏輯性主要體現在材料的安排上；局部邏輯性主要是指演説中對概念、判斷和推理的運用。整體邏輯性與局部邏輯性又是相互關聯統一起來的。演説的力量在於演説整體的效果，而這整體的效果又是由一句句的話，一層層的意思構成的。甚至每一個手勢、每一個表情姿態、聲音的抑揚頓挫、節奏和停頓等都要服從演説中內在的邏輯要求。一個好的演説，讓聽眾感到演説中的每一言、每一動都是那麼貼切、恰當，沒有一絲多餘之處，沒有一毫過分之感。如同一個高超的表演藝術家，每一抬手，每一投足都恰到好處；又像一個傑出的書法家，每一點畫都不能隨便移位，整體和局部渾為一體，給人以美的享受。

邏輯在演説中的作用主要是：一、使演説具有條理性。這主要是由演説者的邏輯思路和演説的邏輯順序決定的，從而使演説層次分明，條理清楚。二、使演説具有完整性。這主要是由演説中的邏輯論證和演説的邏輯整體結構決定的，從而使演説有頭、有尾，有系統、有中心。三、使演説具有説服性。這主要是由演説中的邏輯論證決定的，同時輔以鼓動性所誘發的心理反應，從而造成一種令人信服的效果，這也是演説的目的所在。演説的邏輯性最終要達到論證性和説服性一致。這一點在美國威謝爾公司總裁謝爾・利恩的《跟奧巴馬學演講》中説："巴拉克・奧巴馬向世人證明，出色的、具有説服力的演説家通曉如何用強有力的邏輯來構建自己的思想或評論。""一個令人信服的演講，必須能夠讓聽眾懂得演講的內在邏輯，並且認為這個邏輯是正確的、具有説服力的。這才是聽眾與演講者建立共識的基礎。合理的順序，不僅有助於闡述觀點，還有助於贏得聽眾的認可和贊同。"（〔美〕謝爾・利恩：《跟奧巴馬學演講》，科學出版社 2009 年版，第 107 頁。）

　　還應指出，僅僅有對演説本身的邏輯分析還是不夠的，因為演説的邏輯性不是孤立的，與演説的背景有密切關係。評價一篇優秀的演説必須看到所有與之相關的主觀與客觀、時間與空間的各種因素。例如被世界譽為最短最成功的演説 —— 林肯在葛底斯堡的演説，就是一篇非常適合當時情況、恰如其分的演説，否則，即使內容再好也不會獲得如此成功。整個演説僅用了 3 分鐘，講了 10 句話。林肯是在葛底斯堡烈士公墓落成典禮上發表演説的。在林肯發表演説前已有著名人士埃佛雷特發表了長達 1 小時 57 分鐘的長篇演説，這些都是在林肯演説前面臨的背景情況。林肯這篇演説之所以成功，除去內容深刻，文辭精煉，具有很強的邏輯性外，也是由於演説者考慮到演説的背景，"在合適的地點説了恰到好處的話"。如果在這種場合不考慮這些因素，發表不合時宜的長篇大論，即使內容再好，也不會成為一篇"完美無瑕"的演説。因此，演説的邏輯整體性，與演説的背景因素是分不開的。研究演説的邏輯必須注意對演説語境的分析。下面分別從演説的引論、本論和結論三個部分來分析有哪些邏輯要求。

二、演說引論的邏輯要求

羅馬大演說家西塞羅說，引論的功用在"使聽眾傾向講員，注意他的演詞，而虛心以求信念"（韓龘：《演講術》，上海大公報代辦部發行 1937 年版，第 87 頁。）。法國哲學家弗里特里希・瑙曼說："為了不使聽眾如墜於迷霧之中，所以演講者一開始就應當告訴聽眾，他將要講些甚麼。"當然，一篇演說的開頭應當不拘一格，可以開門見山，也可略作婉言，可作必要的說明，也可作巧妙的引語。演說開場的銜接技術要求有一個銜接部分觸及議論的主題，這一部分必須與演講內容有密切的關係，並很自然地向演講本題過渡。這也是對演說引論作為整體演說起點的邏輯要求。例如 1950 年 6 月 2 日，法國駐德大使安德烈・法朗索瓦・龐賽在德法市長會議上所作的演講開頭：

> 聯邦主席先生，市長先生們，法蘭西的市長先生們！（層次分明地稱呼；儘管兩國的市長是同級的，但作為法國人，他當然首先得提及德國人，其次再向他的同胞打招呼）我以十分愉快的心情接受德法兩國市長會議的邀請，前來參加閉幕式，對能借此機會重遊斯圖加特感到高興並表示感謝。（致謝，為能講話表示愉快）
>
> 不瞞大家說，如果我回想起我第一次是怎樣在貴國的城牆下度過的話，我就無法抑制住內心的感觸。（涉及地點）聯邦主席先生知道我這個人比較容易傷感，可是還有甚麼地方能比斯瓦本這個地方更能令人感到舒適呢！（轉向個人感受）自那以後差不多過去了半個世紀。1902 年，當我還是個年輕的中學生時曾來過這個地方……（個人的回憶）。

龐賽就是這樣慢慢地過渡到會議的主題 —— 德法兩國在管理問題上的協作。他正是圍繞着主題在精心構思他的開場白，力求使每一句話都為增進兩國互相理解增加砝碼，所有這些話給人們提供的前提都是可接受的、親切的，而由此在人們思想上引發出的結論卻又是與主題吻合的，這正是演説開場的銜接技術中的邏輯要求。

有些演説的開場白側重於從心理上對聽眾產生影響，以求建立演説者的威信，使聽眾相信你的話。例如，1858 年林肯為參加國會議員競選，到伊利諾伊州南部一個盛行奴隸制的少數民族部落去演講，奴隸主揚言要殺死他，許多人勸林肯免去這次演講，但他決意要對那裏的民眾講話，並且自信 "只要給我説話的機會，就可以駕馭他們"。他的演説是這樣開場的：

伊利諾伊州的公民兄弟們，肯塔基州的公民兄弟們，密蘇里安州的公民兄弟們 —— 你們中的一些人警告我，説要給我些厲害看看。我不理解你們為甚麼要這樣做。像你們一樣，我是一個真誠而普通的人……我誕生在肯塔基州，成長在密蘇里安州，同你們中的大部分人一樣，從小靠艱苦的勞動糊口度日，我熟悉肯塔基州的人民，熟悉伊利諾伊州的人民，甚至也熟悉密蘇里安州的人民，因為我曾是他們中的一個成員。因此，我了解你們，你們也應了解我。但如果你們真了解我的話，你們就會明白我來這裏絕不會帶來麻煩。既然這樣，你們中的一些人為甚麼要這樣對待我呢？公民兄弟們，絕不要幹這種蠢事。我們應該成為朋友，我們應該像朋友一樣和睦相處。我也是無數地位低下和愛好和平安定的普通百姓中的一員 —— 我不會無理地對待任何人，也不會干涉任何人的權利。我所渴望的所有東西，就是希望能推心置腹地與你們協商問題，就是希望你們能給我赤誠相待的心。肯塔基州的公民兄弟們，密蘇里安州和伊利諾伊州的公民兄弟們 —— 勇敢而爽直的公民兄弟們 —— 我相信你們一定會這樣做。現在讓我們像親如手足的兄弟一樣，開始討論問題吧。

林肯這段演說的開頭，成功地尋找到與聽眾的共鳴點，以真摯坦誠的態度，親切可接受的語言，首先從心理上對聽眾產生影響，消除誤解，融化堅冰，在聽眾與演說者之間鋪設了通道。事實說明，這個開場為整個演說打下了成功的基礎。後來，正是這個部落，對林肯的競選給予有力的支援。林肯也曾對人談到自己演說的經驗："我爭取聽者和贏得一場論戰的方法，就是從演說一開始就尋找與他們有共同語言的地方。"這個"共鳴點"既是心理上的需要，也是邏輯上的需要。從心理上說，溝通了思想感情，增加了親切友好的氣氛；從邏輯上說，使演說過渡到正題成為可能，並增加了演說內容的可信度。

演說開頭的方法，沒有固定的模式，怎樣開頭要取決於演說背景、對象等多方面因素。一般情況下，演說的開頭，其銜接性的過渡不應過長，更不能繁瑣冗贅，如果銜接部分拖得過長，聽眾本來已經建立了的邏輯思路就可能夭折，反會產生厭煩。聽眾對演講者開始時的不必要的客套、噱頭、兜圈子、與內容毫無關聯的趣談，多持反感，這應當是演說者之一忌，"最初印象"不佳，整體效果失其半。因此，許多演說都採取一開始就進入正題，告訴聽眾我要講甚麼，使聽眾一開始就明確演說的主題，這就如同讀者看一篇論文，首先映入眼簾的是該文的題目，在沒看全文之前先知道你要向讀者說甚麼；也好比一個田徑運動員，一下子就進入了起跑線，而不必拖泥帶水、忸忸怩怩。我們把這個起點叫作邏輯起點，就是用一兩句話使聽眾接觸或了解演說主題。對演説引論的邏輯要求，主要是：第一，使用明確的概念，而不應是含糊的，使用準確恰當的判斷，而不應是歧義費解的。第二，必須在聽眾與講題之間架起橋樑，把聽眾的思路引導到講題上來。第三，要考慮到演説的對象、背景及具體的語境等，力求選擇出最恰當的語句開頭。試舉兩例略作分析：例一，林肯在葛提斯堡演説詞的開頭：

> 87 年以前，我們的先輩們在這個大陸上創立了一個新國家，它孕育於自由之中，奉行一切人生來平等的原則。現在我們正從事一場偉大的內戰，以考驗這個國家……

演説一開始就從國家的創立、先輩們的功績以及這個國家奉行的最高原則 —— 自由和平等説起。這兩句話所表達的豐富內涵，是由一系列準確而鮮明的概念構成的。例如句中的一些重要概念 "87 年以前"、"先輩們"、"新國家" 等都是明確的，在人們的心目中都能找到具體表象。開頭第一句是用關係判斷表達的，即 "先輩們……創立……新國家"，其中兩個關係項 "先輩們" 和 "新國家" 及關係詞 "創立" 都擺在了句子的主、謂、賓的突出地位。這樣就揭示出先輩們與新國家的血肉聯繫，顯示出先輩們的歷史功績，並給人以明確的概念和深刻的印象。接着又連續使用了 "它孕育於自由之中" 和它（國家）"奉行平等的原則" 兩個關係判斷。通過 "孕育" 和 "奉行" 兩個關係詞指出先輩們創立的這個國家是一個具有自由平等精神的新國家，這就揭示了新國家的深刻內涵。這開頭的一句話，為下面的進一步論述作了極好的鋪墊。無怪乎當時的《斯普林菲爾德共和黨人報》評論説："總統這篇短小精悍的演説是無價之寶，感情深厚，思想集中，措詞精煉，字字句句都很樸實、優雅，行文完美無疵，完全出乎人們預料。"（同上。）

　　例二，聞一多著名的《最後一次講演》的開頭：

> 這幾天，大家曉得，在昆明出現了歷史上最卑劣、最無恥的事情！李先生究竟犯了甚麼罪，竟遭此毒手？……

　　這是最簡潔明快的開門見山，一語道出了演説的主題，並鮮明地表示出演講者的立場和愛憎之情，一個包含排比的感歎句，對句中的斷定既增強了語勢，又表達了強烈的憤恨之情，邏輯、語法、修辭熔為一爐。其中所包含的判斷是一個關係判斷，即"在昆明出現了歷史上最卑劣、最無恥的事情"，關係項"昆明"和"最卑劣、最無恥的事情"以及關係詞"出現"，強調指出了這件"最卑劣、最無恥的事情"，出現在"昆明"。這句話既喚起聽眾對去年"一二一"昆明青年曾遭受過屠殺的記憶，又通過對"事情"這一概念的兩重限制，揭露事件的惡劣性質。緊接着又是一個反詰句，既指責反動派，又是説給大家聽，給聽眾一個更強的斷定：李先生沒有罪，不應遭此毒手！激憤之情，溢於言表，凜然正氣，震撼穹宇。這兩句話中使用的概念都是最明確不過的，毫無含糊之處。由於事件本身是大家都知道的，當時的背景和氣氛都可以使演講人的每句話迅速與聽眾的思路溝通，馬上可以點燃群眾心頭的怒火，可以立即誘導群眾行動起來。在這種場合，作這種開頭，是最適度、最和諧、最能達到演説目的的開場，也説明演説者準確而深刻地把握住了這次演説的邏輯起點。歷史上許多著名的演講，都有精彩的開頭。例如：

　　① 公元前 431 年古代雅典的首席將軍、政治家伯里克利在為陣亡將士國葬典禮上的演講開頭説：

> 我們為有這樣的政體而感到喜悅。我們不羨慕鄰國的法律，因為我們的政體是其他國家的楷模，而且是雅典的獨創。……

演說開始就把演講的主旨，即我們有為古希臘雅典獨創的民主政治制度而產生的自信與自豪，從而說明為國捐軀的將士們將萬古流芳。用簡明的語句表明了自己的觀點和理由。

② 公元前 399 年古希臘著名哲學家蘇格拉底在雅典法庭上演說的開頭說：

> 親愛的雅典同胞們：
>
> 所剩的時間不多了，你們就要指責那些使雅典城蒙上污名的人，因為他們把那位智者蘇格拉底處死。而那些使你們也蒙上污名的人堅稱我是位智者……

這是蘇格拉底被雅典法庭以 "傳播異端"、"腐蝕青年" 罪名判處死刑前的辯護演說。蘇格拉底在演說開頭就面對雅典同胞，直指主題，首先說明時間緊迫，而且明確告訴大家，你們要指責的對象是那些要處死我的人，是他們使雅典城蒙上了污名。

③ 1521 年德國著名宗教改革家馬丁・路德在三天姆斯帝國會議上的演說開頭說：

> 最尊貴的皇帝陛下、各位顯赫的親王殿下和仁慈的國會議員們：
>
> 遵照你們的命令，我今天謙卑地來到你們面前。看在仁慈上帝的份上，我懇求皇帝陛下和各位顯赫的親王殿下，聆聽我為千真萬確的正義事業進行辯護。……

演説開頭就明確表示，我這次演講將是一篇充滿説理的為正義事業辯護的演講，充分表明自己為宗教改革而呼的堅定不移的立場和決心。

④ 1771 年 10 月 4 日德國著名文學家歌德在德國法蘭克福的莎士比亞命名日紀念大會上演講的開頭説：

> 我覺得我們最高尚的情操是：當命運已經把我們帶向正常的消亡時，我們仍希望生存下去。……

歌德在演説開頭即表明，他對莎士比亞戲劇中所蘊含的對生命及創造力的讚頌，這也是他全部演説的主旨，而且開頭的這句話已成為廣為流傳的名言。

如果是一篇較長的演説，要説的問題較多，一開始為了語言簡潔，可以做出一個概括性的判斷。一篇演説中提出了問題，聽眾自然就想聽到答案，演説者就是用這種方法把聽眾引入一個演説整體的邏輯起點演説的開頭方法，為了引人入勝，增加風趣，有人在演説開頭喜歡講一句幽默的話，如果這個幽默能聯繫到演説主題，也是頗有感染力的開頭方法。例如美國黑人約翰‧羅克在要求釋放黑人奴隸的演説中，開頭説：

> 女士們，先生們，——我到這裏來，與其説是發表講話，還不如説是給這一場合增添一點 "顏色"。(笑聲) ("顏色" 這裏是雙關用法，因羅克本人是黑人，而聽眾是白人)

又如著名演員凌峰在節目主持串詞開頭説：

> 在下凌峰，我和文章不一樣，雖然我們都得過 "金鐘獎"

和"最佳男歌星"稱號。但是,我是以長得難看而出名的(掌聲)。兩年多來,我們大江南北走了一趟——拍攝《八千里路雲和月》,所到之處呢,觀眾給予我們很多的支援,尤其男觀眾對我的印象特別好。因為他們認為本人的長相很中國(笑聲、掌聲)。中國五千年的滄桑和苦難都寫在我的臉上(笑聲、掌聲)。

有許多演講由引用名言、詩句開始。自然而恰當地引入詩句可以顯示演說者的文化底蘊。例如,一位名叫江南的禮儀小姐在競聘演講的開頭說:

唐代大詩人白居易有一首詞:"江南好,風景舊曾諳。日出江花紅勝火,春來江水綠如藍。能不憶江南?"我的名字就是"能不憶江南"的"江南"。

這樣的開頭很風趣、親切、給人以好感,既介紹了名字,又體現了競聘演說者的文化素養。

"開場白"是演講學中專門研究的技術。瑞士作家溫克勒曾說過:"開場白有兩項任務:一是建立說者與聽者的同感;二是如字義所釋,打開場面,引入正題。"一位參加上海市"振興中華"讀書演講比賽獲獎的演講員,他曾對工廠的工人、機關的幹部、德高望重的老中醫和科學家等不同的對象進行演講,他體會"要使演講引人入勝,開場白必須精彩",每次都要根據對象的特點,修改演講的開頭,力求既能一開始就與聽眾發生"交流",又能巧妙自然地引入正題,每次都收到了預想的效果。由此可見,演說的開頭可以多種多樣,但有一個總的要求,即要根據當時的演說背景和演說對象的情況以及演說內容,選擇一個恰當的開頭，運用銜接技術按照演說的總體要求，把聽眾的思路引到演說主題的邏輯起點上來。這應當是對演說引論的一個原則要求。如果只是為了吸引聽眾，開頭說一些與演說無關的笑料，即使暫時能起某種吸引作用，但這樣的開頭又能有甚麼邏輯力量呢？有人說得好，不要過分幽默，不要以為一開始一定要開個玩笑。文藝表演還是留給演員吧。

西方研究演講術的開頭方法，有些是值得借鑒的，也有其一般的規律性。如德國的雷曼麥提出了四項開場技術：① 楔子，② 銜接，③ 激發，④ 開門見山。"所謂楔子就是說：在說出真意之前先加上一些能使聽眾感興趣的東西。" "楔子的目的完全在於同聽眾建立起個人間的關係，並同他們親熱起來。"（雷曼麥：《演講開場白》，居冬生譯，載《演講與口才》1983 年創刊號，第 56 頁。）對此應作具體分析，楔子的目的如果僅僅如此，那麼對於演說整體來說則不是必要的，弄不好反而使人感到不自然，甚或有虛假之感。

還有一種說法，開頭"要能作驚人之語"，例如，傳教士演說開頭說："各位注意，你們其中的一位，今天晚上可能無法平安回家。"有關交通事故的演說開頭："在今年年底以前，各位之中必有一人會死亡，三個人會殘疾。"還有這樣的開頭："我有一件事要向各位報告，一小時後，將有一件重大新聞發表 —— 那就是我的小孩要出生了。"

還有一種故弄玄虛的開頭，如說："各位知道，我為甚麼要來講話嗎？在我被叫到的一剎那，我突然想起一件驚人的事，各位能知道我想起甚麼事情嗎？"

上述種種楔入法，只能說是一種附加的噱頭或庸俗的笑料。魯迅說："講演固然不妨夾着笑罵，但無聊的打諢，是非徒無益，而且有害的。"（魯迅：《因太炎先生而想起二三事》。）

三、演説本論的邏輯要求

　　演説的本論部分是演説的中心、主體。它是由引論部分做導引而展開的，這中間的過渡是依據演説內容的邏輯思路溝通的。如果引論提出了一個要説明或敍述的事物情況，那麼本論就要完成對該事物情況的説明或敍述；如果引論部分提出了一個要論證的論題，那麼本論部分就要完成對該論題的論證；如果引論部分只提出了問題，那就要由該問題做引導，在本論部分進行完整的論述，總之，引論與本論是有機聯繫在一起的，引論是本論的準備和前導，本論是引論的延伸和展開。本論也就是演説總體中的論證部分。本論的邏輯要求主要有兩點：

　　第一，本論部分要有一個最能説服聽眾的邏輯順序。怎樣做到這一點，首先在選材方面要求選擇聽眾比較熟悉、易於接受的具體材料，材料越新鮮、越生動、具體、越適於口語表達越好。在組材方面要求按聽眾最易理解的順序安排層次，如果內容較多，有若干大小論點，就要根據論點之間的邏輯聯繫，分清主次先後，使之條理清楚、論點明確，並且最後要歸結到演説的中心論點或主題。

　　第二，本論中要恰當地運用各種推理方法進行充分有力的論證或反駁。一篇議論型的演説其結構包括論題、論據和結論三個部分。演説的論題是演説者要向聽眾闡明的中心論點。演説的論據是用來論證論題的具體材料，如果有總論題，那麼分論題對總論題來説也是論據。演説的論證是用論據論證論題的過程。論證方式有歸納論證、演繹論證、類比論證等，具體論證方法有三段論證法、假言證法、選言證法、反證法等。這些形式邏輯的基本理論和方法，無論對寫文章還是發表演説都是有效的思維工具，應在論證過程中恰當地使用。在演説中對論證過程的要求是：論題要鮮明而且有針對性，論據要生動有力，通俗易懂，切合聽眾實際，論證方式多用歸納法，間插演繹法和類比法，論證的具體方法可根據演說內容的情況而定，論述的層次必須清楚，整個演説要具有論證性和説服力。

演説本論的邏輯順序和推理論證是相互結合地統一於演説過程中的。如果是一個長篇演講，更要注意對本論部分的組織，其中必有中心論點和若干從屬論點，或叫做總論點和分論點，在演説的結構上表現為各演説段之間的層次聯結，體現出演説內容的邏輯聯繫。因此，作長篇演説時，切勿使人感到演説者在東拉西扯，支離破碎，像散沙般捏不到一起，哪怕中間有一處聯結生硬勉強，也會影響演説效果。因此，既要對每一個分論點論證有力，還要注意各分論點之間的邏輯聯繫，務必使總論點得到充分的論證，才能達到演説的目的。

演説本論的核心問題是如何組織好論證的問題。論證的過程包括證明和反駁。證明一個論點或反駁一個論點都要借助推理來進行。為此，就必須對演説中本論部分的論證精心考慮，仔細安排，務必使論證過程嚴密而有説服力。如果論證過程軟弱無力或不嚴密，不但不能收到預期效果，反而會使思想混亂，產生消極作用。因此，一篇演説的邏輯力量要靠充分的論證和有力的反駁來構成。

有人説，演説要善於講平凡的真理，善於講出人們心中所有、口中所無的東西。這就要求演説內容與聽眾的思想、知識、經驗掛鈎。不但要"曉之以理"，還要"動之以情"，而"情"和"理"還要與"形"結合，"形"包括形象的事件，形象的語言，以及演説者的形象。但在情、理、形三者之中，必須以"理"為主。整個演説歸根到底是要通過分析、論證，向聽眾講明某種道理。情與理交融，既可以表現在論理過程中，也可以滲透在語句中。我們前面分析了林肯在葛底斯堡演説的開頭，而這篇僅有十句話的演説中每一句都飽含着演説者真摯而豐富的思想感情，這些思想感情是通過精湛而嚴謹的邏輯語句表達出來的。例如演説中的第二句話：

> 現在我們正從事一場偉大的內戰，以考驗這個國家，或者説以考驗任何一個孕育於自由和奉行上述原則的國家是否能夠長久存在下去。

第一個分句是一個關係判斷，表明“內戰”與“這個國家”之間有着“考驗”與“被考驗”的關係。使用關係詞“考驗”，表示“內戰”對於“這個國家”是至關重要的，具有決定意義的一件事。緊接着用“或者説”連接第二分句，申説第一分句的意義。第二分句仍然是一個關係判斷，省略了關係前項“內戰”，而對第一分句中的關係後項“這個國家”，進行了概括和限制，由“這個”概括到“任何一個”，並對“國家”增加“孕育於自由和奉行上述原則的”限制語，接着又對這個擴大了的概念，用“是否能夠長久存在下去”做出進一步的陳述。這樣用雙重關係判斷表達的複句，就顯得內涵豐富，思想深刻，不僅説明這場內戰對美國是個考驗，而且站在歷史發展的高度，指出它是對一切奉行自由原則的國家的考驗。同時也表達了林肯對自己國家必將通過考驗而存在下去的信念。又如其中的第八句話：

> 全世界將很少注意到、也不會長期地記起我們今天在這裏所説的話，但全世界永遠不會忘記勇士們在這裏所做過的事。

　　第一個分句是由兩個關係判斷組成的並列複句。關係項是"全世界"和"這裏所説的話"，關係詞是"注意"和"記起"。演説者對兩個關係詞分別給以"很少"和"不會長期地"限制，表示"這裏所説的話"將不被注意，也不會被人們長期記起，但是演説者用意決非在此，緊接着用"但"一轉，引出了第二個分句，仍然是一個關係判斷，關係項只把前句中"這裏所説的話"改為"這裏所做過的事"，而關係詞卻是"忘記"，限制語是"永遠不"。這個主句正是演説者要表達的意思。演説者通過這種轉折聯言判斷的形式，充分表達了演説者對犧牲的勇士們的讚頌與敬佩之情。

　　聞一多先生的《最後一次講演》不僅開頭好，而且本論部分的字字句句都滲透着聞先生鮮明的愛憎之情，可説是情理交融的範例。全篇不過一千七百多字，聽眾鼓掌達十一次之多，聞先生有時聲音激動，有時捶擊桌子，聽眾完全被演説吸引住，產生了極其強烈的共鳴。這樣動情的演説之所以能有如此強烈的反應，是因為它使人們聽到了正義和真理的聲音，而這正義和真理又是通過具有邏輯力量的語言表達出來的。例如這樣的句子：

　　① 其實很簡單，他們這樣瘋狂的來製造恐怖，正是他們自己在慌呵！在害怕呵！所以他們製造恐怖，其實是他們自己在恐怖呵！

　　② 其實廣大的人民是打不盡的，殺不完的，要是這樣可以的話，世界上早沒有人了。

　　③ 歷史上沒有一個反人民的勢力不被人民毀滅的！希特勒，墨索里尼不都在人民之前倒下去了嗎？

　　④ 正義是殺不完的，因為真理永遠存在！

　　①包含着一個假言推理：如果瘋狂地製造恐怖，那麼一定是自己在慌，他們製造恐怖，所以他們在慌。②包含着一個假言推理：要是人民可以打盡，殺完，那麼世界上就沒有人了，現在世界上並不是沒有人，所以，人民是打不盡、殺不完的。③包含着一個歸納推理：希特勒反人民倒下了，墨索里尼反人民倒下了，所以，歷史上一切反人民的勢力都將被人民打倒。④包含着一個三段論推理：真理是永遠存在的，正義是真理，所以，正義是永遠存在的（殺不完的）。由此可見，演説的思想感情與邏輯推理不但不矛盾，而且相互滲透，對於聽眾和演説者都是一體的。讓聽眾始終感到你講的是包含着真情實感的，你表達的思想感情又是有深刻哲理依據的。聽眾是最好的鑒賞家，你的感情不真或説理不透徹，甚至一處細小的失誤，都能被聽眾察覺，我們決不要把虛浮藻飾的東西硬塞給聽眾。

　　許多演説家在論證過程中喜歡使用比喻，它可以使演説生動，有助於理解複雜的事理關係。魯迅先生 1924 年在北京師大附中校友會上作了《未有天才之前》的講演，非常巧妙地把比喻揉進了論理之中。其中説道：

> 　　天才並不是自生自長在深林荒野裏的怪物，是由可以使天才生長的民眾產生，長育出來的，所以沒有這種民眾，就沒有天才。有一回，拿破崙過 Alps 山，説 "我比 Alps 山還要高！" 這何等英偉，然而不要忘記他後面跟着許多兵；倘若沒有兵，那只有被山那面的敵人捉住或者趕回，他的舉動，言語，都離了英雄的界線，要歸入瘋子一類了。所以我想，在要求天才的產生之前，應該先要求可以使天才生長的民眾。——譬如想有喬木，想看好花，一定要有好土；沒有土，便沒有花木了；所以土實在較花木還重要。花木非有土不可，正同拿破

崙非有好兵不可一樣。

　　魯迅是善用比喻的大師，在這篇演説中通篇使用比喻，緊密結合每一層論理，非常貼切。演説中論述了天才產生要有產生天才的條件，要有可以使天才生長的民眾，把天才與民眾的關係比作拿破崙和士兵、花木和土的關係，説明沒有民眾便沒有天才。

　　運用比喻的方法可以增強演説的感染力，使之生動，易於理解，目的仍是為了説服聽眾，這是演説的根本要求。所以，無論運用甚麼提高演説效果的方法，都要圍繞本論的主題。演説本論的邏輯要求就是要具有論證性和説服力。以情述理和使用比喻都必須是為主題服務的，離開了主題就談不上甚麼論證性和説服力。

　　需要指出，論證性和説服力是既有聯繫又有區別的兩個概念。一般來説，有論證性的言論，應當是有説服力的，而有説服力的言論，也應當是有論證性的，二者應當一致。論證性是指通過合乎邏輯的證明推斷出真實結論，而説服力是指使聽眾相信説者所表達的內容。前者主要是邏輯的，後者主要是心理的。合乎邏輯的論證當然應該能夠產生心理上的説服力，而心理上接受某種道理，當然應該是合乎邏輯的事理。但是，值得我們注意的是二者的區別，一個有論證性的言論，可能沒有説服力；一個有説服力的言論也可能沒有論證性。這是因為使人們相信一種道理往往受許多因素影響，不只是邏輯的原因，感情、心理、信仰、觀念上的因素也是很重要的。如利用宗教感情，説"猶太人把耶穌釘在十字架上"，就可以對某些耶穌信徒產生説服力；利用民族感情説"白色人種比其他有色人種都優越"，就可以對某些白種人產生説服力。但是，這些言論都是完全沒有論證性的。也可能有相反的情況，一個有論證性的言論卻沒有説服力，如伽利略、哥白尼論證了"日心説"，卻對某些宗教勢力不產生説服力，反而還要遭到他們的扼殺。有時一個正確的論證與某些人的偏見或經驗相抵觸而對這些人沒有説服力。但是，儘管有上述種種情況，一個真正具有論證性的言論，從根本上説必然是有説服力的，即使暫時不被認識，也終究必被認識。而一個只具有表面説服力的言論，卻經不起科學論證，更經不起實踐檢驗。只能利用感情、信仰等因素暫時"俘虜"一部分聽眾。

論證性與説服力之間的這種一致又不一致的情況，在演説中是一個非常值得注意的問題。因為，演説的特點在於情、理、勢的結合，不但有理，而且有情，不僅有聲，而且有勢，理寓於情，情通於理。這種情況既容易體現出論證性與説服力的高度統一，也容易出現論證性與説服力的脱離。因為，演説是一種現場效果的宣傳，聽講人的思想、感情、觀念、信仰都會發生作用。如果論證得透徹，有可能提高或改變某些聽眾的觀念或信仰，能產生意想不到的説服力，使論證性與説服力高度統一，這是我們演説者力求達到的最優效果。列寧曾説："每個宣傳員和鼓動員的藝術就在於用最有效的方式影響自己的聽眾，盡可能使某個真理對他們有更大的説服力，更易於領會，留下更鮮明更深刻的印象。"（《列寧全集》第 17 卷，第 321 頁。）我們上邊舉過的一些典型性演説都具有這種特色。而歷史上也有不少是欺騙群眾，蠱惑人心的反動演説，對某些人可能產生説服力，但是完全沒有真理的論證性。這些言論隨着反動勢力的倒台，有的被歷史完全淘汰，有的成了反面教材。對於演説史的研究，可以使我們充分看到這種情況。當前，在中國處於社會大變革轉型時期中所出現的各種虛假宣傳也是如此。例如，吹嘘誇大各種保健品作用的講座，私人開發林地等專案的違法集資，使用各種假證明偽造學歷、頭銜到處行騙，都是利用人們求名求利心理，製造假論據，在人的心理上產生說服力，從而達到謀取私利的目的。

最後還應指出，演說背景與演說對象對演說的論證性與說服力是非常重要的影響因素。很難設想，把林肯在葛提斯堡的演說，挪到一個節日宴會上，面對雍容華貴的達官貴人去講，會收到甚麼效果；同樣，聞一多先生的演講，如果不是在已經發生過屠殺的大後方昆明，不是在紀念李公樸先生的群眾會上面對群情激憤的聽眾，也就不會有如此強烈的反響。由此可見，組織好演說的本論部分，是演說邏輯的基本要求，為此，在做演說提綱時就要精心考慮，根據演說的對象和背景，從演說整體的邏輯性出發，恰當地選擇材料和組織材料，安排好全部論證過程的每個層次，既要注意內在的邏輯聯繫，又要寓理於情，情理交融，使演說具有毋庸置疑的論證性和令人折服的說服力。

四、演說結論的邏輯要求

跑步比賽，有短跑、中距離跑、長跑等，無論哪一種跑，最後勝敗取決於終點線。演講也一樣，無論長篇、短篇，最後的結論是全篇成敗的關鍵。在演說總體中結論的重要性，在於它是全篇演說的最終落點。結論的邏輯是否有必然性關係着整個演說的成敗得失。這樣強調結論的重要性，是因為演說的"最後印象"在聽眾的心理上是一個總體印象的完成，一切都歸攏於此。因此，一篇議論型的演說，最後必須合乎邏輯地引出必然的結論，才能達到全篇議論的目的。演說結論的邏輯要求主要有兩點：

第一，結論必須具有邏輯必然性，即由本論的論證中必然得出結論。議論演說的總結方法，一般採用歸納體式，即由具體的分析概括出一般性結論；也可用演繹體式，即由一般原理或原則出發推出具體事物的結論。無論用哪一種方法都要把推出的結論明確告訴聽眾。即使在演說的本論部分論述極其清晰透徹，聽眾已能夠自己得出結論，演說者也要把已經被喚起的思想，由本論中推斷出來。只有這樣，才能使演說具有整體的邏輯力量，並能在最後給人以深刻的印象。如果演說者與聽眾從演說中推出的結論互相吻合，則達到了理想效果；如果有差距，就會在聽眾思想上產生疑點，影響演說效果，遇到這種情況，可能是演說有所欠缺，可能是聽眾的情況造成理解上的差距。解決這個問題，一方面靠演說者仔細審檢演說中的失誤，一方面靠對聽眾對象的調查了解，力求做到演說主題對大多數聽眾具有針對性。

　　第二，由本論推出的結論要與論題一致，必須符合思維規律的要求。演說切忌本論與結論脫節，以致造成前功盡棄。因此，演說者必須注意自始至終遵守邏輯思維的基本規律 —— 同一律、矛盾律和排中律。違反同一律就會出現 "轉移論題" 的邏輯錯誤，不能合乎邏輯地得出結論，如講題是 "偉大的民主主義革命家孫中山先生"，而最後結論卻是 "孫中山先生是徹底的反帝反封建的偉大戰士"，顯然這兩個論斷不是同一的，在邏輯上叫做 "證明過多"。又如講題是 "清代小說的社會意義"，如果最後只論述了 "《紅樓夢》的社會意義"，顯然也是違反了同一律，犯了 "證明過少" 的邏輯錯誤。如講題是 "主觀主義的危害"，而結論卻是 "獨立見解、個人負責要不得"，顯然也是違反了同一律，犯了 "偷換論題" 的邏輯錯誤。演說中違反矛盾律就會出現 "自相矛盾" 的邏輯錯誤，不能首尾一貫地得出結論，如講題是 "青年學生應有個人的志願和理想"，而結論卻是 "青年學生不要講甚麼個人志願和理想"，顯然，前後兩個論斷是自相矛盾的。演說中違反排中律就會出現 "兩不可" 的邏輯錯誤，不能明確地、毫不含糊地得出結論。如講題是 "我們不能用現代的觀點評論古典作品"，而結論卻是 "我們不能不用現代的觀點評論古典作品"。顯然，前後對兩個互相矛盾的判斷都加以否定，犯了"兩不可"的邏輯錯誤。

還有一種在本論和結論之間容易出現的邏輯錯誤，就是違反蘊涵律的錯誤推論。如根據"邏輯方陣"中的"差等"關係，不能由特稱判斷真推斷出全稱判斷真，或由或然判斷真推斷出必然判斷真。又如在條件蘊涵關係中，不能由充分條件假言判斷的後件真推斷前件真，或由必要條件假言判斷的前件真推斷後件真。所有這些情況都是不能必然推出結論的。例如：

① 講題是"低碳經濟的社會意義"，而結論卻是"環保事業的社會意義"。

② 講題是"自學可以成才"，而結論卻是"自學必定成才"。

③ 講題是"只有創新企業才能發展"，而結論卻是"只要創新企業就能發展"。

④ 講題是"如果不廉潔自律，就不能做好工作"，而結論卻是"只要廉潔自律，就能做好工作"。

我們這裏所舉的都是很簡單的例子，一般這種錯誤是不易出現的，但在一個長篇演說中，有時講到後邊，忘了前邊，不自覺地就會出現此類性質的邏輯失誤。因此，我們在演說中推斷結論時，必須注意遵守邏輯思維規律。當然，遵守邏輯思維的基本規律對整個演說過程都是必要的，而在由本論推出結論的過程中更要加以注意。

演說結論的功用，有人總結了六點："一、使全篇有一歸宿或匯合的處所，不致漫無次序，二、使全篇之中心意思與重要地方格外鮮明，三、使聽者心中留一極深印象時覺餘味無窮，四、使聽者因被鼓勵而發生熱烈之感情與舉動，五、使後至者亦得略明議論梗概，六、補充本體之不足。"（徐石：《演說學大要》，中華書局 1928 年版，第 179—180 頁。）由此可見，演說的結論部分是與本論部分密切聯繫的有機組成部分，它一方面對本論進行概括和總結，另一方面把演說的要點或補充點，也要在結尾指明。除此之外，還要使演說的結尾具有鼓動性，或有餘味，或有號召力。這些都是演說對結論部分的特殊要求，這也是演說與文章的重要區別之一。因此，要注意演說結論的感情強度和語言特色，選擇精粹而又具有豐富內涵的語句為佳。應當避免一般的客套、無謂的重複或多餘的趣談笑料。如說：

> 我能被邀請講話，感到十分榮幸。說得不當之處，請諸位多多原諒。浪費諸位許多寶貴時間，實在惶恐之至。

上述這類尾聲，皆屬多餘之詞，使人感到乏味之極。那麼，結尾的語句是否要修飾得極其華美呢？也不是。對結尾語句的主要要求是具有邏輯性和鼓動性。邏輯性靠合乎邏輯的推理，鼓動性靠生動有力的表述。例如，聞一多先生在《最後一次講演》的結尾說：

> 歷史賦予昆明的任務是爭取民主和平，我們昆明的青年必須完成這任務！
> 我們不怕死，我們有犧牲的精神，我們隨時像李先生一樣，前腳跨出大門，後腳就不準備再跨進大門！（長時間熱烈鼓掌）。

最後兩句可說是整個演說的精華，多麼生動、形象、有力地表達了演說者面對反動派的屠殺，大義凜然，視死如歸的大無畏精神。歷史上許多著名演説都有很精彩的結尾。例如：

　①1775年3月23日，美國政治家、著名律師帕特里克‧亨利在佛吉尼亞州第二屆議會上的演説結尾説：

> 　企圖使事態得到緩和是徒勞的。各位先生可以高喊：和平！和平！但根本不存在和平。戰鬥實際上已經打響。從北方颳來的風暴把武器的鏗鏘回響傳到我們的耳中。我們的弟兄已經奔赴戰場！我們為甚麼還要站在這裏袖手旁觀呢？先生們想要做甚麼？他們會得到甚麼？難道生命就這麼可貴，和平就這麼甜蜜，竟值得以鐐銬和奴役作為代價？全能的上帝啊，制止他們這樣做吧！我不知道別人會如何行事；至於我，不自由，毋寧死！

　演説結尾以慷慨激昂的言詞表明，不惜以生命的代價擺脱殖民統治，爭取獲得真正的自由與獨立的決心。就在距他演説三個星期後，美國獨立戰爭的第一槍就打響了。演説結尾中前後用了三個感歎號，接着連續用了兩個問句和一個反問句，最後又用了一個感歎號作結束，使整段不到二百字的結語激情澎湃，鏗鏘有力，氣勢如虹，鼓動性、説服性極強，尤其最後喊出的“不自由，毋寧死！”已成千古名句。

　②1788年美國首任總統華盛頓在紐約參眾兩院的總統就職演説的結尾説：

> 　我對祖國的熱愛激勵我以滿懷愉悦的心情展望未來。這是因為，在我國的體制和發展趨勢中，出現了又有道德又有幸福，又盡義務又享利益；又有公正和寬仁的方針政策作為切實準則，又有社會繁榮昌盛作為豐碩成果的不可分割的統一：這

已是無可爭辯的事實。這也因為，我們已充分認識，上帝決不會將幸福賜給那些把他所規定的秩序和權利的永恆準則棄之如糞土的國家。這還因為，人們已將維護神聖的自由火炬和維護共和政體命運的希望，理所當然地、意義深遠地、也許是最後一次地，寄託於美國民眾所進行的這一實驗上。

　　演説結尾華盛頓首先用對祖國的熱愛和對未來的展望，堅定地表明對實現建設第一個憲政民主共和國家的決心和信心。然後連續用了三段話，即"這是因為……"，"這也因為……"和"這還因為……"來充分論證為甚麼對國家未來充滿信心：一是國家有了政策、準則及繁榮昌盛的成果；二是對這一政策將堅定貫徹、永不放棄；三是人民群眾已理所當然地寄希望於這個國家的體制和政策。通過這三方面有理有據的論證使演説結論令人信服，具有邏輯性及強大的説服力。

　　③魯迅先生 1927 年在《無聲的中國》這篇演説中的結語説：

　　　　我們試想現在沒有聲音的民族是哪幾種民族。我們可聽到埃及人的聲音？可聽到安南，朝鮮的聲音？印度除了泰戈爾，別的聲音可還有？我們此後實在只有兩條路：一是抱着古文而死掉，一是捨掉古文而生存。

　　這段結尾可説是別具一格，眼看結論已經由議論得出，但演説者不直接正面説明，而是用了一個不相容選言判斷來啟發聽眾的思想，由聽眾自己去做出結論。

　　以上對幾篇著名演説的結尾做些粗淺分析。總之，一篇優秀演説，必有其獨具特色的結尾，以給聽眾留下一個深刻的"最後印象"。

綜上所述，演說是由引論、本論、結論三個相互聯繫又相互區別的部分組成的整體結構，這個整體是一個包括主觀客觀多因素的綜合體，這個綜合體的結合劑是其內在的邏輯性。演說整體的邏輯性對各部分提出不同的邏輯要求，引論部分是演說的邏輯起點，由此過渡到演說本論，本論是演說邏輯的主體，它制約着引論和結論，結論是演說邏輯的終點。整個演說的邏輯力量，是各個部分有機結合的總效應。

五、論辯演説的邏輯要求

論辯演説是一種對話與演説相結合的口語方式。它不同於一般的對話和演説。它有論有辯，論與辯結合。作為辯論，它是一個由兩方參加的議論過程，論辯演説的雙方都有明確的目標及確定的論題，雙方交鋒，你來我往，針對性極強。而在一般性議論演説中，主要是正面論證，辯駁只作輔助手段，一般沒有具體目標，不需要反覆交鋒。論辯演説主要是為了維護某種觀點，予以充分辯護，或針對相反觀點之攻擊，予以有力反駁。

作為正式論辯活動，應當有組織、有程式地進行。演講學中對論辯式演説程式、方法都有專門論述，如辯論準備包括審定題目與引起議論兩項。審定題目又包括選擇題目、修正題語、考核題意三項。引起議論包括分析題目、編制引論兩項，其中又要考究動機、説明歷史，解釋題旨、提出問題、陳述要領、總括論據等六項，演講學中對每一項都提出若干要求。然後是辯論理由的建設，即由準備進入本論，以組織理由為中心，搜羅論據，運用推理，證明是與非。我們這裏對論辯的程式要求不作探討，由演講學去專門研究，我們只着重分析論辯中的邏輯要求。

邏輯推理是論辯的重要手段，根據論辯的題目與準備的材料，恰當地選擇推理方法。如果論題比較具體，則可根據一般原理進行演繹推論；如果論題是一般性的，可根據若干事實進行歸納推論；如果論題有明顯可以比照對象，則可用類比推理進行推論。這些基本邏輯方法又可以互相結合運用到證明與反駁中，構成有力的辯護與反駁。例如，美國總統林肯，在他當律師時，曾經為他一個老朋友的兒子小阿姆斯壯，在法庭上進行辯護演說。原告方面的證人福爾遜指控小阿姆斯壯犯了殺人罪，並且發誓說在 10 月 18 日晚上的月光下親眼目睹。按照慣例，辯護律師當場對原告證人進行質詢：

> 林肯：你認清是小阿姆斯壯嗎？
>
> 福爾遜：是的。
>
> 林肯：你在草堆後，小阿姆斯壯在大樹下，相距二三十公尺，你能看得清楚嗎？
>
> 福爾遜：看得很清楚，因為月光很亮。
>
> 林肯：你肯定不是從衣着等方面辨認的嗎？
>
> 福爾遜：不是從衣着，我肯定是看清了他的臉，因為月光正照在他的臉上。
>
> 林肯：你能肯定具體時間嗎？
>
> 福爾遜：能，因為我回到屋裏時，看了鐘，那時是 11 點一刻。

詢問完畢，林肯轉身對大家說："我不能不告訴大家，這個證人是一個徹頭徹尾的騙子。"接着他發表了辯護演說。他說，福爾遜發誓肯定 10 月 18 日晚上 11 點在月光下看清了被告的臉。請大家想一想，10 月 18 日那天是上弦月，晚上 11 點的時候，月亮已經下山了，哪裏還會有月亮？退一步說，也許證人把時間記錯了，那麼，就算提前一些時候，月亮還沒有下山，但那時月光應該是從西邊向東邊照射，而草堆在東，大樹在西，如果被告面向草堆，臉上是不可能照到月光的，證人怎麼可能從二三十公尺外的草堆後看清被告的臉呢？在場的人聽完林肯的演說，沉默了一會兒，接着爆發出熱烈的掌聲、歡呼聲，福爾遜啞口無言，法庭宣佈小阿姆斯特朗無罪。這篇辯護演說使林肯成為全國聞名的人物。

這篇辯護演說為甚麼能取得這樣的成功，除去林肯事前對案件經過仔細了解和思索外，主要是演說具有無可辯駁的邏輯力量。其中包含着三步演繹推理和一步歸納推理：

論題：這個證人是一個徹頭徹尾的騙子。

論據：

① 必要條件假言推理否定前件式

只有在月光的照射下，才能看清被告的臉。

那天是上弦月，晚上 11 點沒有月光。

所以，福爾遜不能看清被告的臉。

② 假言連鎖推理

如果時間提前，有月光照射，那麼月光應該是由西向東照。

如果月光是由西向東照，那麼在大樹下面向東邊草堆的被告臉上是照不到月光的。

所以，如果時間提前，有月光照射，那麼月光也是照不到被告臉上的。

③ 二難推理簡單構成式

如果晚上沒有月光照射，那麼在二三十公尺以外的地方就無法看清被告的臉，

如果晚上有月光由西向東照射，那麼在二三十公尺以外的地方也無法看清被告的臉，

或者沒有月光，或者有月光從西向東照，

總之，在二三十公尺以外的地方都無法看清被告的臉。

結論：根據以上三步推理的推斷，最後歸納得出結論：

福爾遜根本無法看清被告的臉。從而證明福爾遜所說“看清被告的臉”是徹頭徹尾的欺騙。

在一段辯論過程中，包括“辯護”與“辯駁”兩種。法律上對“辯護”與“辯駁”有規定的含義。在刑事訴訟中的反駁叫“辯護”，而在民事訴訟中的反駁叫“辯駁”。辯護是指受國家法律保護的，賦予刑事被告人的一種反駁控訴的權利。辯護只屬於被告人及其辯護人，只有被告人和辯護人的發言才叫“辯護”。辯駁是指在民事訴訟中，賦予被告人反駁原告，維護自己合法權益的一種訴訟手段。而辯論則是雙方對等的，各抒己理，衛護自身，駁倒對方。

論辯式演說的應用範圍很廣，如工作討論、學習討論、學術討論、法庭辯論等都包含論辯的過程，通過討論、辯論達到解決矛盾、統一認識、推動工作的目的。在法律刑事訴訟中，辯論是一項重要程式，對最後判決起重要作用。在政治鬥爭中，一篇有理有據、義正詞嚴的辯論演說，以其震撼人心的邏輯力量，會產生巨大的影響。如季米特洛夫 1933 年關於德國國會縱火案在萊比錫法庭上駁斥戈林的演說，以及在萊比錫審訊的最後發言，使法西斯法庭不得不宣佈季米特洛夫無罪。

論辯是一種能力和技巧，可以通過訓練掌握辯論的能力和技巧。一般按下面的組織和要求進行論辯的訓練：甲方和乙方構成論辯的雙方，甲方由甲1、甲2組成，乙方由乙1、乙2組成。由甲1首先提出論題，申述理由，然後由乙1對甲1議論中的論題或論據予以反駁。再由甲2針對乙1的反駁進行辯駁，力求攻破對方的反駁。最後由乙2再針對甲1、甲2之議論進行駁詰，力求再次駁倒甲方。然後可由甲方進行覆辯。最後辯論集中於甲1、乙2之間，以決勝負。辯論中對人選的要求：甲1要明曉暢達，善言義理，甲2要心思敏活，能言善辯，乙1要思路縝密，善取要害，乙2要總攬全局，攻衛兼能。辯駁要領有：① 選擇對方最虛弱的環節，② 選擇對方最主要之點破之，③ 指出對方議論中的矛盾，④ 指出對方論據虛假或根據不足，⑤ 證明與對方論題相矛盾的論題為真，⑥ 指出對方推理違反規則，結論無效，⑦ 切忌以人為據或以感情代替論證。

　　演講的成敗取決於多種因素。邏輯的要求固然是基本的，但它還不是演講的一切方面，其效用主要表現為演說的論證性和折服力，即其邏輯力量。而成功的演說令人滿意的條件是多方面的。有人對 1984 年全國 16 城市演講邀請賽的 200 名聽眾進行了調查。題目是：使你滿意的演講具有哪些特點？概括聽眾的回答有以下幾個方面：

一、內容方面

1. 選擇的材料我感興趣，主題有時代新鮮性。

2. 講的是我正在想的，而又沒有想好的問題。

3. 我又知道了許多東西，也重新認識了一些觀念；他的確比我知道得多，比我認識得深刻。

4. 沒有空話、假話、套話，擺事實講道理。

5. 現身說法，卻不是表現自己，而是襟懷坦白，親切感人。

二、表達方面

1. 精神良好愉快，富有戲劇感。

2. 一開始就吸引了我；結尾有激情，希望演講不就此結束。

3. 不照稿唸，好像也不是背誦，是平和地交談，自然地流露。

　　4. 語言流暢，生動形象，得體自如。

三、體態方面

　　1. 着裝順眼，很漂亮。

　　2. 姿態輕鬆自然，沉着自信。

　　3. 手勢不多，恰到好處，但我明白其中的意思。

　　4. 表情豐富，和諧，不是裝樣子。

四、可聞度方面

　　1. 聲音洪亮，連副語言也真切。

　　2. 語流協調，起伏有致，優美動聽。

　　3. 發音清楚，字正腔圓。

　　這個調查結果表明，演講者必須從總體上給聽眾以多方面的滿足，才能獲得成功。

　　此外，我們還要注意演講的時間因素和演講效應的關係。有人對演講時間究竟多長為好作了研究，結果是：聽眾在 45 分鐘的演講中，前 15 分鐘內獲得的信息較多，而以後的 30 分鐘則較差。據此提出一項準則：介紹情況和傳遞信息的演講在無他人打斷的情況下，不得超過 20 分鐘。如果聽眾屬於求知者，他們對演講所敍述的內容尤感興趣，那麼這種學術性演講時間可超過 20 分鐘。同時，這種演講若穿插了教授性質的談話，那麼求知者的注意力可持續到 90 分鐘。因而得出結論是：① 演講時間越短，聽眾受益越大；② 屬於傳遞信息方面的演講不必超過 20 分鐘；③ 較長的演講需要安排休息時間；④ 或者穿插生動活潑的對話形式。總之，演講者務必不要忘記這個理論，講話中力求減輕聽眾的思維加工負擔。這樣，效應曲線的趨勢不會突然下降，在作演講的準備時，不要太指望聽眾獲得較多的內容。

第 **4** 章
談話中怎樣運用邏輯規律

在交談辯論中，人們常説："你説的不合乎邏輯"，"他的演説缺乏邏輯性"。這些現象，許多都是由於違反邏輯規律造成的。邏輯規律不是人們主觀臆造的，而是經過長期的思維實踐總結出來的，因此，它對人的思維活動具有規範作用。違反了它，就會造成思維和表達上的混亂。在談話中必須遵守的邏輯思維基本規律有四條：同一律、矛盾律、排中律和充足理由律。

第一節　交談有律　首屬同一

一、明確概念　本義第一

在交談和辯論中，使用的每一概念或判斷都必須是明確無誤的，這是同一律最基本的要求。談話中為了避免誤解，有時對使用的概念必須明確其本義。例如，《孫中山傳》中有一段記載：

> 1897 年，孫中山僑居日本時，與日本著名政治家犬養毅相識，有一天，犬養毅問孫中山："我真敬佩您的機智 —— 不過，我想問問您，孫先生，您最喜歡的是甚麼？"
>
> "革命，把清政府推翻。"

　　"您最喜歡革命，這是誰都知道的，但除此之外，您最喜歡甚麼？"

　　這樣的提問顯然有鬥智意味。

　　孫停了片刻，用英語回答："Woman（女人）。"

　　犬拍手叫道："很好，再其次呢？"

　　"Book（書）。"

　　犬忍不住哈哈大笑，他嚷道："這是很老實的話，我認為您會說最喜歡書，結果您卻把女人排在書的前面，這是很有意思的，您這樣地忍耐着對女人的愛而拼命看書，實在了不起。"

　　孫說："不是這樣！我想，千百年來，女人總是男人的附屬品或玩物，充其量做個賢內助，然而我認為，她應該和母親是同義語，當媽媽把她身上最有營養的乳汁餵給孩子的時候，當妻子把她真誠的愛獻給丈夫的時候，她們的犧牲是那樣的無私和高尚，這難道不值得愛嗎？可惜，我們好些人都不珍惜這種愛，踐踏這種愛。"

由於英文 "woman" 是一個泛指的概念，可指婦女、女人、女性、妻子、夫人、情人、女僕等。所以，孫中山在這段對話中，將自己使用 "woman" 這個詞的本來用意予以明確，是十分必要的，這不但消除了對方有意或無意的誤解，而且表現了孫中山先生深沉的思考和巧於應對的論辯技巧。

　　在表達中，如果運用的概念含混不清，又不加以明確，不但會導致誤解，而且會造成事與願違的後果。例如：隋文帝楊堅最初很嫌棄他的長子楊勇，下令廢除楊勇而立楊廣為皇太子並且準備讓楊廣繼承皇位。但是，楊堅臨終之時，突然得知楊廣竟要姦污自己的寵妾宣華夫人陳氏，於是想緊急召楊勇進宮，以改立太子，令其繼承皇位。病榻之上的楊堅，又氣又急地呼喊："召我兒！"由於"我兒"指示不清，而被楊廣和一些奸臣利用，篡奪了皇位。

人們在交談中使用概念要明確，不能含混也不能以其他的概念偷換概念，這也是同一律的要求。例如：

> 甲：你看過甚麼書？
>
> 乙：《紅樓夢》。
>
> 甲：好呵，你看過黃色小説！還看過甚麼書？
>
> 乙：《紅與黑》。
>
> 甲：你竟把紅的與黑的摻到一塊，是何用心？還看過甚麼？
>
> 乙：《悲慘世界》。
>
> 甲：你真反動，把我們的社會看成甚麼樣子！

這裏乙對甲的話連續三次偷換概念，這是典型的違反同一律。偷換概念常被用來構成幽默的對話。如，有一位老母親勸兒子不要再去從事股票交易，她對兒子説："股票交易是場危險的賭博，今天贏了，明天就會輸掉。"兒子安慰母親説："媽媽，那我以後就隔一天去幹一次吧！"母親説的"今天"、"明天"只是個虛指，不是指時間上先後相繼的兩天。而兒子卻故意作這種理解，構成了幽默對話。

二、不容混淆　有錯必糾

同一律的要求對人們的思維、表達具有制約作用，凡交談、辯論中出現的違反同一律的錯誤，必須予以糾正。有人向一家種子公司寫了一封信，信上寫道："請寄一些無籽西瓜的種來。"

對這件事，A、B、C 三人爭論了起來。

　　A 說："簡直是無稽之談。無籽西瓜怎麼會有種子？認為無籽西瓜有種子，就等於說，無籽西瓜有籽，這豈不是矛盾的？"

　　B 說："凡是種子植物都是有種子的，西瓜是種子植物，所以，無籽西瓜也是應該有種子的。這是推理的結論。可事實上無籽西瓜確實一顆籽也沒有，因而事實上是沒有種子的。看來，推理和事實是兩碼事。"

　　C 說："無籽西瓜當然有種子。不過要從無籽西瓜中直接取得種子是不可能的，但是可以通過別的途徑取得無籽西瓜的種子。我看籽和種子是兩碼事。"

　　正如 C 所說，"籽"和"種子"是兩個不同的概念，A 和 B 將兩者混為一談，視為同一，是違反同一律的。C 正是揭示了 A 和 B 的思維錯誤。

　　在中國近代，有的人推崇文言，反對白話，認為文言比白話簡練。他們舉例說，白話所說的"這一個學生或那一個學生"，如果用文言則可說"此生或彼生"，用字少，簡練得多。魯迅先生為此特意著文《此生或彼生》進行剖析。他說這五個字，至少可以有兩種解釋：這一個秀才或那一個秀才（生員）；這一世或是未來的別一世。魯迅先生認為概念的運用必須明確無誤，"此生或彼生"雖然用字較少，但有歧義，容易造成混淆，這種分析，實質上就是同一律的運用。數學家華羅庚上初中二年級時，有這樣一件事。一天，上國文課，老師要求他就胡適《嘗試》前的一首序詩，寫一篇感想式的演講稿。胡適的序詩是這樣的：

> 嘗試成功自古無，
> 放翁此言未必是。
> 我今為之轉一語，
> 自古成功在嘗試。

此詩的大意是：第一次嘗試便獲得成功，自古以來從未有過，陸放翁的這個説法未必正確。今天我為他轉換出另一説法：自古以來，成功都在於嘗試。華羅庚讀了這首詩，經過反覆琢磨，寫了一篇《"嘗試"的概念不能混淆》的演講稿。文中説道：序詩中的兩個"嘗試"概念是根本不同的。第一個"嘗試"是指第一次試驗；第二個"嘗試"則是指試驗，可能是一次，也可能是無數次。胡適忽視了"嘗試"的歧義，將不同的概念混淆了，華羅庚則對其進行了糾正。

交談辯論是人們的一種社交活動，其根本目的應是揚正義、壓邪惡、傳真理、辟謬説。為達到這一目的，所採取的手段，可以是邏輯的，也可以是非邏輯，有時則是兩者的結合。人際交往，有邏輯因素，還有情感因素、道義因素。但明確使用概念卻是使交際獲得成功的第一要義。

三、明知故犯　巧用同一

概念含混是違反同一律的，應在交談中予以避免，但是，有時以"含混"對含混，使人受到含混的教訓，以此揭露含混之弊，這可視為同一律的反用。《呂氏春秋·淫辭》中記載：

> 秦王與趙王相約，其中規定：從現在開始，凡秦國所要做的事，趙國要予以協助；趙國所要做的事，秦國要予以協

助。過了沒多久，秦國發兵攻打魏國，趙國想去救魏國。秦王很不高興，派人對趙王說：盟約中規定秦國想做的事，趙國應該協助，趙國想做的事，秦國應該協助。現在秦想要攻打魏國，而趙國卻去救他，這是違背盟約的。趙王將這些話轉告了平原君，平原君無奈，又去求助於公孫龍，公孫龍說：趙王也可以派使者去對秦王說，趙國想救魏國，現在秦國卻不協助趙國，這也是違背盟約的。

趙王與秦王之間的盟約，粗看起來很明確，其實是含混不清。它不能在任何情況下都可以得到明確的解釋和實施，因此不久便出了問題。公孫龍雖然看出了癥結所在，但並未直接予以揭露，而是以含混對含混，堵住了秦王的嘴。

　　阿凡提在皇宮裏侍候皇帝，皇帝對他說："我以後命令你做甚麼事情的時候，和這事有關的事情也要想辦法做好。"

　　有一次，皇帝生了病，派阿凡提去請醫生。阿凡提請來了醫生以後，又到禮拜寺請來了經師，拿了洗屍的銅壺，並抬來了靈牀。皇帝一看，火冒三丈，大聲斥責阿凡提："我派你去請醫生，怎麼把這些東西也帶來了！"

　　阿凡提施禮說道："尊貴的陛下，您吩咐過我，讓做甚麼事情的時候，和這事有關的事情也要想辦法做好。按照您的這個吩咐，我想，如果皇帝的病治不好，死了的話，不是得要請經師抬靈牀嗎？這些都是有關的事情呀！"

　　皇帝的吩咐是含混的，阿凡提明知這一點，卻故意借此和皇帝開了個玩笑，以此揭露皇帝吩咐中的語誤，顯示了阿凡提的機智應對能力。在某些特定場合，出於特殊需要，故意將概念予以置換，來表達自己不便直説的意思，這也可視為同一律的反用。
《太平廣記》記載：

> 李素接替杜兼任職後，身為河南令的韓愈詢問一名官
> 吏：李素與杜兼相比，政績誰好誰壞？這位官吏答道：將兼來
> 比素。

顯然，這是答非所問，轉移了論題。其實，這個回答很有技巧。
漢樂府中有一首名為《上山採蘼蕪》的詩，其中有"新人工織縑，
故人工織素……將縑來比素，新人不如故"的詩句。意思是説，
新娶的媳婦善於織縑，原來的媳婦善於織素，拿縑來比素，新娶
的媳婦不如原來的。答者將"縑"與"素"偷換成了杜兼和李素，
暗示"新人不如故"之意，表明李素為官不如杜兼。

利用言辭的歧義進行轉移也是反用同一律的交談技巧。有個
關於唐伯虎的傳説：

> 有一天，唐伯虎家對門的富翁為其母過生日，請唐伯虎
> 作畫題詩。唐伯虎大筆一揮，一幅《蟠桃獻壽圖》頃刻而就。
> 而後又題詩四句。第一句是"堂前老婦不是人"。"不是人"三
> 字是罵人之語，使四座皆驚。唐伯虎又寫了第二句："好像南
> 海觀世音"。令舉座叫絕。第三句是"生下兒子是個賊"。富翁
> 一見十分不悦。第四句是"偷得蟠桃獻星魁"。富翁於是轉怒
> 為喜。

一首詩為何能如此波瀾迭起？就是因為唐伯虎一再"轉移論
題"。"不是人"、"是個賊"本是惡語，但有歧義，唐伯虎故意以
"觀世音"、"齊天大聖"進行更換，結果使大家轉怒為喜。

在交談中，有時故意將對方的概念偷換，以便表達一層耐人尋味的深義。在一個豪華的宴會上，一位社會名流的夫人問一位作家：「我想當個作家，請您告訴我怎樣寫作才成？」這位作家彬彬有禮地答道：「從左往右寫。」這位夫人的本意是想向作家請教當作家的訣竅，這位作家的回答，從形式上看是回答了問題，而從內容上看是轉移了話題。問的是怎樣寫作才能成為作家，回答的卻是怎樣下筆寫作。但意義上是中肯的——作家的回答不但否定了當作家有秘訣的謬說，而且還嘲笑了這位夫人提問的淺薄和無知。

有一次，詩人馬雅可夫斯基發表演說，一個矮胖的聽眾擠到他的面前，指責他的演說帶有偏見，還嚷道：我應當提醒你，拿破崙有一句名言：「從偉大到可笑，只有一步之差。」馬雅可夫斯基看了看那人與自己的距離，用贊同的口吻說：「不錯，從偉大到可笑，只有一步之差。」馬雅可夫斯基借題發揮，將「從偉大到可笑，只有一步之差」回敬給對方，並沒有改變一個字，只是改變了說話人與聽話人的位置，也就是改變了這句話的語用條件，由於發話人不同了，其所指對象也就不同了。雖然這句話的內容未變，但實際上已改變了原來發話者的用意，這可視為一種巧用同一律的論辯技巧。

第二節　矛盾之説　不能共存

一、自相矛盾　必陷困境

愛迪生與一個想進愛迪生實驗室工作的年輕人之間有一段對話：

> 年輕人：我有一個偉大的理想，那就是我想發明一種萬能溶液，它可以溶解一切物品。
>
> 愛迪生：甚麼！那麼你想用甚麼器皿來置放這種萬能溶液？它不是可以溶解一切物品嗎？

年輕人被問得啞口無言，自陷窘境，其原因是年輕人的話包含着矛盾，既然是"萬能溶液"，而溶液又要器皿來裝，這溶液就不可能萬能。

自相矛盾是違反思維規律之一 —— 矛盾律的。一個事物、一種現象，在一定的條件下，它就是它，不可能既是它，又不是它。矛盾律對人們的思維活動提出的要求是：在同一思維過程中，對同一事物，不能同時做出互相否定的斷定。如果不是在同一思維過程中，或不是對同一事物，出現了矛盾之説，不受矛盾律的約束。魯迅小説《狂人日記》中的狂人，有這樣一段敍述：

> 原來也有你！這一件大發現，雖似意外，也在意中；合夥吃我的人，便是我的哥哥！

"意外"與"意中"是矛盾的，但並不違反矛盾律，因為它們所指並非同一對象。"意外"是就天倫常情説的 —— 吃弟弟的竟是自己的哥哥！"意中"是就封建社會的本質説的 —— 封建社會是個人吃人的社會。故意以矛盾的説法，分指不同的事物，或同一事物的不同方面，造成一種自相矛盾的假象，實際並不違反矛盾律，這是一種交談、論辯的技巧。

二、言言相悖　言實相悖

違反矛盾律的自相矛盾主要有兩種表現。一種表現是自己所説的話前後產生了矛盾，這是自身言論中的矛盾，即"言言相悖"。清代李寶嘉的小説《官場現形記》第五十三回，寫到制台見洋人的情節：

> 巡捕報："有客來拜。"……話音未了，只見啪的一聲響，那巡捕臉上早就被大帥打了一個耳刮子。接着聽制台罵道："混賬王八蛋！我當初怎麼吩咐的？凡是我吃着飯，無論甚麼客來，不准上來回。你沒有耳朵，沒有聽見？"説着舉起腿來又是一腳。巡捕道："回大帥：來的不是別人，是洋人。"……啪嗒一聲，舉起手來，又打了巡捕一個耳刮子，接着罵道："混賬王八蛋！我當是誰，原來是洋人，為甚麼不早回，叫他在外頭等了這半天？"

制台大人對同一件事 —— 見客，做出了截然相反的表態，結果在自己的言論中產生了前後矛盾。"自相矛盾"的錯誤，有時表現在自身的言論與行動之間，這是"言實相悖"。美國趣味數學家馬丁・迦德納舉過一個有趣的例子：

> 　　有一天，一位居住在紐約的夫人，叫住一輛出租汽車，要司機送自己到 S 鎮去。司機有禮貌地讓她上了車。一路上，這位健談的夫人喋喋不休，可司機毫無反應，夫人責怪他不懂禮貌。司機說：“對不起，夫人，你說的，我一句也沒聽到，我的耳朵幾乎完全聾了。”夫人一聽，指着他喊道：“你撒謊，你狡猾！”

這是怎麼回事？司機強調自己“幾乎完全聾了”、“一句也聽不到”，這是其“言”，但是夫人所說的將去的目的地，說他不懂禮貌，卻都聽到了，這是其“行”，“言”與“行”自相矛盾了。

三、不能同真　必有一假

　　在交談、論辯中，自相矛盾的錯誤大都不甚明顯，有時其中不可共存的判斷很隱蔽，因此，揭露其錯誤往往需要一個過程。《孟子·滕文公上》中記有陳相與孟子的一段交談。戰國時的陳相，本來崇信儒家學說，到滕國後，見到農家許行，接受了他的“君臣並耕，以物易物”，反對社會分工的思想，放棄了儒家觀點。一天，陳相在孟子面前稱讚許行的觀點，孟子與他展開了辯論：

> 　　孟子：許行是自己種糧食吃的吧？
> 　　陳相：是的。
> 　　孟子：許行是自己織布做衣服穿的吧？
> 　　陳相：不是，許行的衣服是買來的。
> 　　孟子：許行的帽子是他自己織的吧？
> 　　陳相：許行的帽子是用糧食換來的。

> 孟子：許行為甚麼不自己織布做帽子呢？
>
> 陳相：因為會耽誤種地。
>
> 孟子：許行做飯用的鍋和耕地用的農具都是自己做的嗎？
>
> 陳相：不是，也是用糧食換來的。
>
> 孟子：既然許行反對社會分工，為甚麼要用糧食與其他行業的人去交換？
>
> ……

許行在言論上反對社會分工、以物易物，而行動上又承認了這一點，言與行之間是自相矛盾的。孟子經過連續發問，將矛盾的另一方——"行"引出，由真實的行為，就可推出與行為相矛盾的言論是假的，揭露了許行的邏輯錯誤。在含有自相矛盾錯誤的議論中，兩個不可共存的判斷常常是一方明顯，一方隱蔽，因此揭露隱蔽的一方，就成了揭露自相矛盾的關鍵。

英國哲學家羅素在其演説《我為甚麼不是基督教徒》中，曾批判了宗教的"最初起因"的觀點，他説：

> 我年輕時頭腦中對這些問題進行過認真的思想交鋒，在很長一段時間裏也贊成最初起因的論點。直到 18 歲那年，有一天讀到約翰‧斯圖亞特‧穆勒自傳時，忽然發現這麼一句話："父親教導我説，'誰創造了我？'是無法解決的難題，因為接着人們必然會要問'誰又創造了上帝？'"今天我仍然認為，這句極端簡單的話指出了最初起因這一論點的荒謬。如果説萬物都要有起因，那麼上帝也必有起因……

"萬物的最初起因是上帝。"這就是"最初起因"論公開申明的論點，似乎並無矛盾。羅素終於發現它自身含有的自我否定意義，導出了"上帝也是有起因的"這一隱含的判斷，形成了不能共存的一對判斷，暴露了自相矛盾的錯誤。

兩個不可共存的判斷，其中只能有一個是真實的，另一個必然是虛假的，兩者不能共存，這是矛盾律的原理。運用這個原理還可以進行推理，分析複雜的對話過程。某地發生了一起盜竊案，七名警察組成了偵破小組。經過偵察分析，認定甲、乙、丙、丁四人有重大嫌疑，而且案犯就在其中。在一次案情分析會上，A、B、C、D、E、F、G 七名警察都依據自己掌握的材料，發表了自己的看法。他們的意見簡述如下：

A：甲是案犯。

B：是丁作案。

C：不是乙作案。

D：丙肯定不是案犯。

E：我不同意 A 的結論。

F：我認為 C 說的不對。

G：一定是丙作的案。

後來，經過多方仔細的偵察，終於查出了案犯 —— 就是四個人中的一個。以此核實七位警察最初的分析，並知有三人的結論是錯的。依據這一情況，能推出誰是盜竊犯。在七位警察的認定中，可以看到有三對是不可共存的判斷：

A：甲是案犯。

E：甲不是案犯。（"我不同意 A 的結論"）

C：乙不是案犯。

F：乙是案犯。（"我認為 C 說的不對"）

D：丙不是案犯。
G：丙是案犯。

由於這三對判斷都具有"不能同真，必有一假"的關係，可知它們之中必有三個虛假判斷。已知七人的分析只有三人是錯誤的（虛假的），便可推斷 B 的分析必然是真的：丁是案犯。這一結論還可以進行驗證：由於丁是案犯，所以，第一對中，A 是假的，E 是真的（甲不是案犯）；第二對中，F 是假的，C 是真的（乙不是案犯）；第三對中，G 是假的，D 是真的（丙不是案犯）。由此可知，甲、乙、丙都不是盜竊犯，只有丁才是。

第三節　兩論相抵　務必排中

一、排中有術　二者擇一

一次，兩位客人在談論一首詩時，發生了爭論。甲說："這首詩是拜倫之作。"乙說："這首詩不是拜倫之作。"二人固執己見，相持不下，無奈，只好請主人來裁決。主人十分自傲地說："恐怕你們二位誰也沒猜對。"甲和乙到底誰說對了，這並不重要，值得研究的是主人的說法。我們雖不知道他談論的是甚麼詩，也不知道作者是誰，但主人的說法違反了一條思維規律──排中律。關於一首詩的作者，只有兩種可能：這首詩是拜倫之作；或者這首詩不是拜倫之作，沒有別的可能。既然如此，主人說，甲、乙的說法都不對，就不妥了。

在交談中，對於具有矛盾關係的兩種情況，必須肯定一個，不能都不肯定，這就是排中律的要求。"排中"就是"排除中間可能"，不允許有第三種情況存在。如果遇到具有反對關係的兩種情況，則不能應用排中律。因為邏輯上的矛盾關係與反對關係是有區別的，矛盾關係不存在第三種可能，而反對關係存在第三種可能，所以，排中律要求二者擇一，只適用於處理矛盾關係，不能運用於反對關係。也就是説，排中律只適用於"僅有兩種情況"而且"互相矛盾"時，如果有第三種或更多種情況，則不適用排中律。《韓非子‧外儲説左下》裏有一段對話：

> 齊桓公將要立管仲為仲父，對群臣説："我想立管仲為仲父，同意的站在左邊，不同意的站在右邊。"東郭牙偏偏"中門而立"。齊桓公説："我立管仲為仲父，命令同意的站左邊，不同意的站右邊，你為甚麼站在中間？"東郭牙説："憑着管仲的智慧和果斷，能謀天下、行大事嗎？"齊桓公説："能。"東郭牙説："您把管理國內外大事的權全都授予他，借着您的勢力來治理齊國，不會有甚麼危機吧？"齊桓公説："好。"於是任隰朋治理國內，任用管仲治理外交，讓他們互相制約。

東郭牙"中門而立"，是對齊桓公的做法採取了不完全贊同的態度。由於在"完全同意"、"完全不同意"之間存在着"不完全同意"的第三種可能（分權而治），因而對"完全同意"和"完全不同意"的兩種態度都不表示肯定，並不違反排中律。《尹文子‧逸文》中有這樣一段對話：

> 尹文子去見齊宣王，宣王不説話，只是哀歎。尹文子

問："你為甚麼哀歎？"齊宣王説："吾哀歎國中沒有賢人。"尹文子説："假如國人都是賢人，誰會處於您之下？"齊宣王説："國人都是不屑之人，行嗎？"尹文子説："國人都是不屑之人，誰來治理朝政？"齊宣王説："賢者和不屑者都沒有，可以嗎？"尹文子説："不成。有賢者，有不屑者，所以您可以高高在上，眾臣居於下位，選拔賢人，罷退不屑之人，所以才有上下之分。"

在這段對話之中，涉及兩對判斷：

"國人都是賢人"與"國人都是不屑之人"
"國人沒有賢人"與"國人沒有不屑之人"。

　　這兩對判斷都是可以同假的反對關係判斷，都有第三種情況："國人有賢者，有不屑者。"尹文子就是採取了這第三種情況的説法，對齊宣王的如上兩對判斷都給予了否定，這並未違反排中律。

二、雙雙否定　不置可否

　　違反排中律所犯的錯誤，表現可有不同，但實質無異。對在交談中兩個相互矛盾的説法雙雙否定，是違反排中律的一種典型表現。例如：

　　甲：我看企業搞精減機構、裁員減薪，度過經濟危機是不好的。
　　乙：我不這樣看。

> 甲：那麼，你看企業搞精減機構、裁員減薪，度過經濟危機是好的麼？
>
> 乙：我也不這樣看。

在對待"企業搞精減機構、裁員減薪度過經濟危機"的態度上，肯定還是否定，二者必居其一，而乙卻對這兩者都加以否定，違反了排中律。交談中，對兩個互相矛盾的說法"不置可否"，採取迴避的態度，是違反排中律的又一種表現。前蘇聯作家馬斯米・契爾文斯基曾給這樣一種人畫過像：

> 他工作了很多年，從來沒有說過一聲"是"和"不是"。他在任何時候講話，總是帶一點"不"也帶一點"是"。一天，他突然收到一封公函，裏面有一條命令：得正確回答"是"或者"不"。怎麼辦？
>
> 回答"是"嗎？要是"不"呢？
>
> 回答"不"嗎？可要是"是"呢？"不"還是"是"？
>
> "是"還是"不"？
>
> ……
>
> 我不能這樣，我不習慣於這樣的回答。於是他離開了辦公室，既沒有說"不"，也沒有說"是"……時間一天天地飛逝，過去的已不是一小時，而是許多年。可是他依然沒有做出回答，他依然生活在"是"和"不"的中間，既不是"是"也不是"不"。

14世紀的法國哲學家布特丹，也諷刺過這種人，他寫過一篇寓言：

　　一頭毛驢，對任何事情都不置可否，一天，牠快餓死了，面對身旁的兩捆乾草，竟拿不定主意，不知吃哪捆好。最後，終因猶豫不決而死去。

　　對兩種互相矛盾的情況，採取"不置可否"或"雙雙否定"，沒有質的區別，只是在方式和態度上有別，同樣都違反了"必須肯定一真"的排中要求。交談時，表面上似乎在回答，但言之無物，說話東躲西藏，回答不着邊際，實際上也是不置可否。在英國電視劇《滑頭大臣》中，有個叫漢弗萊的人，他是行政事務大臣哈克的常任秘書。有一次，哈克要他談談辦事機構是否人浮於事的問題。漢弗萊說："大臣閣下，如果我被迫做出直截了當的回答的話，就我們目前所能了解的情況來看，大體來說，鑒於種種情況，從各部門平均人數來衡量，歸根結底可以這麼說，通盤考慮一下，你就會發現，總的來說，坦率地講，本部門的人數實際上或許不算很多。"對大臣的提問，只需回答"是"或"否"，但漢弗萊滔滔不絕地說了一套不痛不癢的話來搪塞，始終也沒有說出"是"和"否"。

　　交談時，採取打岔，尋找託詞來迴避問題，也是一種不置可否的表現。曹禺的名劇《日出》中，有個情節是陳白露向張喬治借錢。開始，張喬治說："你說的話沒有不成的"，但當他聽說陳白露是替別人借錢時，就又推託了：

　　張：那……那……就當要……另作別論了。我這個人向來是大方的。不過也要看誰。你的朋友我不能借，不過要是你借這麼幾個錢花花，那自是不成問題的。
　　陳：(勉強地) 好！好！你就當是我向你借的吧。
　　張：露露要跟我借錢？跟張喬治借錢？

> 陳：嗯，為甚麼不呢？
>
> 張：得了，這我絕對不相信的。No，No！這我是絕對不相信的。（大笑）你真會開玩笑，露露會跟我借錢，而且借這麼一點點錢。啊，小露露，你真聰明，真會説笑話，世界上沒有再像你這麼聰明的人。好了，再見了！
>
> 陳：好，再見。（微笑）你真是再聰明不過了。

"借" 與 "不借" 總得確認一個，張喬治吞吞吐吐，躲躲閃閃，尋找託詞，耍弄了不置可否的狡黠伎倆。

雙雙否認，不置可否都是違反排中律的，在交談、辯論當中，應當力求避免。有時，處於特殊的交際場合，尤其是那種氣氛緊張，直言不諱就會災禍及身的場合，出於維護自身安全和利益的需要，故意採取不置可否的迴避態度也未嘗不可。這是排中律的反用。

> 獅子指定熊、猴子和兔子做牠的大臣。一天，獅子想吃掉牠們。為了尋找藉口，他張開血盆大口，問熊："你説我嘴裏發出來的氣味怎樣？"熊説："大王，您嘴裏的氣味很不好聞。"獅子大怒，吼道："你犯了叛逆罪，竟敢誹謗國王，要處死刑。"於是，獅子將熊吃掉了。而後，他又張開大口去問猴子，猴子嚇得渾身顫抖，忙説："大王，您嘴裏的氣味非常好聞。"獅子又發怒了："你是個會撒謊，又會拍馬屁的傢伙，絕不能留下。"説完，把猴子也吃掉了。最後，獅子又去問兔子。兔子説："十分抱歉，大王，我最近正傷風，聞不出味，等我休息幾天，再回答您。"獅子放掉了兔子，讓牠去休息幾天，兔子當然逃之夭夭了。

熊和猴子的厄運教育了兔子，他自知"好聞"與"不好聞"都將葬身於獅子的血盆大口，只好採取"不置可否"的態度以求脫身。從思維規律説，兔子是錯了，從鬥爭策略説，是合情的。

三、不能同假　必有一真

排中律的原理也適用於推理。如果某事物情況只存在兩種可能，那麼它們的關係是非此即彼，不能同真，也不能同假。因而，只要知道其中一個是假的，那麼另一個必然是真的。有個故事，講的是一位智者運用排中律進行思考，想出對策，戰勝惡人的事。

> 有個國家，實行一種奇特的刑罰：犯有重罪的人，都要首先監禁起來去服苦役，期滿後，再採取抓字條的辦法，來決定服刑者的生死。抓字條，是在一隻特製的木箱裏，放進兩張字條，一張上寫個"生"字，另一張上寫個"死"字，服刑人抓到"生"字的，就釋放；抓到"死"字的，就處決。
>
> 　　國王跟前有位公正廉明的御前大臣，由於受到宮中小人的嫉恨，被誣告謀反，從而被昏庸的國王治了罪，送去服苦役。服役期滿，按規定要抓字條定生死。那些奸臣小人想，如果御前大臣抓到了"生"字被釋放，以後東山再起，豈不是後患無窮？於是他們又想出了一條毒計。他們用重金收買了掌管刑罰的官吏，讓他們在兩張字條上都寫上"死"字。這樣，那御前大臣無論抓到哪張，都是定死無疑的。
>
> 　　一位正直善良的人，將這一陰謀泄露給了在苦役場的御前大臣。這位機智的大臣，絞盡腦汁，想了一個極妙的對付辦法。抓字條的時候，御前大臣十分鎮靜。他從箱子裏，毫不遲

疑地抓出一張字條，連看也沒看，就揉成小團，放進嘴裏吞了下去。不明真相的國王一看，說：“既是這樣，那就看看箱子裏剩下的那張吧！”剩下的那張當然是“死”字，國王一推想，御前大臣吞下的一定是“生”字的字條，於是就下令把他釋放了。

“生”和“死”是僅有的兩種可能，由箱子裏寫有“死”（不是“生”）字的字條，可以推知，吞下去的不會是“死”字，由此又可推知吞下去的只能是“生”字。御前大臣就是利用“生”和“死”不可同假的關係，以智慧戰勝了那些邪惡的小人，贏得了生命。

第四節　理由充足　話語生威

一、言必有據　切忌虛假

説話要有證據，這是盡人皆知的常識。對此，邏輯規律中的充足理由律，有着明確的要求：要確認一個思想是真實的，必須要有充足的理由。在交談中，要使別人相信、接受自己的觀點，首先要證明自己觀點是真實的。要證明，就必須持有足以證明其真實的理由，沒有理由是不能服人的。

我就是一百個不同意，沒甚麼可說的！

叫你往東，你別往西；叫你打狗，你別罵雞，聽我的，沒錯！

我就願意這麼說，你管不着！

這樣進行交談，不但"無理"，甚至"無禮"。

　　按照充足理由律的要求，在交談、辯論中，每當陳述要別人信服的觀點時，必須要將為甚麼是這樣而不是那樣的理由充分闡明。遵循充足理由律，首先要求引用的論據（理由）必須真實。理由不真實，為"理由虛假"，這是違反充足理由律的一種基本錯誤。"理由虛假"的表現情況不同，運用充足理由律對其進行揭露方式也有不同。

　　在交談時，有人也能列舉出一些"事實"作為自己立論的理由，但這些事例並非真實的客觀存在，而是依據自己的需要憑空捏造出來的。以捏造的事實為理由，是"理由虛假"的一種表現。古希臘著名的《伊索寓言》中，有個盡人皆知的《狼和小羊》的故事。

　　　狼看見小羊在河邊喝水，想找個冠冕堂皇的藉口吃掉牠。牠在上游，責備小羊把水攪渾了，使牠喝不到清水，小羊說："我是在離大王一百步的下游。……不可能把上游的水弄渾。"

　　　狼無奈，撇開這個藉口，又說小羊："你去年罵過我的爸爸。……唔，我想起來了，兩年以前，我走過的時候，就是你站在這兒說的。夥計，我可忘不了，忘不了！"

　　　"然而，的確是你錯了，我還不滿一歲呢！"不幸的小羊答道。

　　　"那麼，一定是你的哥哥。"

　　　"我沒有哥哥，大王。"

　　　"哦，那就一定是你的朋友甚麼的，再不然就是你的親屬。可不是嗎？凡是你們羊類，還有你們的獵狗和你們的牧人，都想謀害我，老是想謀害我，老是找機會害死我。為了這些個損害，我就要跟你算賬！"

"可是我呢，我哪兒得罪了你？"

狼為了證明自己吃掉小羊是合理的，捏造了"事實"來作理由。小羊以事實真相不斷揭露其理由的虛假。以"真相"揭露"假象"是最有力的方法。

在交談中，用於充當理由的，必須具有無可懷疑的真實性。虛假的、不可靠的、可能存在的事實都不能充當理由。使用"莫須有"的理由，是"理由虛假"的又一種表現。《宋史·岳飛傳》記載：

秦檜誣告岳飛謀反。岳飛、岳雲及部將張憲都被捕入獄。宋將韓世忠憤憤不平，找到秦檜，問其誣告的理由。秦檜舉不出可靠的事實，只是說："那些事實，莫須有（意為'也許有吧'）。"韓世忠氣憤地說："莫須有，怎能使天下人信服？"

韓世忠揭示了對方理由的不可靠，要求對方找出根據是對付"莫須有"的最有力的方法。

北宋蘇東坡年輕時考進士，寫了一篇《刑賞忠厚之至論》，引用了一個史實作為理由：堯在位時，皋陶主張殺戮犯人，而堯主張寬恕。考官梅聖俞問蘇東坡："你用的史實出於哪本史書？"蘇東坡說："想當然罷了。"博學的梅聖俞敏感地指出了蘇東坡理由的不可靠。

二、片面理由　不能概全

　　無理由，不成立；理由虛假也不成立。如果有理由，而且理由真實，是否就一定能充分起到證明的作用呢？這也不一定。有了真實的理由，還未必能具有無可辯駁的力量，只有當這些理由十分充足時，才能給予有力的證明。以局部的、片面的、不充足的理由進行證明，這是"片面理由"的邏輯錯誤。缺乏科學的頭腦，只見一鱗半爪，便匆忙做出結論，是"以偏概全"的一種表現。

　　一個英國人在加來登第一次踏上法國領土，他見到了兩個長着紅頭髮的法國人，因此下結論說：原來法國人都長着紅頭髮。囿於生活環境、閱歷的局限，不知山外還有山，孤陋寡聞，只根據自己的狹隘偏見和一知半解就做出一般性結論，對於這種錯誤，只要將其他與此不同的事實揭示出來，就可以達到糾正、反駁的目的。明代馮夢龍的《古今譚概》中記載這樣一件事：

　　　　一天，周丞相與客人一起在花園中散步，觀賞仙鶴。周丞相問："這是牝鶴，還是牡鶴？"客人從旁邊插話說："獸類才稱'牝'、'牡'，禽類都稱'雌'、'雄'。"周丞相說："'雄狐'，狐不是獸類嗎？'牝雞'，雞不是禽類嗎？"客人無言以對。

周丞相就是從其他相反情況 —— 狐可以稱"雄狐"，雞可以稱"牝雞"，糾正了客人的"以偏概全"的錯誤。

　　不注意事實的普遍性、客觀性，對事實採取"各取所需"的態度，專取有利於"我"的事實為理由，而將其他不同的事實棄之不顧，這是"片面理由"的又一種表現。在美國進行的一次大選中，有位共和黨議員發表了攻擊民主黨的演説。他説：

> 在威爾遜的領導下，我們走進了第一次世界大戰；在羅斯福執政時期，我們捲入了第二次世界大戰的漩渦；而杜魯門呢？朝鮮之戰！約翰遜呢？越南之戰！

這位議員所舉的事實都是有目共睹的。威爾遜、羅斯福、杜魯門、約翰遜都是民主黨人，在他們當政期間確實使美國經歷了戰爭之苦。但這一切並不能證明他的論題"民主黨人執政會引導我們走向戰爭"。因為這些事實是部分的，另外還有民主黨人執政時未發生戰爭，及共和黨人執政而發生戰爭的事實。這位議員的立論是"以偏概全"，不能成立。

三、主觀臆斷　不足為據

在交談時，不少人以自己"先入"的主觀認識為理由，這些理由都是先於調查、檢驗、取證的。這種論證方法是違反充足理由律的。人們對人或事物的看法必須經受客觀事實的檢驗。以自己已有的未經證實的看法，隨心所欲地進行解釋，並用來證明自己看法的正確，這是錯誤的。英國哲學家羅素，在其著名演説《為甚麼我不是基督教徒》中，曾批評、嘲笑過這種"事先計劃的論點"：

> 大家都知道，事先計劃的論點就是説，世界萬物正好造成現在的狀態，使人類得以在其中生存，稍加改變我們便無法生存下去。這就是事先計劃的論點。這種論點有時採取了十分可笑的形式。例如，説上帝讓兔子長白尾巴，是要使人容易瞄

準捕捉。我不知道兔子如何看待這一妙論。這是很容易仿製的拙劣論點。你們都記得伏爾泰的話，他說事先計劃把鼻子造成現在這個樣子顯然是為了能架眼鏡。基督教徒認為世界萬物的存在和變化都是上帝"事先計劃"而安排好的，都體現着上帝的意圖。這一理論成了對一切客觀存在進行分析、解釋的依據，而這種"事先計劃的論點"，完全是主觀臆斷的。

四、權威之言　不可濫用

　　他人之言，特別是權威之言，往往為人們所篤信。在交談時，人們往往以"某某"之言為據，這不失為一種論證方法。但是，他人之言往往受某一特定環境局限。在任何時間、地點，都引以為據，就是一種濫用，一種"以人為據"的錯誤。還有一種利用某一名人的影響，為飲料、化妝品、藥品等商品作廣告，雖然也能達到廣告宣傳的目的，但畢竟不能成為證明某種商品質量好的科學論據，這也是一種"以人為據"的錯誤。還有一種避而不提權威的名字，只利用人們相信權威的心理，籠統地說"據權威人士說"如何如何。如有人說："據權威人士說，孩子的教育應該從出世前開始。""據有關專家分析，地球上天外飛來的不名之物，可能是宇宙人向地球發射的探測器。"等等，都不足以證明這些言論為真。對可疑的權威之言提出質疑，是揭露這一錯誤的有力方式。戴震是清代思想家。少年時唸私塾。老師講《四書章句集註》時，戴震與老師之間有這樣一段問答：

　　戴震：怎麼知道這些言論是孔子之言而且是曾子口述的呢？又怎麼知道是曾子的意思而且是門人弟子所記載的呢？

> 老師：這都是朱熹朱文公所說。
>
> 戴震：朱文公是甚麼時候的人？
>
> 老師：宋朝人。
>
> 戴震：孔子、曾子是甚麼時候的人？
>
> 老師：周朝人。
>
> 戴震：周朝、宋朝相距有多少年？
>
> 老師：兩千年。
>
> 戴震：既然這樣，朱文公怎麼知道一定是這樣的呢？

老師無話可說了。人們將朱熹尊為聖人，很是崇拜，總是以其言為是。戴震並不迷信他，對其言論提出了質疑，是對"以人為據"錯誤的一種揭露。

與權威當面進行辯論，是最容易犯"以人為據"錯誤的。此時，迫於權威的威懾，很難避免迷信、恐懼心理。要避免"以人為據"的錯誤，首先要去掉對權威的迷信心理。尊重事實，從實際出發去思考。不符合事實的，聖人之言未必"聖"；符合事實的，惡人之言未必"惡"。對此，魯迅先生有過精彩的論述：

> 假如我們設立一個"肚子餓了怎麼辦"的題目，拖出古人來質問罷，倘說"肚子餓了應該爭食吃"，則即使這人是秦檜，我贊成他。倘說"應該打嘴巴"，那就是岳飛，也必須反對。如果諸葛亮出來說明，道是"吃食不過是要發生溫熱，現在打起嘴巴來，因為摩擦，也有溫熱發生，所以等於吃飯"，則我們必須撕掉他假科學的面子，先前的品行如何，是不必計算的。

惡人秦檜之言，假如切中實際，也應該稱道；賢者岳飛、諸葛亮之言，假如違背情理，也應當反對。這是因為真理高於權威。
要進行有效的辯論，避免迷信心理的干擾，必須時刻記住這一
法則。

五、論證有理　尚需蘊含

　　觀點實際上是蘊含於理由之中的，這 "蘊含" 反映了理由與
觀點之間的一種必然聯繫。如果僅是理由真實，但觀點並不蘊含
其中，兩者沒有必然聯繫，那麼理由仍不能發揮證明作用。觀
點與理由之間無必然聯繫的證明，邏輯上屬於 "推不出來" 的錯
誤，是違反充足理由律的。正定理是真實的，逆定理未必真實。
如果認為在任何情況下，逆定理都是成立的，而任意逆推，也會
犯 "推不出來" 的錯誤。

> 　　一個售貨員向顧客推銷皮鞋。他說： "請拿這一雙吧，先
> 生。它的壽命將不會比您的壽命短。"
> 　　顧客一聽，答道： "我可不願意我的壽命和這雙皮鞋一
> 樣。"

顯然， "鞋子的壽命不比您的壽命短" 推不出 "您的壽命和鞋一樣
長" 的結論，這位顧客犯了 "推不出來" 的錯誤。
　　以毫不相關的理由進行證明，也是 "推不出來" 錯誤的一種
表現。例如：

> 　　學生甲說：你的鋼筆借給我用一下好嗎？
> 　　學生乙說：為甚麼不用你自己的鋼筆？
> 　　學生甲說：因為我用它總愛寫錯字。

又如：

> 祖父説："我讀書時，歷史課的成績是 90 分以上，你為甚麼總是不到 70 分？"
>
> 孫子説："您讀書的時候，歷史要比我短幾十年呢！"

鋼筆與寫錯字，毫不相關；經歷長短與歷史成績毫不相關。運用充足理由律揭露這種錯誤，只要指出理由與觀點並不相干就可以了。

六、陷入循環　難以自圓

在交談時，想使人感到自己的觀點是對的，但又找不到理由，於是便煞有介事地擺出證明的樣子，大談其"因為"、"所以"，實際是在以自己觀點來證明同一觀點的真實。這是一種"循環論證"的手法。將自己的觀點改變一下表達方式，作為證明同一觀點的理由，這是直接的循環論證。歐洲中世紀經院哲學家托馬斯‧阿奎那説："鐵之所以能壓延，是因為鐵有壓延的本性。"將其"證明"過程簡化一下便是"鐵能壓延，是因為它能壓延"。理由便是觀點，觀點便是理由 —— 實際上只有觀點，並無理由。法國喜劇作家莫里哀在其劇作《無病呻吟》中，諷刺了一位"博學多才"的醫學學士阿爾岡。他們是這樣進行科學答辯的：

> 博士：請問你，甚麼原因和道理，鴉片可以引人入睡？
>
> 阿爾岡：……由於它本身有催眠的力量。

"催眠" 就是 "引人入睡"。"因為它能引人入睡，所以它能引人入睡。" 這種 "證明" 只是觀點的重複，實際上甚麼也沒有證明。先以某一 "理由" 證明自己的觀點，而後又以觀點來證明理由，這種周而復始的兜圈子，是一種間接的循環論證。循環論證的錯誤較為明顯，運用充足理由律對其進行揭露也並不困難。一般說來，只要將其 "循環" 的特徵揭示出來，人們也就會認識到它的無效。魯迅在《略談香港》一文中，曾寫到這樣一種交談方式：

> 在香港時遇到一位某君，是受了高等教育的人。他自述曾因受屈，向英官申辯，英官無話可說了，但他還是輸。那麼最末是得到嚴厲的訓斥，"總之是你的錯，因為我說你錯！"

"你是錯的"，理由是 "我說你錯"；為甚麼 "我說你錯"？理由是因為 "你是錯的"。循環論證成了專橫跋扈的手段。"無理" 總是 "無力" 的，只需將其重複出來，人們便會認識到它的 "無理"。

第 5 章
交談、論辯的邏輯技巧

第一節　運用概念、判斷的技巧

一、定義術

　　據說，古希臘哲學家蘇格拉底經常在雅典廣場與別人辯論。辯論時，他總是向對方提出＂這是甚麼＂的問題，要求對方明確其所使用的概念。可見，善辯者對明確概念是多麼重視。明確概念要講究方法。最基本、最常用的方法是＂下定義＂。蘇格拉底所提出的＂這是甚麼＂，就是要求對所用的概念給予定義。所謂下定義，通俗地說，就是將概念的含義（邏輯上稱為＂內涵＂）闡述明確。孔子一向主張晚輩對長輩要孝。甚麼是＂孝＂？子遊和孔子有過一次討論。

　　　　子遊問：老師，您說到底甚麼是＂孝＂？是不是指供養長輩？

　　　　孔子說：現在人們都把＂孝＂理解為＂養＂，可人們不都在養狗、養馬嗎？這難道也是＂孝＂嗎？晚輩對長輩，如果只是＂養＂而不講＂敬＂，這和對狗、對馬有甚麼不同呢？＂孝＂應該是＂敬而養＂。

子遊將 "孝" 定義為 "養" 是不準確的。孔子通過比較，闡明了 "孝" 的含義 —— "敬而養"，為其下了準確的定義。

　　下定義的關鍵在於闡明要義，揭示事物的本質特徵。如果所下的定義，其含義不明確，仍不能達到明確概念的目的。下定義的範圍不當，是定義不明的一種表現。

　　　一次，德國皇帝亨利四世外出打獵。返回時迷了路。途中遇到了一個牧羊的孩子，就請他給帶路。孩子知道在這眾多的騎馬人中間有個皇帝，但他不認識。他走到亨利四世面前說，想見皇帝。皇帝說："這太容易了，等我們走進村子的時候，你看誰戴上帽子，誰就是皇帝。" 後來，他們走進了村子，亨利四世戴着帽子走到牧羊孩子面前說："現在你該知道誰是皇帝了吧？" 那孩子望了望四周的人說："先生，看來不是你就是我了，因為只有我們兩個人戴着帽子。"

亨利四世給 "皇帝" 下的定義是 "戴着帽子的人" 顯然是範圍過寬了，所以，牧羊的孩子將自己也包括進去了。

　　下定義一般都應採取正面陳述的方式，如果以否定的方式從反面闡述，也難以使概念明確。中國近代著名學者梁啟超在《學問的趣味》一文中，曾談到 "趣味" 這一概念。他寫道：凡一件事做下去不會生出和趣味相反的結果的，這件事便可以為趣味的主體。這是梁啟超給 "趣味" 下的定義："趣味就不是沒有趣味"，這如同說："高興就不是不高興"，這能使人明白甚麼呢？下定義的目的是闡明概念的含義，如果以概念自身來給自己下定義，則不能達到這一目的。明代崇禎皇帝與禮部尚書兼東閣大學士周道登有這樣一段交談：

崇禎皇帝問：近來，各位大臣的奏章裏，多次用"情面"二字，甚麼是"情面"？

周道登回答説："情面"，就是所説的"面情"。

"面情"與"情面"豈不一樣？所以，魯迅批評道：何謂情面？明朝就有人解釋過，曰："情面者，面情之謂也。"自然不知道他説甚麼……

在談話過程中，運用定義術，對發話人來説，可以用來明確概念的含義，從而避免聽話人可能產生誤解；對聽話人來説，當遇到發話中有生疏的或含混不清的概念時，則可要求發話人對概念下定義予以明確。可見，定義術應視為交談成功的首要的邏輯方法。

二、劃分術

"物以類聚"。物，既然可以"聚"，也就可以"分"。大類可以分為小類，小類可以分為個體。邏輯上的劃分主要是指將大類分為若干小類。劃分方法在日常生活、生產和科研等活動中，經常使用。交談、論辯時常論及一些事物，如果對事物的類屬關係分辨不清，或該劃分而不劃分，籠統論之，都會造成混亂。譬如論"馬"的屬性就需要對"馬"進行劃分。如以顏色為根據，劃分為白馬，黑馬等，否則，籠統論馬，如何能説清？楊朔的散文《荔枝蜜》中，有這樣一段對話：

我問：一隻蜜蜂能活多久？

養蜂人答：蜂王可以活 3 年，工蜂至多活 6 個月。

"蜜蜂"是個數量眾多的類,直接論其"壽命",無法說清,因為,蜂種不同,壽命不同。養蜂人先劃分,後回答,十分準確。這是科學劃分,養蜂人是行家,他以品種為依據,對蜜蜂進行了劃分。以劃分術明確概念,其劃分過程就是將一個大類(屬概念)分為若干小類(種概念)。

齊宣王問孟子關於"卿"的事。

> 孟子:您問的是哪種"卿"呢?
>
> 齊宣王:卿還有甚麼不同嗎?
>
> 孟子:有貴戚之卿與異姓之卿兩種。
>
> 齊宣王:請問貴戚之卿怎樣?
>
> 孟子:您有大的過錯,就進諫批評;反覆進諫而不聽,就更換皇位。
>
> 齊宣王勃然大怒,臉色也變了。
>
> 孟子說:您不要詫異。您問我,我不敢正面回答。
>
> 齊宣王臉色平靜下來,然後又問異姓之卿的事。
>
> 孟子說:您有過錯,就進諫,反覆進諫而不聽,就離去。

齊宣王所說的"卿"是籠統的,無法討論。孟子對"卿"進行了劃分。這一劃分實際是將"卿"這個大類分為"貴戚之卿"和"異姓之卿"兩個小類,以達到明確"卿"這個概念、便於闡述自己觀點的目的。

> 南齊時,瑯琊臨沂人王增虔是晉代書法家王羲之的四世族孫,他的行書、楷書,繼承祖法,造詣很深,是南齊著名的書法家。南齊太祖蕭道成也擅長書法,而且不願意別人說自己的書法低於臣下。王增虔在蕭道成面前從不顯露書法才能。有

一天，齊太祖招王增虔來，要與他比試高低。無奈，王增虔只好陪他寫了一幅楷書。寫畢，齊太祖傲然地問王僧虔：你說說，誰第一，誰第二？王增虔不想得罪皇帝，又不願壓低自己，想了想答道：臣的書法，人臣中第一；陛下的書法，皇帝中第一。

齊太祖的提問使王增虔處於困境。王僧虔採取劃分術，隨機劃分出“皇帝”與“人臣”兩類，分別作答，使自己解脫了困境。

出於正當利益的需要，應對時可以隨機進行劃分，這種劃分，實為一種舌辯技巧。晏子使楚與楚王有這樣一段對話：

楚王問：齊國難道沒有人嗎？

晏子說：臨淄數百家人，張開衣袖就能將陽光遮住，揮一下汗水就像下雨一樣，他們肩挨肩，腳碰腳，怎麼能說沒人呢？

楚王問：既然如此，為甚麼派你來出使楚國呢？

晏子說：齊王派的使者各有其出使的國家，賢者出使賢明的國家，不肖者出使不肖的國家。我最不肖，所以出使到楚國來了。

晏子將齊國使者分為“賢者”與“不肖者”兩種，這是臨場隨機劃分。在受屈辱的情況下，晏子運用劃分術進行了巧妙的回擊。

劃分的對象可以是事物，也可以是事物的性質或關係。當對某一事物的性質或關係籠統地進行論述而產生混亂時，劃分術的運用則可廓清謎團。

　　1902 年元旦，教育家蔡元培與黃仲玉女士在杭州舉行結婚典禮。各界來賓都前來祝賀。婚禮成了宣傳進步思想的演講、辯論會。中間，一位叫陳介石的朋友引經據典，論述了夫妻平等的觀點，而另一位叫宋恕的則不同意這一理論，他主張夫妻雙方應以學行相較，他說：假如黃女士學問高於蔡先生，則蔡先生應以師禮對待黃女士；如果黃女士的學問不及蔡先生，則蔡先生應以弟子之禮對待黃夫人，平等從何談起呢？兩方相爭，各執一理，互不相讓。最後，大家請蔡先生裁判。蔡元培說：就學行言，固有先後；就人格言，總是平等。

"夫妻關係"是人際間的一種關係，籠統論之，引起了混亂。蔡元培運用劃分術，將其分為"學行關係"和"人格關係"兩種，分別論證，得出了令人信服的結論。

三、措辭術

　　言辭是交談、論辯的語言工具。"工欲善其事，必先利其器"，措辭對於表情達意的重要性，是人所共知的。一般所說的"措辭"，大都是為了強化自己的表達，以求得較好的效果。比如，在一次海戰中，B 方軍艦因受重創而敗走了。A 方將領在向統帥報告時說："敵艦撤退了。"統帥說："不，應該說是逃跑了。"以"逃跑"替換"撤退"，這就是措辭。"撤退"為中性詞，一經替換，不但語義準確，感情色彩也更加鮮明，達到了很好的修辭效果。措辭術作為一種邏輯技巧，它不是對某些言辭進行修飾，而是借助詞與概念、句與判斷的差異關係，創造巧妙的言辭，使其具有特殊的表達效果。

抗戰勝利後的一天，國畫大師張大千要離開上海返回四川。他的學生糜耕雲等設宴為他餞行。梅蘭芳等各界名流也都到場作陪。宴會開始，張大千首先向梅蘭芳敬酒，説道："梅先生，您是君子，我是小人，我先敬您一杯！"一聽這話，眾賓客十分愕然，梅蘭芳也不解其意，問道："這話作何解釋？"張大千説："您是君子——動口，我是小人——動手。"言畢，滿堂賓客大笑不止，氣氛頓時活躍起來。

張大千的措辭術是利用了詞語的歧義性，即，一個詞語有時可以表達不同的概念。"君子動口"、"小人動手"這是家喻戶曉的俗語。這裏的"動口""動手"本指"動文""動武"之意。張大千有意利用其歧義，特指"唱戲""作畫"，既絕妙，又風趣。

一位不太懂英語的人從美國回來。朋友們去看望他時，問道："你不懂英語，在美國一定碰到許多麻煩吧！"

他回答説："不，是美國人碰到了麻煩。"

這是利用了語句的"一句多義"的關係。"碰到了許多麻煩"可以指己方，也可以指他方。這位主人，故意從另一角度陳述，十分幽默。

措辭術也可借助語句與判斷之間的"多句一義"的關係。

一次，國王做了個夢，夢見有個人把他的牙齒拔光了。國王驚醒後，想來想去，一直不解其意。第二天，他把所夢的事講給了群臣，讓他們幫助破譯。一個大臣説："這預示着，陛下全家人將比陛下先死。"國王聽了，勃然大怒，認為他是在詛咒自己，將他處以極刑。這時，正好阿凡提來到了王宮。

國王又讓他破譯，阿凡提想了想說：“這預示着陛下將比全家人長壽。”國王一聽，十分高興，便賜給阿凡提一件錦袍。

阿凡提是利用了語句的同義性。“陛下全家將比陛下先死”與“陛下將比全家長壽”所表達的判斷毫無差別。阿凡提與那個大臣的解釋，所得到的結果竟如此不同，正說明措辭術的作用。

四、借辭術

　　交談、辯論是思想的交流，因此，人們往往很注意思想、觀點的傳達，這無疑是正確的。然而，對言辭上的應和，也不應忽視。如果能在言辭上有所呼應，交談就會達到更好的效果。言辭呼應，常用的方式是“借辭”。所謂“借辭”就是有意識地借用對方的言辭來表達自己的思想。“借辭”有時僅借其“辭”，不借其“意”；有時既借“辭”，也借其“意”。借辭術不是單純的言辭遊戲，它是以思想交流為基礎的。脫離交談的內容而只追求言辭的表面應和，就背離了交談的主旨，是毫無意義的。借辭術的方式主要有“原辭借”和“仿辭借”兩種。

　　1. 原辭借

　　原辭借是借用對方的原詞、原句來表達自己的觀點。

　　某國家高級官員，在參加一次國際會議前，舉行了記者招待會。一位記者提問：“在這次會議上，關於貴國的方案，您是打算點點滴滴地宣佈呢？還是來個傾盆大雨，一攬子發表呢？”這位官員答道：“我明白了，這位記者先生要我在點點滴滴和傾盆大雨之間任選一個，可我只能回答：我打算點點滴滴地像傾盆大雨一樣發表我們的方案。”

　　這位官員不僅借了原詞，而且借了原意，只是將它們進行了組合，使其產生了新意。"點點滴滴"與"傾盆大雨"是相互矛盾的，一經組合，就成了一個內容虛假的陳述。答者就是用此種手法，表達了"無可奉告"之意。

　　借原詞大都是借助語詞與概念之間的差異關係：一詞多義或多詞一義。莎士比亞的名劇《哈姆雷特》中有一段哈姆雷特與其生母的對話：

> 王后：你把你的父親大大地得罪了！
>
> 哈姆雷特：你把我的父親大大地得罪了！

　　哈姆雷特借用王后陳述中的"父親"一詞。"父親"是一個詞，但由於言者身份不同，所指也不同。王后說的"父親"是指哈姆雷特的繼父 —— 在位的國王；哈姆雷特說的"父親"是指哈姆雷特的生父 —— 被害逝去的老國王。哈姆雷特運用借辭術，指責了母親對父親的背叛。

　　同一個語詞處於不同語境，也可表達不同概念。通過改變其語境，也可以借對方之辭來表達與之不同的概念。

> 　　一位牧師收到了一封匿名信，裏面只寫有"蠢材"兩個字。牧師知道這是在咒罵自己，可他沒有把信收起來，反而拿去給別人看。他指著信上的字說："你們看，這封信真奇怪，只有署名，沒有內容。"

"蠢材"是一個詞，本是信的內容，牧師故意將其語境改變，把它說成是署名，使罵人者成了被罵者。

　　原辭借也可以借語句，即借用對方的話予以應對。

　　1986 年，在墨西哥舉行了第十二屆世界盃足球賽。有一場是英格蘭與摩洛哥對陣。賽前，英格蘭隊教練羅布森，非常自信，誇口說：在這場比賽中，我們英格蘭人簡直可以把摩洛哥隊裝進口袋裏。比賽結果踢成平局。摩洛哥隊教練法里亞幽默地說：蒙特雷的天氣實在太熱了，羅布森先生不得不脫去外套。這一來，他沒有口袋把我們裝起來了。

摩洛哥隊教練借用英格蘭教練的〝裝進口袋〞的說法，嘲諷了對方。

2. 仿辭借

　　仿辭借不是借對方用語的原型，而是稍加改變，來陳述自己的觀點。仿辭，大都是仿造對方的語句，改變其句式，其中，顛倒法最常用。有人問作家巴爾扎克：〝您為甚麼能寫出那麼多宏偉的作品？〞巴爾扎克舉起手杖，讀着自己在上面鐫刻的字：〝我粉碎了每一個障礙。〞後來，奧地利頹廢派作家弗朗茨‧卡夫卡仿照這句話，又造了一句：〝每一個障礙都粉碎了我。〞卡夫卡就是運用顛倒法，表述了自己頹廢派的觀念。〝我粉碎了每一個障礙〞是個關係判斷，卡夫卡是將其中的〝我〞和〝障礙〞顛倒了。將顛倒法用於面對面的交談，就會更富於風趣。

　　一天清晨，一位富翁在街上散步，遇見了一個乞丐。乞丐說：〝早上好，先生！您幹嘛起得這麼早？〞富翁說：〝我出來散散步，看看能否有胃口來對付早餐。你在幹甚麼？〞乞丐說：〝我出來轉轉，看看是否有早餐對付胃口。〞

富翁與乞丐各有其願，在顛倒之中得以顯現。

> 丹麥作家安徒生十分儉樸，經常戴着一頂舊帽子。一天，他在大街上行走，有個陌生人嘲笑他："你腦袋上邊的那個玩意兒是甚麼？能算是帽子嗎？"安徒生回答說："你帽子下邊的那個玩意是甚麼？能算是腦袋嗎？"

陌生人以尖刻的語言嘲笑安徒生窮困，安徒生運用顛倒法，譏諷了對方的無知。

模仿對方的語句結構，另造新句，以表新意，也是仿辭借的一種形式。

> 1962年，郭沫若遊覽普陀山，在山路上拾到一個筆記本，扉頁上寫着一副對聯："年年失望年年望，處處難尋處處尋"，橫批是："春在哪裏？"後面還有一首絕命詩。郭沫若一看，又在上面題寫了一副對聯："年年失望年年望，事事難成事事成"，橫批是："春在心中"。後來，本子的主人回來找到了本子，看到了郭沫若題寫的這副對聯後很感動，決心重新開始朝氣蓬勃的生活。原來她是個高考落榜的姑娘，愛情又受挫折，是準備"魂歸普陀"的。

這是一次未會面的交談。郭沫若仿其原句，句式相同，所表達的意義截然不同。

五、蘊義術

交談、論辯是為了相互傳遞信息。"信息"總要蘊含在一定的陳述中，因而，交談者的陳述大都是有蘊義的。語句的蘊義是有層次的，因而形成句義的多寡、深淺不同。以層次論，有單層次與多層次之別。單層次的陳述，只含有一個判斷。如下列 A 類語句：

> ① 這場比賽，甲隊贏了。
> ② 這橘子是酸的。
> ③ 我不喜歡音樂。

此類陳述的全部蘊義都現於言表，只表明事物的一種情況，表達着一個判斷。

多層次的陳述，可以分解出不同層次的多個判斷。其中，兩個層次者居多。如 B 類語句：

> ① 這場比賽，甲隊總算贏了。
> ② 我覺得這橘子是酸的。
> ③ 我不喜歡音樂了。

此類陳述不僅含有 A 類句所表達的判斷，而且還包含着更深一層的另一個判斷。如兩類中的①都斷定了"甲隊贏了"，但 B 類①還含有"贏得很艱難"這一斷定；兩類中的②都斷定了"這橘子是酸的"，而 B 類②還含有"我曾吃過這橘子"這一斷定；兩類中的③都斷定了"我不喜歡音樂"，而 B 類③還含有"我曾經喜歡音樂"這一斷定。因此說，B 類語句的句義是多層次的。這種在句中內含的斷定，邏輯上稱為"隱含判斷"或"預設"。

單層次的陳述，人人都會用，而多層次的陳述，雖然人們也會用，但如果是出於某種需要，有意地進行構建，就是一種談話術了。所謂"蘊義術"就是利用多層次語句來達到某種目的的一種交談技巧。作家老舍在其《語言與生活》一文中，就曾談到過這樣一種現象：

> ……飯館的服務員（那時候叫作跑堂的）為多拉生意，對客人總是不熟假充熟。客人坐下，他就笑着説："今天您吃點甚麼？"

"今天"這兩個字就包含着：您是老主顧，常在這兒吃飯等等。假若他把這一大套都照直説出來，也許會引起一個爽直客人的反感。

……從前的商店售貨員也是這樣，顧客一問價錢，他便回答："還是老價錢，一塊二。"這句話的前半句便是説，您是老主顧，老在我們這兒買東西，我們決不會欺騙您。"還是老價錢"一語，巧妙地包括了好幾句的意思。至於"一塊二"究竟可靠與否，就不大好説了。

服務員、售貨員出於"多拉生意"的目的，故意運用了多層次的陳述，這就是"蘊義術"。蘊義術是一種語言技巧，有誘引作用，但並不強加於人。如果聞者未予以注意，它就會產生作用，使陳述達到預期目的。

> 有個冷飲店出售各種飲料。在前來飲用可可、牛奶的顧客中，有的總喜歡在裏面放個雞蛋，對此，服務員總是熱情服務，以滿足這些顧客的需要。開始並未予以注意，後來，一位服務員動了腦筋，他想：何不借此來擴大生意？於是，任何一個顧客來喝飲料，他都主動地問："您要不要在裏面放個雞蛋？"這一問句，提醒了每一顧客，引起了他們的興趣，紛紛嘗試，一嘗，果然愜意，由此，雞蛋銷售量大增，來者大都要求放雞蛋。

> 　　可這位服務員仍不滿足，又將問話改成："您要放一個雞蛋，還是放兩個？"

"您要不要放個雞蛋？"這句話，預設了"可以放個雞蛋"的意思，誘使人們在"放"與"不放"之間進行選擇；"您要放一個雞蛋，還是放兩個？"這句話，預設了"至少放一個"的意思，誘使人們在"放一個"與"放兩個"之間進行選擇。對此，顧客們是不會察覺的，這就會在無意之中中了服務員的"圈套"，使他達到了"擴大生意"的目的。

　　蘊義術還常運用於氣氛緊張的辯論之中。你來我往的辯論，很少有思考的間隙，以不易察覺的多層次陳述迫使對方匆忙作答，往往可以達到制勝的目的。據說，美國首任總統華盛頓年輕時，有這樣一段軼事：

> 　　有一次，一個鄰人偷了華盛頓家的一匹馬。華盛頓領着警察到鄰人家去索要。鄰人矢口否認，拒不歸還，還聲稱那是自己家的馬。華盛頓出其不意地走上前，用雙手蒙住了馬的雙眼，問那鄰人："如果這匹馬是你的，那麼你說說，牠的眼睛哪隻是瞎的？"鄰人猝不及防，只好假裝平靜地急忙答道："右眼。"華盛頓放開蒙住右眼的手，一看，右眼並不瞎。鄰人連忙改口："唔，我記錯了，是左眼。"華盛頓又放開蒙住左眼的手，一看，也不瞎。其實，這匹馬，兩眼都不瞎。鄰人無奈，只好承認自己偷了馬。

"這匹馬的眼睛，哪隻是瞎的？"這句話，預設了"馬有瞎眼"這一斷定，其實馬沒有瞎眼，這是華盛頓故設的"圈套"。鄰人做賊心虛又無暇思索，沒有注意到這層意思，便順口答話，中了華盛頓的圈套。

六、應急術

交談、論辯之難，難在應變和應急。交談、論辯有極大的隨機性，即使作了充分的準備，也未必能克服這種隨機性所帶來的困難。善辯者的水平，不只表現在滔滔不絕的陳述方面。在一來一往的論辯中，能夠隨機應變，尤其當遇到意外情況，如能馬上應急，駕馭論辯進程，使自己處於主動地位，才最能顯現論辯才能。論辯需要具有思維、表達等各方面能力，應變能力則是一種綜合能力。不同的人，所具有的應變能力大不相同。應變能力的高低，反映了人的思維機敏性的程度。反應遲緩，雖很有見地，也難做到隨機應變。思想深邃，反應機敏是應變能力的基礎條件。除此而外，應變作為一種論辯技巧，還需要講究應變的藝術，既要應得快，還要應得巧。

"應變" 就是應付交談、論辯及其他表達過程中臨時出現的意外變化。如果這種變化要求刻不容緩予以應對，則屬於 "應急" 了。意外情況大都是對表達者不利的，處理不好就會使自己處於被動，甚至陷入窘境。針對不利情況，機敏地做出合乎邏輯的反應，急中生智，化險為夷，變不利為有利，這便是 "應急術" 的功效。應急術主要用於兩種場合，一是用於自己單方的陳述中，一是用於與他人進行交談、論辯時的陳述中。應急術用於自己的單方陳述，大都是為了對意外情況所造成的不利情況進行補救。

差錯是一種意外情況。在自己的陳述中，由於遺忘或口誤而出現差錯，必須刻不容緩地予以糾正，以求自圓其說。明明是錯了，還要補得近乎情理，這就需要具有思維和表達的技巧。

　　彈唱名家馬如飛，有個拿手的名段 ——《珍珠塔》，據說在演唱過程中，曾出現過兩次誤唱，但都及時、巧妙地補正過來了。一次，他將"丫環移步出了房"錯唱成"丫環移步出了窗"。聽眾大笑起來。馬如飛彈了個小過門，便機敏地補唱了一句"到陽台去曬衣裳"，博得了全場喝彩。還有一次，是將"六扇長窗開四扇"，錯唱成"六扇長窗開八扇"，聽眾嘩然，他連忙補唱："還有兩扇未曾裝。"聽眾盛讚其補得巧妙。馬如飛應變之快，自不必說。其高妙在於補得合乎邏輯、近乎情理。一個陳述，在此環境中是錯的，在另一環境中，就可能成為合理的。"出了窗"是錯的，但添加了"陽台"，就變得合理了。"六扇長窗開八扇"不合理，解釋為"還有兩扇未曾裝"就說通了。一個斷定是否符合事實，與語境密切相關，語境改變了，不符合事實的，有可能變得符合事實。馬如飛就是利用"改變語境"的方式，補救了自己的誤唱。

　　意外情況有時是來自客觀方面。克服意外的干擾，保持自己敍述的連貫性，也需要應急術。這種應急術大都不是簡單地將干擾排除，而是以巧妙的解釋，將干擾變成自己陳述的一部分，而使對方感到真實、自然。金農是清代有名的詩人。一次，幾個鹽商在揚州瘦西湖宴請他。席間，大家以作詩為樂 —— 每人吟詩一句，句中必有"飛""紅"二字。有個鹽商吟了一句："柳絮飛來片片紅。"眾人一聽，很不滿意，紛紛批評說：柳絮分明是白的，怎麼能說是紅的呢？太不合情理了。金農在一旁，忙替他解圍說："這是元人詠瘦西湖的詩句，寫景十分確切。原詩是：'二十四橋廿四風，憑欄猶憶舊江東。夕陽返照桃花渡，柳絮飛來片片紅。'"金農這一說，眾人也就心服了。那位鹽商不但擺脫了困境，還受到了大家讚揚。其實，元人根本沒有這首詩，它是金農為了替那個胡謅的鹽商解圍而臨時杜撰的。將柳絮說成紅的,自然不對,但是添加了"夕陽返照桃花渡"這一條件,使它變得可以理解了。金農的補救也是利用了"改變語境"的應急方式。

在"不平等"的交談中,一方為應酬或逢迎另一方,需要時時、事事順應對方的變化而變化,這就需要具有應對萬變的能力。

> 解縉是明代翰林學士。有一次,皇妃生了個孩子。解縉上朝,向皇帝道喜。他上前獻詩一句:"吾皇昨夜降黃龍。"皇帝說:"不是太子,是個公主。"解縉連忙改句:"月裏嫦娥下九重。"皇帝說:"唉!可惜已經死了。"解縉又改吟一句:"料想世間留不住。"皇帝說:"已經拋到金水河裏去了。"解縉又順應着吟道:"翻身跳入水晶宮。"

解縉以"多變"術迎合皇帝,對方一變再變,由喜轉憂,可他的詩句一變再變,句句合情,一直充滿着溢美之詞。解縉的應急術運用了比喻、諱飾等修辭方法,同時也利用了"不同的語句可以表達相同的判斷,陳述同樣的事實"這一原理。將"已經死了"說成"世間留不住",將"拋入金水河"說成"跳入水晶宮",以吉祥之辭述不祥之事,這諱飾,所用語句雖不同,但表達的判斷、陳述的事實無異。

在"一對二"的交談中,左答右應,兩方的設問又不同,要運用應急術以求得面面俱到、方方滿意,這難度就更大。

> 某布政使宴請某按察使。席間,兩人交談。布政使孩子多,為多子而憂慮;而按察使只有一個孩子,為少子而犯愁。布政使的一個案吏安慰這位布政使說:"子好不愁多。"布政

> 使點頭稱是。按察使一聽，又問這位案吏：「我兒子少，又怎麼說？」案吏說：「子好不須多。」按察使連稱有理。

凡事物都有多方面屬性。對相反情況，從同一側面進行斷定，必會做出相反結論，有褒有貶，有譽有毀，必不能使兩方都滿意。如果不求角度相同，都從有利的方面去斷定，就可以「兩面討好」。「子多」、「子少」情況相反，但只要「子好」，無論多、少都是好事。案吏預先設定了這一條件，各擇其可稱道的一面，巧妙應酬，使兩個上司都得到了滿意的回答。

七、轉移術

思維混亂者或有意詭辯者，經常在交談、答問中轉移話題，這是違反思維規律的。然而善辯者有時卻出於特殊的需要，故意將對方的話題轉移。這種轉移，有其合理性，它是辯者有意採取的一種論辯方法，可稱之為「轉移術」。但是，轉移術不可濫用，必須講究場合，考慮需要。恰到好處，方顯高明。轉移術可以用於答覆善意者，也可以用於回擊惡意者。對善意者的提問，應以善意回答。但是，有時無可回答或不便回答，出於禮貌又不能不答，此時，轉移術常可發揮效用。

> 有一次，王光英到香港，一下飛機，就有一位記者向他發問：「請問，您這次到香港帶了多少錢？」顯然，這是一個不便回答，也不能如實回答的問題，只好想辦法「轉移」一下，巧妙地答道：「您知道，有一句俗話：見到女士不應問歲數，見到男士不應問錢數。」

問的是“帶多少錢”，回答的卻是一句俗話，而這句俗話中暗示對方的提問是不恰當的，這種轉移話題的技巧，妙在不但轉移了對方的話題，而且變被動為主動，堵住了對方的嘴。

有時面對一個內容複雜的提問，無法針對問題作答，可以轉移一下，回答另外一個有關的內容。

> 有一次，“氫彈之父”愛德華‧泰勒出訪，在機場舉行記者招待會。有個電台的記者問：“泰勒先生，可否請你解釋一下相對論與現代空間時代的關係？”泰勒聳了聳肩，答道：“我怎麼能解釋呢？愛因斯坦用了13年才確定了這個公式。”

提問太大、太深，無法作答，但是又不能不答，因此，答者被迫轉移了話題。這種出於無奈的轉移，實際是批評了提問的欠妥，因而是合乎情理的。

面對心懷不善的攻擊，若誠心誠意地依照同一性作答，往往會使自己處於不利境地，運用轉移術，不但可以維護自身利益，而且還可以回擊對方。

> 在一次國際會議的會間休息時，有位發達國家的外交官，問一個不發達國家的大使：“貴國的死亡率想必不低吧？”這位大使答道：“跟你們的國家一樣，每人只死一次。”

對方的詢問，顯然不是善意的，那位大使雖知本國死亡率較高，但面對蔑視和嘲笑，為了維護本國尊嚴，故意將“死亡率”的話題更換了，以轉移術作了絕妙的回答。

> 普希金是俄國著名的詩人。有一次，他在彼得堡參加一

個公爵家舉辦的舞會。他熱情地邀請一位貴族小姐跳舞。那位小姐十分傲慢，輕蔑地說："我不能和孩子一起跳舞。"普希金不悅，說道："對不起，親愛的小姐，我不知道你正懷著孩子。"

普希金為了維護個人的尊嚴，回擊對方的嘲弄，故意將"孩子"更換了，從而轉移了話題。普希金的手法是一種"偷換"。偷換，難在一個"偷"上。一問一答，暗轉暗換，盡在不覺之中。這種轉移術用於須臾之間，就更顯高妙。

西蜀名將伊籍，受劉備派遣，出使東吳。孫權知其善辯，就想難他一下。伊籍參見孫權時，行了跪拜之禮。孫權說："煩勞你侍奉無道的君主。"伊籍一聽，當即就勢說道："一跪一拜，稱不上煩勞。"孫權一聽，自己反倒受奚落，十分沒趣。

孫權所說的"無道之君"，本是指劉備，"侍奉"指為劉備效力。機智的伊籍，利用正在給孫權施禮之機，將"侍奉"偷換成了"跪拜"，同時，"無道之君"也就偷換成孫權了。這一轉移用於須臾之間，實在高妙。

八、隱指術

指謂性是交際用語的一大特徵。"指"是有所"指稱"，即總要表明是"誰"，是"甚麼"；或說總要涉及一定的對象。"謂"是有所"敘述"，即總要表明是"怎樣的"，是"甚麼樣的"；或說總要涉及對象的性質、狀態等情況。這些是就用語的內容而言的。

就表達方式而言，用語的“指謂”未必都採取正面的直陳方式，有時也可以採取含蓄的、影射的方式，可稱為“隱指”。“隱指”的方式很多，平時所説的“意在言外”、“話裏有話”、“指桑罵槐”等都是。

在交談、論辯中，出於某種特殊需要，故意以隱指方式來表述自己的觀點，為“隱指術”。所謂“特殊需要”，有的是受客觀條件所限，不便直説；有的是出於主觀考慮，不願直説。“隱指”都有一定的依據，或是利用語言自身特性而使其含蓄，或是利用語句與判斷的差異性，賦予語句以特殊功能。成語、俗語、諺語都有着固定的構成成分。在運用時，故意將一部分隱去不説，這就會使表達富於含蓄性。隱去的部分，正是言者的真意所在，聞者不難悟出，這是一種“隱指”方法。郭沫若的名劇《屈原》中有這樣一段對話：

> 靳尚：南后，你怎麼聰明一世……唉，不好説得。
>
> 南后：你説我“糊塗一時”吧！我沒有糊塗。

“聰明一世，糊塗一時”是俗語，人所共知。靳尚不便直接批評南后，而採取了隱去真意的隱指術。

隱指術大多是利用語句與判斷之間的差異性。同一個事實，往往可以運用多個語句形式來表達。因此，不採取正面的慣用的方式，而故意利用另一隱含方式表達，也是可以的。

> 有個隨從，陪伴着一位法官出去打獵。由於法官槍法欠佳，結果一無所獲。回來後，有人問這位隨從：“今天法官收獲怎樣？”他回答説：“法官的槍法實在高明，只是今天上帝對飛鳥特別仁慈。”

"上帝對飛鳥特別仁慈"與"一隻鳥也沒打着"斷定的事實是相同的。

"雙關法"也是隱指術的一種。同一個語句，有時可以表達不同的判斷，陳述不同的事實。在某種情況下指"此"，在另種情況下又指"彼"。利用語句與判斷之間的這一差異關係，以同一句話，可以兩者兼指，一語雙關。

> 一位職員問一個朋友："近來幹得怎樣？"
> 朋友回答道："我幹活總是爭分奪秒地幹，掙了不少錢，都存入銀行了。"職員說："做得對，看來你沒忘記：時間就是金錢。"

這裏的"時間就是金錢"是雙關用法，既可指"珍惜時間"、"爭分奪秒地幹"，又可指"把錢存入銀行"、"時間將帶來效益"。

第二節 運用推理、論證的技巧

一、返擊術

"返擊"不同於一般的"反擊"。它是借用對方的謬論，逆返回擊，攻擊對方。它有來有往，不是單向的，是反向的。平時所說的"以其人之道，還治其人之身"可視為"返擊術"。"返擊"的方式有兩種，一是更換荒謬論題所斷定的對象，一是按照荒謬論題進行仿造。有的荒謬論題是針對某一具體對象的。援用其理論，將其斷定的對象更換，這是一種返擊方式。

《失樂園》的作者彌爾頓曾做過克倫威爾的秘書。後來雙目失明了。有一次，國王查爾斯二世問他：你可曾想到你眼睛所以瞎掉，正是由於你幫助了殺我父親的兇手，而遭到了上帝的譴責嗎？

彌爾頓回答說：我的眼睛瞎掉，那是千真萬確的事情。不過假如一切禍害都歸於上帝的譴責，那麼你要知道，陛下，令尊的頭顱也是掉了的呀！

查爾斯二世的攻擊對象原是彌爾頓，彌爾頓援用其理論，將對象改為同樣遭受不幸的查爾斯的父親，達到了返擊對方的目的。有的荒謬說法是以其他眾人為對象的，對此，也可以採取更換對象的方式進行反擊。

戰國時，魏王派西門豹去治理鄴城。那裏，巫婆詭稱漳河裏有河伯，每年都要娶一個漂亮的媳婦。因此，每年巫婆都要將一名民女投入漳河。"河伯娶妻"鬧得老百姓終日惶恐不安，紛紛背井離鄉。西門豹到鄴城後，決心除掉這一禍害。他按照巫婆的說法，當眾將巫婆投進了漳河，把巫婆送到河伯那裏去了。

巫婆以迷信之說坑害他人，西門豹以其人之道，還治其人之身，懲處了害人的巫婆。

返擊術，也可以採取仿造荒謬論題的方式。這種方式，大都運用於非攻擊性的交談、論辯之中，論題雖荒謬，一般並沒有明顯的攻擊對象。

在一次宴會上，主人出了一道謎題，請客人們破譯。

> 他說：“把一隻兩公斤重的雞，裝進一隻能裝半公斤水的瓶子裏，用甚麼方法可以把牠取出來？當然，瓶子是不能打破的。”一位客人答道：“您怎麼裝進去，我就怎麼拿出來。您顯然是憑嘴一說，就把雞裝進了瓶子，那麼我就用語言這個工具再把雞拿出來。”主人異常興奮地說：“您是第一個猜中這個謎題的人。”

對方提出的要求是荒謬的、不能實現的。客人以仿造的方式，反向回答，破譯了謎題。

> 某家主人外出，叮囑他的兒子，肉煮熟後先敬神，再敬菩薩，以求保佑。兒子把肉煮熟後，自己吃光了。而後才想起父親的叮囑。他想了個主意：把菩薩、神像都打碎了。主人回來後，詢問敬神之事，兒子說：“我敬肉時，神仙和菩薩為了爭肉，互相扭打，都變成了一堆土。”父親大怒說：“菩薩是泥塑，怎麼能爭打？”兒子說：“既然是泥塑，怎麼會吃肉？”父親被說得張口結舌。

兒子模仿父親的荒謬之說，進行了返擊，目的是為了使自己擺脫困境。更換斷定對象與仿造謬說，這兩種方式經常結合在一起運用，可以更有力地達到反擊目的。

二、攻盾術

《韓非子・難一》中，有一段盡人皆知的關於“矛”與“盾”的故事：

> 楚國有個既賣盾又賣矛的人，他誇獎他的盾説：我的盾十分堅固，沒有甚麼能戳破它。接着又誇獎他的矛説：我的矛十分鋒利，沒有甚麼戳不破的。有人問他：以你的矛戳你的盾怎麼樣？那人沒法回答了。

"沒有甚麼能戳破"與"沒有甚麼戳不破"是相互矛盾的，不可同時成立，賣矛與盾者將兩者都同時認可了，這是犯了"自相矛盾"的錯誤。反駁者發現了這個錯誤，以其"矛"攻其"盾"，駁得他啞口無言，這就是"以矛攻盾"之術。

　　"以矛攻盾"可簡稱為"攻盾術"，是專門揭露自相矛盾錯誤的一種論辯方法。存在於交談、論辯中的自相矛盾錯誤，主要有兩種表現：一種是自己的論題之間存在矛盾，一種是論題與其所斷定的事實之間存在矛盾。以矛攻盾之術的用法，也因此而有所不同。存在於論題之間的自相矛盾現象，大都表現為對同一事物，同時做出了兩個不可共存的斷定。對於這種錯誤，主要是揭露兩個論題之間不可共存的關係。小説《暴風驟雨》中有一段"分馬"的情節：

> 車把式老孫頭挑了個瞎馬，張景瑞説："瞅老孫頭，挑個瞎馬。"老孫頭説："這馬眼瞎？我看你才眼瞎呢！這叫玉石眼，是最好的馬，屯子裏的頭號貨色，多咱也不能瞎。"過了一陣子，老王太太挑馬，往老孫頭挑中的"玉石眼"走來，老孫頭慌張起來，上去笑着説："看上了我這破馬？我這真是個破馬，性子又烈。"一直在旁邊站着的老初笑着説："他剛還説：'這馬是玉石眼，是最好的馬，屯子裏的頭號貨色'，這會子又説是'破馬'了。"

老孫頭對同一匹馬，先後做出了兩個不能共存的斷定。老初將這兩個説法舉出來，指出其不可共存，這就是使用了攻盾術。

存在於論題與事實之間的自相矛盾現象，表現為對某一情況的斷定與自己所陳述的事實情況相悖。這種錯誤，大都是為了掩蓋錯誤而製造謊言，將真相隱藏起來，避而不談，但是迫於某種外力，無意中又將真相流露了出來，造成了"言不符實"的自相矛盾現象。要揭露這種錯誤，就要善於發現其破綻，及時抓住對方無意流露出的事實，以"實"對"言"，揭露其"言"的虛假。

> 警察在某條街的僻靜之處，發現了三名吸毒少女。警察對 A 進行了詢問：
>
> 警察：你經常吸用毒品嗎？
>
> A：不，我是出於好奇心才吸的，是偶犯。
>
> 警察：這些毒品是從哪裏弄來的？
>
> A：是從 C 那裏買來的。
>
> 警察：你甚麼時候認識 C 的？
>
> A：5 年前。
>
> 警察：怎麼認識的？
>
> A：是 B 帶我到她那裏去的。
>
> 警察：去幹甚麼？
>
> A：去買這些東西。
>
> 警察：後來又買過幾次？
>
> A：記不清。
>
> 警察：這 5 年間，你從 C 那裏買這些東西的次數已經多得記不清了，難道你是偶犯？你不是偶犯，是屢犯。

開始，A 自稱是"偶犯"，這是其編造的謊言。在警察的追問下，無意中流露了事實真相，與其聲稱的形成了矛盾，警察及時地抓住了這一點，以其"實"攻其"言"，揭露了 A 的謊言。

論題與事實之間的自相矛盾，還表現為"言行不一"。這種矛盾情況不是存在於陳述之中，而是存在於陳述與陳述者的行動之間。揭露這種自相矛盾現象，不但要知其"言"，而且要知其"行"，因為僅就其"言"觀察並不能發現矛盾。只有聯繫其"行"，才能使矛盾暴露。明代馮夢龍的《古今譚概》中，載有艾子的一段故事：

> 齊國大夫邾石父謀反，齊宣王殺了他，還要滅他的九族。邾氏家族龐大，子孫眾多。他們紛紛來拜艾子，求他去向齊宣王說情。艾子向他們要了一條三尺長的繩，揣在懷裏來見齊宣王。
>
> 艾子說：謀反叛逆的只是邾石父一人，他的家族有甚麼罪？為甚麼要殺掉他們？
>
> 齊王說：先王制定的法律，我不敢廢除，政典上說："與叛逆者同族的人，一定要殺而不饒恕。"
>
> 艾子說：我也知道您是不得已呀。我有個看法：過去，公子巫投降了秦國，他不是您的弟弟嗎？您也是叛逆臣的親屬，按照法律，您也應該隨着他定罪，希望您今天就自決吧，不要因為吝惜您一人的生命而傷害先王的法律。說完，艾子遞上了繩子。
>
> 齊王說：先生算了吧，我赦免他們也就是了。

僅聽齊王之言，並無矛盾。艾子知道齊王以往的行為，將公子巫謀反而並未滅絕九族的事列舉出來，形成無法自圓其說的矛盾，使齊王陷入了窘境，迫使其做出了讓步。這是以其"行"攻其

"言"的攻盾術。

三、故縱術

與用兵打仗一樣，在唇槍舌劍的交鋒中，也可用"欲擒故縱"之術。兩者目的相同 —— 都是為了制勝對方。所不同的是：用兵，見於行動；論辯，見於言辭。"欲擒故縱"是先"縱"後"擒"，為"擒"而"縱"。在論辯中，先向論敵退讓一步，然後再掉轉話鋒，來申述自己的異議，這就是論辯中的"故縱術"。故縱術有兩種不同的用場，一是用於平和的交談，二是用於激烈的辯論。平和的交談，也難免有分歧。為了尊重對方，保持和諧的氣氛，明明存在不同意見，但並不正面直說，而是採取先承認對方觀點，而後再委婉地表明自己意見的方式，這是一種平和方式的故縱術。

> 甲問："明天下午一起去看車展好嗎？"
> 乙答："嗯，當然好。不過，明天下午沒時間，改天再去吧。"

"當然好"一語，就是"縱"，這未必是真意；"不過"之後才是真意的表述。有"縱"在先，可以造成和諧的交談氣氛，有利於對方聆聽自己後面的申述。

故縱術，也有先"退"後"進"之意，"退"是策略，"進"是目的。

> 某推銷員向顧客推銷該廠生產的電冰箱說：請您購買我廠新生產的 A 牌電冰箱。

> 顧客：對不起，我沒聽説過這個牌子，雜牌的質量很難説。B牌是名牌，我只想買這種。
>
> 推銷員：B牌是名牌，聞名中外，質量可靠、可信，大家都很信任它。由於信譽高，它經常脱銷，很不好買。現在不是搞競爭嗎？我們A牌是新創的牌子，是專門為趕超B牌而生產的，它的性能，有些方面還超過了B牌呢。不信，請您看説明書。A牌任何一項都不亞於B牌的。我們A牌就是為滿足大家對B牌的渴求而拋出的，完全可以替代B牌電冰箱。

顧客認為B牌電冰箱好，推銷員始終採取承認的態度，這是"縱"，即先"退"一步。如果沒有這一步，採取直接否定B牌的方式，只能引起顧客反感"進" —— 褒揚A牌電冰箱的話也就無法出口了。

故縱術運用於辯論之中，大都有明顯的策略性質。辯論，氣氛大都較為緊張，雙方的關係也較為複雜。故縱術的運用也不帶有創造和諧氣氛的目的，大多是為了進行批評、反駁。

> 戰國時，魏文侯派大將樂羊攻佔了中山國，而後，把它分封給了自己的兒子。群臣紛紛讚揚魏文侯是"仁君"。有一天，大臣任座説：您得了中山國，不把它分封給您的弟弟，卻把它分封給了您的兒子，怎麼能算仁君呢？魏文侯一聽，十分惱火，面顯慍色，嚇得任座趕快退了下來。站在一旁的翟璜上前説道：您確是仁君。君王仁義，下臣就耿直，剛才任座説得多麼直率呀！敢於正面批評您，不正説明您是仁君嗎？魏文侯一聽，怒氣全消，忙命翟璜把任座請了回來。

"您確是仁君"這是"縱"，而後又説了許多讚美的話，表面上仍

是 "縱"，而實際上已暗暗轉為進攻，因為這些話並沒有否定任座
對魏文侯的批評，反而使魏文侯把任座請了回來。

在交談、論辯中，如果對方論題是虛假的，反駁者先對其予
以認可，這就是 "縱"；而後再以某些 "事實" 對其進行 "證明"。
由於所引述的 "事實" 都是與真實情況相反的，故意採取反話的
方式敍述，常常將 "事實" 說得異常離奇、荒唐、不合情理。當
人們聽出反駁者在故意偽造 "事實"，也就悟出了他的真意。這不
但會引起旁觀者對論敵論題的否定，連論敵自己也會有所明悟。

> 春秋時，晉文公命令宰夫為他燒肉，肉端上來時，晉文
> 公發現肉上纏着一根長長的頭髮，十分惱怒，要殺掉那個宰
> 夫。宰夫被召來受審。他看了看鼎裏的肉，說道：臣有罪，罪
> 該萬死，我的罪過有三：我切肉的刀，快得很，像寶劍，它能
> 切開肉塊，卻沒能割斷這長長的頭髮，這是我的罪之一；燒肉
> 前，我用錐子在肉塊上四面穿刺，上調料，卻沒有發現這長長
> 的頭髮，這是罪之二；爐火熊熊，旺得通紅，肉燒熟了，這根
> 頭髮卻沒有燒焦，這是罪之三。有這三條罪，只有誅戮，我無
> 可爭辯。聽了這一番話，晉文公有所明悟，便又命令人把負責
> 進膳的侍者召來審問，才知道是他故意陷害宰夫，進膳時，將
> 頭髮纏在了肉上。

宰夫承認自己有罪，這就是 "縱"。在證明自己有罪時，故意將事
實說得不近情理，以假論假，使得晉文公對自己的判定產生了懷
疑。這是表面 "縱"，暗中 "擒" 的故縱術。

四、例證術

　　"怎樣才能讓人承認我的觀點是正確的？" 每當遇到這樣的問題，人們大都會自然想到：舉個例子證明一下吧，這就是 "例證"。"例"，就是某種事實。"事實勝於雄辯"，在所有各類論據中，事實是最有説服力的。因為它是鋼鐵般堅實的存在，所以有 "鐵證如山" 之説。

　　人們的思想來自於實踐，一個正確的思想總是符合客觀實際，並經得住實際檢驗的。與此同理，一個正確的論題是對客觀情況的真實的斷定，它必能在客觀存在中找到事實依據並為其所驗證。例證就是以事實論據對論題進行驗證的過程。交談、論辯中所引用的事實論據，可以是第一手的直接材料，也可以是第二手的間接材料。第一手的直接材料可以是交談雙方共睹的事實。這種事實的真實性雙方都認可，所以具有特殊的説服力。

　　　　卡特在參加總統競選時，有一位反對派的女記者去採訪他的母親。記者問："你的兒子説，如果他説假話，大家就不要投他的票。你説，卡特説過假話嗎？" 卡特母親説："説過，但都是善意的。" 女記者："甚麼是善意的假話？" 卡特母親説："比方説，您剛才進門的時候，我説您很漂亮。"

　　卡特母親所舉的事例就是剛剛發生的，其真實性無可懷疑。第一手材料也可以是為單方面所掌握的。引用自己一方所耳聞目睹的事實，務求真實可信。

　　　　趙惠文王得到楚國的和氏璧，秦昭王聽説了，要用 15 座城換和氏璧。趙王想換，怕被秦王欺騙，得不到城；想不換，又怕秦王派兵來討伐。趙王想派人到秦國去與秦王商討此事，又找不到合適的人。宦者令繆賢對趙王說："我的門客藺相如可以出使。"趙王問："怎麼知道他能出使？"繆賢說："我曾經有罪，暗中想逃離趙國到燕國去。藺相如制止我說：'您怎麼知道燕王會接納您？'我告訴他：'我曾經隨大王您與燕王在邊境上會晤，燕王偷偷地握住我的手說願結為好朋友。因此，我了解他，所以想投奔他去。'藺相如對我說：'趙國強，燕國弱，您被趙王寵倖，所以燕王想和您交朋友。現在您逃離趙國投奔燕國，燕國怕趙國，看形勢，他一定不敢收留您，反而會把您捆上送回趙國。您還不如向趙王去請罪，也許會得到赦免呢。'我聽了他的主意，您也赦免了我。我認為藺相如是勇敢之人，又有智謀，他可以出使秦國。"

繆賢為了證明藺相如可以出使秦國這一論題，引用了自己親身經歷的一件事為例，產生了極大的說服力，使趙王任用了藺相如。

以間接的第二手材料為論據，難以令人確認其真實性，除非這一材料是盡人皆知的。為此，在引用人所不知的間接材料時，應儘量做到真實可靠，使人感到合乎情理。在一次關於"男子漢"問題的論辯中，一個人發表了"男子漢應該懂得諒解"的觀點，證明時，他引用了關於魯迅的一個事例：

魯迅有一次在一家店裏請幾位作家吃飯。席間，魯迅的獨子海嬰連把兩顆丸子咬一口，又吐了，說是變味了。其他人吃時都沒有覺察。許廣平便怪海嬰調皮，客人們也覺得這孩子想是慣壞了。魯迅卻不然，他夾起被海嬰吐掉的丸子，嚐了嚐，果然是變味的。他感慨地說：小孩總是有小孩的道理。

這裏引用的是間接材料，並非自己親身經歷，也非人所共知。但魯迅是盡人皆知的＂男子漢＂，引用他的事例，論據增加了可信度。由於其事合乎情理，所以，儘管為人所不知，但仍有説服力 —— 男子漢應該懂得諒解，甚至對待孩子也應如此。

五、喻證術

＂喻＂就是指比喻、打比方。然而，喻證之＂喻＂，與一般所説的比喻並不完全相同。比喻可分為形象比喻和説理比喻兩種。＂凍紅的鼻子像個胡蘿蔔＂，這是形象比喻，其目的是刻畫形象。＂求學如逆水行舟，不進則退＂，這是説理比喻，其目的是表明道理。＂喻證＂就是指説理比喻。同是喻證，在交談、論辯中的用法、功能也有不同。有的是用於表明論題，有的是用於證明論題。用於表明論題的喻證，是依據事物間事理的相似，以＂彼理＂喻＂此理＂。事物的屬性、原理的顯現程度是不同的，有深奧與淺近、隱蔽與明顯、抽象與具體之別。深奧的、隱蔽的、抽象的事理，難以為人理解，若能以相似的、淺顯的、具體的事理進行比喻，就可以化難為易，以求深入淺出之效。特別是有些難以言傳的論題，一經比喻，聞者就可以有所意會。

> 有人問美國的天文學家瓊斯：＂地球有多大年齡？＂瓊斯答道：＂請你們想像一下，有一座巍峨的高山，比如説高加索的厄爾布魯士山吧。再設想有一隻小麻雀，牠無憂無慮地跳來跳去，啄着這座山。那麼，這隻麻雀把厄爾布魯士山啄光，大約需要多長的時間，地球的年齡就是多少。＂

地球的壽命，很難用一個簡單的數位來説清楚，瓊斯以麻雀啄高山為喻，做出了形象生動的回答。

> 一個年輕人問一位學者：＂怎樣才能獲得知識？＂這位學者說：＂當你沉入大海，奮力掙扎時，你怎樣想？＂年輕人說：＂我要拚命從水面探出頭來，吸氧氣。＂學者答：＂要想獲得知識，就得有這股勁。＂

＂怎樣才能獲得知識？＂一言難盡，枯燥的冗長的陳述，令人乏味，也不易理解，一個生動的比喻，闡明了事理的關鍵。

用於證明論題的喻證，是以＂彼理＂證＂此理＂。所謂＂證＂，就是以相似的事例來證明自己論題的真實。相似事理的作用已不是表明論題是怎樣的，而是表明論題為甚麼是這樣的。這種喻證與一般的舉例證明不同，其論題與所引喻證事實之間並無直接論證關係，兩者之間只是事理相似的關係。

> 趙惠文王將要攻打燕國，蘇代受燕國之託去見惠文王，他說：今天，我來時經過易水。有隻蚌正好出來曬太陽，一隻鷸去啄牠的肉，蚌一閉合，夾住了鷸的嘴，鷸說：＂今天不下雨，明天也不下雨，很快就會有死蚌。＂蚌對鷸說：＂今天你出不去，明天也出不去，很快就會有死鷸。＂雙方相持着，誰都不肯放開。這時，一個漁夫從這裏走過，將牠們一齊捉走了。現在趙國將要攻打燕國，雙方會僵持不下，互相傷害，我只怕強秦會成為漁夫，所以希望您深思熟慮呀！聽了蘇代的一席話，惠文王放棄了攻打燕國的計劃。

蘇代用＂鷸蚌相爭，漁翁得利＂的事理進行比喻，目的是證明自己的論題：＂趙燕相爭，強秦得利＂。蘇代依據的事例與其論題所斷定的是毫不相干的兩類事物，但是事理是相似的。鷸蚌相爭之事，蘇代雖然自述為親眼所見，但未見得真實。由此可見，在喻證中，所依據事實的真實性並不重要，重要的是事理的真實。為了證明論題，特意編造一個事例，以其可信的事理為論據，即使聞者知道此事不真實，同樣具有說服力。

> 1120 年秋，方臘在睦州的漆園中，宰牛置酒，邀集百餘人來聚會。席間，大家歡飲暢談。方臘對大家說："天下國家，本同一理。我說一件事你們聽聽。有這麼一家人，子弟整年辛辛苦苦地幹活，到頭來打下的糧食、織出的布，全部都叫他的父兄拿出去揮霍；稍不如意，就打罵虐待。你們如果是這家的子弟，會甘心忍受這種凌辱嗎？"眾人異口同聲喊道："不能！"方臘接著又說："除了自己揮霍還不夠，這家的父兄，還把剩下的財物全部都奉獻給了這家的仇敵，勾引仇敵一起來欺侮這家子弟。你們說，這能叫人心甘嗎？"眾人紛紛喊著："豈有此理！太欺侮人了！"方臘又說："我剛才說的這家，是個'大家'，就是咱們的國家。"方臘的話，點燃了人們心中的怒火，就這樣，方臘組織了起義行動。

家事與國事，事理相似。方臘自編故事，以家事喻國事，以淺喻深，以小喻大，雖然他自己已點破所敘之事是編造的，但仍產生了啟蒙、號召的巨大作用。

六、物喻術

交談、論辯是口舌功夫，所謂"唇槍舌劍"只是個形象的比喻，意在表明論辯的言辭之犀利，實際上與槍、劍毫不相關。但是，交談之中，為了説服對方，借物立論也是常用的方法。以實物為據，借用其相似性進行比喻，可簡稱為"物喻"。

> 有一天，居里夫人的一位朋友來到她家作客。客人看見居里夫人的小女兒正在玩一枚英國皇家學會剛剛頒發給居里夫人的金質獎章。他十分驚訝，對居里夫人説："英國皇家學會的表彰是極高的榮譽，很多人都企望着而不可得，您榮幸地得到了這枚金質獎章，怎麼給孩子當玩具呢？"居里夫人説："我是想讓孩子們從小就懂得，榮譽就像玩具一樣，只能玩玩而已，絕不能永遠守着它，否則，就將一事無成。"

居里夫人借助金質獎章（榮譽）比作玩具，説明對榮譽應持的態度，這是借物立論的物喻術。

> 公元前 99 年的一天，將軍李廣派人送給司馬遷一件禮物。司馬遷的女兒打開精緻的盒子一看，原來是一雙稀世的璧玉。她十分喜愛。司馬遷用手撫摸着璧玉説："這樣光潔，這樣圓潤，真是白璧無瑕呀。璧玉之所以珍貴，就在於它沒有斑痕污點，我們人又何嘗不是這樣呢？我是個品位低下的小官，雖不如璧玉寶貴，但只求無瑕。如果我收下了這雙璧玉，就像它添加了污點，我身上也就增加了斑痕。"説完，便命女兒將禮物包好，又請來人將它帶回去了。

白璧本無瑕疵，司馬遷借璧玉進而假設有污點之玉，用來喻證受賄之害，同樣生動、逼真。

物喻大都要借助實物來表明某種事理，而此種事理不一定與實物的特性有關。

> 　　吐谷渾的首領阿柴有 20 個兒子。他們互相不團結。阿柴臨終前，把兒子都叫到了牀前，對他們說：「你們每個人拿枝箭來。」箭拿來後，阿柴命其母弟慕利延說：「你取一枝箭，把它折斷。」慕利延把它折斷了。阿柴又對他說：「你拿另十幾枝，一起把他們折斷。」慕利延用了最大力氣，也沒能折斷。阿柴說：「你們道嗎？一枝箭容易折斷，許多枝箭則難於折斷，團結一致，國家才能鞏固。」說完便死了。

阿柴借箭為喻，所借的並非是箭自身的特性，將箭換成樹枝也是可以的，而是結合人的行為，使其顯現出某種意義，借此來喻理。有個關於一休的故事：

> 　　老和尚請大家吃雙層黏糕，並要求兩層一起吃。當小和尚們吃得津津有味時，老和尚突然問一休：「你說，上層的好吃呢，還是下層的好吃？」這實在無法回答。一休想了想，計上心來，他突然舉起雙臂，使勁拍了一下手，反問老和尚：「您說我拍手時，是左手聲音大，還是右手聲音大？」老和尚無法回答，只是哈哈一笑了之。

兩層糕如果一層一層分吃，自然可以得知各層的味道，合在一起吃則很難分辨。兩手相拍，同時發聲，分不清哪隻手聲大。兩個現象事理相同，都具有「分辨不清」的屬性，這就是一休借助行為進行物喻的依據。

　　物喻最突出的作用在於使抽象的事理直觀化。由於物喻常常伴以行為，所以人們還可以採取不同的行為，使實物顯示出不同的意義，來進行更為複雜的證明。

> 　　一位老師，向同學們講解人生的道理。他先用窗簾將整
> 個教室遮暗，然後點燃一枝蠟燭，燭光瀰漫全室。他說："一
> 枝蠟燭發出的光，可以照亮整個的屋子，就像一個願意為人類
> 做出貢獻的人，雖然他們的能力有限，但仍可以做出很大的貢
> 獻。但是，如果他不願意為人類服務……"說着，他用一個瓷
> 盆把蠟燭單住，教室立刻昏下來，他又接着說："這蠟燭雖然
> 還在燃燒，但他只照亮自己的附近，對於廣大的人類又有甚麼
> 用呢？"接着，他又拿開了瓷盆，整個教室又恢復了光明。他
> 說："同學們，我們要像蠟燭一樣，照得越廣越好，可不要做
> 自私自利的人，只知照亮自己。"

　　這位老師，以自己的演示，將物的狀態改變，進行對比，使
一個複雜而抽象的道理形象化、具體化，從而發揮了說服教育的
作用。

七、類推術

　　同類事物，必有相同事理。交談、論辯常要論及事理。依據
同類事物之間事理相同的原理，借彼論此，就成了一種可行的論
證方法。要確立某一論題，直接對論題進行論證，固然是常用之
法；有時，若能以同類事物的相同事理進行推論，常常收到更佳
效果。據同類事物的相同事理進行推論，可簡稱為"類推"。"類
推"與"喻證"不同。"喻證"是借助比喻證明事理，"類推"則
是在兩種同類事物之間推知某一未知的屬性。譬如，要證明 A 事
物具有 d 屬性。已知 B 事物與 A 事物同類，而且 A、B 兩事物都
具有 a、b、c 的屬性，又已知 B 事物已有 d 屬性，由此推論 A
事物也有 d 屬性。公式為：

$$A—B$$
$$B—a、b、c、d$$
$$\underline{A—a、b、c}$$
$$A———d$$

類推，可以正面運用，也可以反面運用。方式不同，原理相同。所謂正面運用就是用與論題相同的正面事理進行類推。

18 世紀 70 年代初，北美 13 個殖民地的代表協商脫離英國統治，爭取獨立之事。推舉佛蘭克林、傑弗遜和亞當斯起草一個文件，執筆者是傑弗遜。文件寫好後，交給委員會審查。起草者坐在會議廳外，等待討論結果。傑弗遜很不安。佛蘭克林看他焦急的樣子，便講了一段故事：

> 一個年輕人開了一個帽店，還設計了一個"約翰・湯普森帽店，製作和現金出售各式禮帽"的醒目招牌，上面還畫了一頂禮帽。做好之後，他向朋友們徵求意見，有位朋友說："'帽店'與後面'出售各式禮帽'重複，應該刪去。"又一個朋友說："'製作'可以省略，作為顧客並不關心是誰製作的，只要質量好，式樣稱心，他們自然會買。"還有一個朋友說："'現金'一詞多餘，一般情況都是現金交易，並不賒銷。"這樣刪完之後，只剩下"約翰・湯普森出售各式禮帽"。最後，又有一位朋友說："'出售'理所當然，可以劃掉，再一看，既然下面畫了一頂帽子，'各式禮帽'也可以刪掉。"經這一修改，當帽店開張時，招牌上只寫有"約翰・湯普森"幾個大字，下面畫一頂禮帽。顧客們都讚揚這個招牌簡明、引人。約翰・湯普森十分感謝朋友們的幫助。
>
> 聽完了佛蘭克林的故事，傑弗遜悟出了其中的寓意，焦急的心情平靜下來，耐心地等待着委員們的討論、修改。

湯普森帽店，招牌上的文字修改與宣言草稿的修改，同屬文辭修改，事理也相同，這是類推的主要依據。已知招牌經過多層反覆的修改獲得了極佳的效果，以此推知，宣言的修改一定也會獲得很好的效果。傑弗遜正是悟出了這一道理，才平靜下來。佛蘭克林所引用的事理與自己要證明的論題一致，這是正面運用。

　　類推，也可以從反面進行。所謂反面運用是用與論題相反的事理進行類推。

　　　　第二次世界大戰期間，美國物理學家亞歷山大·薩克斯向美國總統羅斯福面呈了一封由英國核子物理學家西拉得起草、愛因斯坦簽名的重要信件。其內容是敦促美國政府要搶在希特勒德國之前，研製出原子彈。羅斯福總統看後很不以為然。薩克斯十分焦急，因為這件事關係着全世界的和平和安全。為此，他決定說服羅斯福總統。一次，他利用與總統共進午餐的機會，給總統講了一件事：

　　　　美國科學家羅伯特·富爾頓是輪船的發明者。有一次，他拜謁了拿破崙，提出建議要建立一支由蒸汽機船組成的船隊，在氣候惡劣的情況下，也能順利地在英國登陸，還可以長途航行到世界其他地方。但拿破崙剛愎自用、一意孤行，嘲笑富爾頓想入非非。並將他轟了出去。薩克斯最後說道："假如當時拿破崙採取了富爾頓的建議，那世界歷史一定會重寫。"羅斯福聽了他的陳述，警覺起來，決定接受科學家們的建議。

薩克斯所引用的事例是個反面的教訓，與自己的論題相反，這是反面運用。所依據的仍是相同的事理。

　　類推是運用已有定論或已為人知的事例來推論新的人們尚未明其意的事理。因此，類推術具有啟發、開導、明理的作用。

梁惠王貪杯戀酒。有一次，他在范台請諸侯們飲酒。席間，他走到魯共公面前，請他舉杯助興。魯共公站起來，避開座席，說道：

從前，有個帝王的女兒，叫儀狄。她造了味道芬芳的美酒獻給了夏禹王。夏禹王覺得香醇無比，不忍釋手。後來，他有所明悟地說："我的後代，一定有因貪圖喝酒而使自己國家亡掉的。"從此，他疏遠了儀狄，戒了酒。

齊桓公貪食美味，一天，因胃口不對，食慾不振，一直不肯吃東西。他的寵臣善於調味，就煎、熬、燔、炙，烹調出各種美味佳餚獻給齊桓公，他吃得非常飽，十分愜意。一覺醒來，他有所警惕地說："後代一定有因食吃美味而使自己國家滅亡的。"

晉文公得到美女南之威，一連三天不理朝政，他對自己說："後代一定有因貪戀女色而使自己國家滅亡的。"於是，他遠離了南之威。

魯共公以三個同類事例，類推出同一個論題——貪戀酒色會使國家亡掉。其目的是規勸梁惠王不要貪杯戀酒。

八、排他術

交談、論辯中，人們都習慣於直接證明自己的論題，而對於與論題相關的其他可能的觀點或情況，常常不予理會。排他術的特點，就在於它通過排除與論題相關的其他觀點或情況，從而證明論題的正確，是一種很有說服力的言談技巧。比如說，要想確立"我們必須進取"的論題，直接採取某些事實、事理進行證明，並非不可。但是，如果能列舉出"停滯"、"倒退"等觀點，並證明此路皆不通，最後表明 "進取" 是唯一的最佳選擇，也許會更具有説服力。這就是排他術的效用。如果對排他術的運用過程進行劃分，可分為列舉、排除、立論三步。上面的例子就可以列述為：或進取、或停滯、或倒退；不能停滯，不能倒退；所以，必須進取。

在交談中排他術既可以用於陳述、證明自己的論題，也可以用逐步排除的方式揭露對方的觀點。針對齊宣王要對其他諸侯大動干戈之事，孟子與他有一場辯論：

> 孟子説：大王興兵動武，危害臣民，結怨於各諸侯國，然後就可以心裏痛快了，是嗎？
>
> 齊宣王説：不是。我何必以此為快呢？我將要以此來求得我最大的慾望。
>
> 孟子説：您最大的慾望，可以説給我聽聽嗎？
>
> 齊宣王笑而不答。
>
> 孟子説：難道是美味不能滿足於您的胃口？難道是輕裘不能滿足於您的身體？難道是色彩不能滿足於您的眼目？難道是佳樂不能滿足於您的耳朵？難道是寵臣不能滿足於您的指使？您的臣子，都完全地供應着您，您難道是為了這些嗎？
>
> 齊宣王説：不是。我不是為了這些。
>
> 孟子説：既然如此，您最大的慾望可以知道了：想要開闢土地，使秦、楚諸侯都朝拜於您，位居中原而安撫四方……

齊宣王的 "大慾" 不願吐露，孟子以排他術，步步緊逼，最後揭露出了齊宣王的擴張野心。

> 被人稱為 "黑珍珠" 的世界球王貝利，自小酷愛足球。一

次，小貝利參加了一場足球比賽之後，十分疲乏，於是，他向別人討了一支煙，從此染上了吸煙的嗜好。對此，他的父親十分着急。一天，他對貝利說："孩子，你踢球有幾分天資，也許將來會有出息，可惜，你現在抽上煙了。抽煙，會損壞你的身體，使你發揮不出應有的體力和水平。作為父親，我有責任教育你向好的方面發展，也有責任制止你的不良行為。但是，向好的方向努力，還是向壞的方向滑行，這主要取決於你自己。因此，我想問問你：你是願意繼續抽煙呢，還是做個有出息的運動員？你已經懂事了，自己選擇吧！"此後，貝利不再抽煙了，一心練球，至今他雖已告別球場，但仍不抽煙。

貝利父親的陳述中運用了排他術，但只是陳述了"列舉"一步，而"排除"（"不能抽煙"）和"立論"（"要做個有出息的運動員"）過程，都是由貝利通過自己的思考來完成的。省略，絕非單純技術問題，也不是任意為之的。比如，貝利父親的省略用法，就是出於啟發、誘導的考慮，故意將"排除"和"立論"過程留給貝利，目的是求得"發人深思"之效。

　　一般說來，排他術都是先否定後肯定的，即先否定一些情況，最後肯定所剩餘的情況，這"肯定"就是立論。然而，特殊用法也有，只是十分罕見。即將所列舉的全部可能都予以否定、排除，就是說，無所肯定，其結果是表明全部列舉都是不可成立的。愛爾蘭作家蕭伯納就曾用過這種方法。

　　蕭伯納的劇作享譽世界。一位美國荷里活的製片商，想將其著作拍成電影以賺大錢。一天，他登門拜訪蕭伯納。蕭伯納十分反感。為了擺脫製片商的糾纏，他對其各種條件和要求作了這樣的聲明："我同意你把我的劇作搬上銀幕，但是必須

> 依我三個條件：第一，不能用我的劇作原名；第二，不能用我劇作的原劇情；第三，不能在影片中或廣告上出現我的名字。"

蕭伯納運用的排他術也是省略式，省略了列舉過程："或用劇本原名，或用劇本原劇情，或用作者本名"，這些都是由製片商提出的要求。儘管蕭伯納表示"我同意你把我的劇作搬上銀幕"，但由於排除了全部可能，實際表明了製片商的列舉都是不能成立的，以此回絕了他。蕭伯納沒有直接拒絕，而是運用排他術，是為了獲取隱含、輕蔑、譏諷之效。

九、二難術

在與論敵的論戰中，人們總希望能置對方於左右為難的境地，二難術正可以達到這一目的。二難術是較為複雜的一種論辯技巧，它有固定的結構和過程。最常用的是由兩個不同的情況出發，同時推出一個相同的結論。設一種可能情況是 p，一種可能情況是 q，相同的結論是 r。這種二難術的推理過程是：

> 如果 p，那麼 r；
> 如果 q，那麼 r；
> 或 p 或 q，總之 r。

二難術可以用於證明自己論題的真實，也可以用於揭露他人論題的虛假。用於證明自己論題真實，可稱為"二難證明"。二難證明用於立論。有時，客觀情況僅有兩種可供選擇的可能，經過分析，無論哪種可能都將導致同一結果，那麼，對這一結果的斷定，就形成了論題。

> 交趾國向宋朝皇帝貢獻了一隻奇異的野獸，說是麒麟。按迷信之說，麒麟降臨，乃是吉兆。宰相司馬光則認為不應接受這一野獸。他說，大宋皇帝和文武百官，誰也沒有見過麒麟，是真是假，誰也說不清。假如這隻野獸是麒麟，不是牠自己降臨的，不能算作吉祥之兆，沒有接受的必要；假如牠不是麒麟，而我們當真的收下，就會被天下人恥笑。希望皇帝厚厚地賞賜使者，並將此物帶回去。

司馬光證明"不應接受這隻野獸"這一論題，用了二難術。這只麒麟有"真的"與"假的"兩種可能，無論哪種可能都會導出"不應接受"的結果。證明的過程是：

> 如果這隻麒麟是真的，那麼不應接受（並非吉祥之兆）；
> 如果這隻麒麟是假的，那麼不應接受（被天下人恥笑）；
> 這隻麒麟，或真或假，總之，我們不應接受。

作為論辯術，二難證明可以建立在主觀設計的基礎上，具有純技巧性質。

> 阿富汗的帕夏去找一位智者，對他說："你的智慧大家都知道，我任命你擔任本城的法官。"智者說："可尊敬的帕夏，這個職務我不能勝任。"帕夏問："為甚麼？"智者說："如果我說的是真話，那就不應當任命我當法官；如果我說的是謊話，難道你能任命一個撒謊的人當法官嗎？"

智者的二難術聽起來無懈可擊，但全過程都是智者故意設計的。證明"你不應任用我"這一論題，完全是靠舌辯技巧。

　　用於證明他人論題虛假的二難術，可稱為"二難反駁"。二難反駁用於駁論，其用法大多是針對對方的虛假論題，從不同角度推導出一個相對的真實論題，以達到反駁對方的目的。

> 　　秦國與楚國交戰，秦國派人到楚國交涉。楚王派人對秦使說："我們楚王要殺掉你釁鐘呢！"秦使說："如果死者不能顯靈，那麼釁鐘有甚麼用？如果死者可以顯靈，那麼我死後，將讓你們的鐘鼓發不出聲……"楚人將秦使的話向楚王作了彙報，楚王便放掉了秦使。

　　按迷信之說，將敵方俘虜殺掉，用他們的血塗在鐘鼓之上（釁鐘），交戰時，鐘鼓齊鳴，可以取勝。楚王認為"釁鐘有用"；秦使則以二難術推出了一個"釁鐘無用"的結論：如果死者不能顯靈，那麼釁鐘無用；如果死者可以顯靈，釁鐘還是無用。死者或不能顯靈，或能顯靈，總之，釁鐘無用。這一推論，使楚王無計可施，所以只好放掉了秦使。

　　對荒唐無稽的說法進行揭露，並使對方處於左右為難的境地，運用二難術最為有力。

> 　　有個荒唐的財主，出了個打賭取樂的主意，想要笑別人。他宣佈：如果誰能說出一句話，讓他說出"這是胡說！"就獎給他一斗黃金。吝嗇的財主認為誰也不會賭贏。沒想到第二天，便有一個青年登門，進門便氣沖沖地喊道："你欠我一斗黃金，還不快快還我！"財主猝不及防，脫口而出："這是胡說！"青年高興地說："好，你輸了，快給我一斗黃金。"財主這才想到打賭之事，忙改口："不，不，這不是胡說。"青年說："既然不是胡說，那你快把欠我的一斗黃金還

我吧！"這下，財主啞口無言了，只好給了他一斗黃金。

青年的制勝手段是二難術。其推理過程是：如果是胡説，那麼輸給我一斗黃金；如果不是胡説，那麼還我一斗黃金；或是胡説，或不是胡説，總之，你要給我一斗黃金。這位青年的二難術，是建立在一個虛假預設──"你欠我一斗黃金"這個論斷基礎上的。因此，這種二難術已經不是以爭辯是非真假為目的了，與其説是論辯之術，不如説是鬥智之術。

十、歸謬術

何謂"歸謬"？歸，引申；謬，謬論。"歸謬"就是對謬論進行引申。面對一個荒謬的論題，不予正面的直接揭露、反駁，而是以它為起點，從它出發，遵循"有此必有彼"的必然聯繫，引申出一個更為荒謬的論題，這就是"歸謬"。比如，要反駁虛假論題 A，就可按照有 A 必有 B 的必然聯繫，引申出明顯荒謬的論題 B。引申謬論的目的，不是宣揚它，而是要反駁它。而這種反駁是通過對 B 的否定來實現的。由於 B 明顯荒謬，其虛假性可以一目了然，因此，一經引申，人們自然會產生對 B 的否定，繼而必然導致對 A 的否定，以此達到反駁的目的。在交談、論辯中運用歸謬法，大都採取"先引述，後引申"的方式，即先將對方的虛假論題引述出來，然後再引申出另一論題。這一過程常以"如果……，那麼……"表達，"如果……"為引述部分，"那麼……"為引申部分。

1589 年，西班牙國王菲力普二世派一位年輕的陸軍統帥去羅馬，向教皇希格斯特五世祝賀即位。教皇一見來者年輕，

> 十分不滿："難道貴國人才不濟，為甚麼派一個無鬚之輩充當
> 使臣？"使臣答："倘若教皇認為德才如何在於鬍子長短，那
> 就可以派一隻山羊來恭聽高論了。"

使臣以歸謬術反駁了教皇。其歸謬過程是："如果德才如何在於
鬍子長短，那麼山羊就是德才最高的了。"關於"山羊"的論
題，其荒謬是一望而知的。繼之則可推斷：德才如何不在於鬍子
長短。

　　歸謬術在表述時常有變化。用語有時採取隱含、婉轉方式，
過程也有或簡或繁的變化。在你一句、我一句的對話之中，被反
駁的論題常由對方自述，反駁者並不引述，而只是直述引申過
程。整個歸謬過程並不採取"如果……，那麼……"的結構，這
可稱是"簡式"用法。例如：

> 甲：他說的是真話。
> 乙：那真是太陽從西邊出來了！

其完整的歸謬過程是：如果他說的是真話，那麼太陽會從西邊
出來。而太陽從西邊出來，顯然是荒謬的，所以，他說的不是
真話。

　　有的歸謬過程的陳述比較繁複，這是"繁式"用法。其引申
出來的不是一個論題，而是有許多解釋、描述。但無論如何繁
複，也可從中提煉出一個"如果……，那麼……"的典型結構。
作家唐弢在《瑣憶》中記載了魯迅先生的一次議論：

> 國民黨的一個地方官僚禁止男女同學、男女同泳，鬧得
> 滿城風雨。魯迅先生幽默地說："同學同游，皮肉偶爾相碰，

> 有礙男女大防。不過禁止之後，男女還是一同生活在天地之間，一同呼吸着天地中間的空氣。空氣從這個男人的鼻孔呼出來，被那個女人的鼻孔吸進去，又從那個女人的鼻孔呼出來，被另一個男人的鼻孔吸進去，淆亂乾坤，實在比皮肉相碰還要壞。要徹底劃清界限，不如再下一道命令，就規定男女老幼，諸色人等，一律戴上防毒面具，既禁空氣流通，又防拋頭露面。"

這一歸謬術所引申出的是一段滔滔不絕的描述，因此過程顯得繁複。其思維過程仍是典型的，即"如果男女同學同泳應該禁止，那麼男女同生活在天地之間也應該禁止。"由於引申出的結果明顯荒謬，從而可推斷：禁止男女同學同泳是錯誤的。

第 **6** 章
交談、論辯中常見的謬誤

　　謬誤（fallacy），泛指人們在思維和語言表達中所產生的一切邏輯錯誤。這種錯誤通常可以分成形式謬誤和非形式謬誤兩大類。前者與推理的邏輯形式有關，是因違背推理規則致使推理形式無效而引起的。後者與推理的邏輯形式無關，故為非形式謬誤。本章將分析人們交談、論辯中常見的各種謬誤，由於對形式謬誤的分析要涉及較多的邏輯學術語，這部分的內容需要通過較為系統地學習邏輯知識才可以真正完全把握，這裏我們將只限於幾種最為常見的形式謬誤的分析。

　　非形式謬誤的種類很多，這裏我們主要考察歧義性謬誤、相干謬誤、論據不足謬誤。歧義性謬誤是因為語言運算式的歧義造成的謬誤；相干謬誤是因論證過程中論據與論題不相干所引起的謬誤；論據不足謬誤則是因為論據不足以推斷出論題而形成的謬誤。在非形式謬誤中，有些謬誤是很典型的，其歸屬沒有任何爭議，但有些謬誤究竟應該歸入哪一類型，是沒有統一答案的。好在無論其歸屬如何，並不會對我們識別這種謬誤帶來太大的影響。

第一節　形式謬誤

一、換位誤推

所謂換位誤推，簡單地說，就是把不能倒過來說的話倒過來說。哪些話是可以倒過來說的，哪些話又是不可以倒過來說的呢？我們看下面的一段對話：

> 甲：我可以把話倒過來說。不信，我說給你聽。用人不疑，疑人不用；會者不難，難者不會；男人不是女人，女人不是男人。
>
> 乙：這樣倒過來說，我也會。你聽，來者不善，善者不來；狗是動物，動物是狗。
>
> 甲：不對，不對。難道動物都是狗嗎？和尚都是剃光頭的，但你不能說剃光頭的都是和尚呀！
>
> 乙：怎麼我倒過來說就不行了呢？
>
> 甲：好，你再聽聽。有些醫生是黨員，有些黨員是醫生；有些教師是女的，有些女的是教師。
>
> 乙：好了，現在我也會了。有些小伙子是演員，有些演員是小伙子。這可以嗎？
>
> 甲：行，再往下說。
>
> 乙：好，有些房不是商品房，有些商品房不是房。
>
> 甲：咳！這像甚麼話！你買的商品房難道不是房嗎？

從這段對話中可以看出，“所有的 S 都不是 P”（“男人不是女人”）與 “有些 S 是 P”（“有些醫生是黨員”）這兩種形式的直言判斷是可以簡單倒過來說的，而"所有的 S 都是 P"（"狗是動物"）與"有些 S 不是 P"（"有些房不是商品房"）是不可以簡單倒過來說的。

　　換位推理要求前提中不周延的概念到結論中必須還是不周延的，要解釋清這一要求，我們必須知道周延指的是甚麼，必須知道哪些項是周延的，哪些項是不周延的。所謂周延，是針對直言判斷中的主項、謂項而言的。如果一個直言判斷斷定了其主項或謂項的全部外延，那麼其主項或謂項就是周延的，否則不周延。概括而言，凡是全稱判斷的主項和否定判斷的謂項都是周延的；凡是特稱判斷的主項和肯定判斷的謂項都是不周延的。"所有的 S 都不是 P"與"有些 S 是 P"之所以可以簡單換位，就是因為其主項與謂項的周延情況完全相同。前者的主、謂項都周延，後者的主、謂項都不周延，改變其位置不會導致周延情況的變化。而"所有的 S 都是 P"與"有些 S 不是 P"的情形則不同，前者是全稱肯定判斷，S 周延而 P 不周延，倘若互換其位置，得出"所有 P 都是 S"的話，P 就變成周延了。為使其仍然保有不周延性質，可以對換位後結論中的 P 進行限制，限制為"有些 P 是 S"（"有些動物是狗"）。對"有些 S 不是 P"來說，換位後得到的是"有些 P 不是 S"，前提中的 S 原來是不周延的，到結論中處於否定判斷謂項的位置是周延的，根據規則，S 不能由不周延變為周延。所以，對"有些 S 不是 P"（"有些房不是商品房"）不能進行換位，否則就是犯了"換位誤推"的錯誤。

　　換位推理是一種很簡單的推理，對換位推理的使用很多時候是不知不覺地進行的：

　　　　一大爺請客，請四位，到了三位，最重要的那位未到，不由得說："唉，該來的不來。"有一位就想了："哦，這是說我不該來啊。"當即拂袖而去。主人詫異，連說："唉，你們看看，不該走的又走了。"剩下的其中一位又想了："哦，這是說我該走的倒不走啊。"也拂袖而去。最後一位對大爺說了："你呀，太不會說話，把人都得罪了吧。"大爺委屈地說："我又沒說他們。""哦，那是說我呐，我也走吧。"

聽完主人的話拂袖而去的那兩位客人無論承認與否，他們都用到了換位推理。"該來的不來"等於說"來的不是該來的"或者"來的是不該來的"；"不該走的走了"等於說"不該走的不是沒走的"，進而等於"沒走的不是不該走的"或者"沒走的是該走的"。說者無心，聽者有意。聽者的推理並沒錯，卻推出了說者不想看到的結果。

二、中項不周

中項不周（周延）謬誤是人們使用直言三段論推理時所犯的一種錯誤。直言三段論推理是由三個直言判斷組成的，其中兩個為前提，一個為結論。這三個直言判斷總共含有三個不同的概念，每個概念出現在兩個判斷之中。那個只在前提中出現起聯繫大小前提作用而在結論中不出現的概念叫中項，如"所有的有理數都是實數，所有的自然數都是有理數，所以，所有的自然數都是實數"。"有理數"就是這一三段論的中項。三段論的規則中有一條是關於中項的，要求前提中的兩個中項至少要周延一次。如果中項兩次都不周延，會是一種甚麼樣的情況呢？

①吳熾昌的《客窗閒話》中記載了如下一個案例：

山西安縣有一富翁 50 來歲才得一子，名繼業。該富翁 60 多歲時，已無力操持家業，便將表親之子招來總管家業。表親之子姓張，因有六個手指，人稱張歧指。張歧指把一切安排得井井有條，深受富翁喜愛。

繼業 15 歲時，富翁為其定了一門親事，近完婚之日，張開玩笑說：“弟，你還不到行冠禮之年，哪裏懂得男女間的房事？何不讓我來替你？免得新娘笑話你。”完婚之日，繼業喝得酩酊大醉。有個小偷混進了迎親隊伍，入洞房冒充繼業和新娘發生了關係，新娘只記得冒姦之人有六個手指。於是，富翁和繼業都認定張歧指就是冒姦之人。後該小偷再次犯案時被官府抓獲，交待了這一罪行，富翁和繼業才發現冤枉了張歧指。

② 甲：書上說，有精神病的人總是不承認自己有精神病。
乙：那你有精神病嗎？
甲：別亂說，我怎麼會有精神病呢？
乙：哈哈，這不正說明你有精神病嗎？

例①中，富翁和繼業之所以都認定張歧指就是冒姦之人，是進行了如下的推理：

冒姦之人有六個手指，
張歧指有六個手指，
所以，張歧指是冒姦之人。

這是一個三段論推理，其中項是“六個手指頭”，該中項在兩個前提中都處於肯定判斷謂項的位置上，因而，都是不周延的。

例②中，乙在證明甲有精神病時也用了一個三段論推理，這個推理是這樣的：

> 有精神病的人總是不承認自己有精神病，
>
> 你不承認自己有精神病，
>
> 所以，你是有精神病的人。

這個三段論的中項是"不承認自己有精神病"，也是處在謂項的位置上，並且是處在肯定判斷的謂項上，都是不周延的。可見，這兩個三段論都違背了中項至少要周延一次的規則。對這種錯誤三段論的一種行之有效的反駁方法是依同樣的方式構造一個前提為真結論卻明顯為假的三段論：

> 有位美國參議員對邏輯學家貝爾克說："所有的共產黨人都反對我，你也反對我，所以，你是共產黨人。"
>
> 貝爾克："你的推論真是妙極了，如果你的推論能夠成立，那下面的推論也成立：所有的鵝都吃白菜，你也吃白菜，所以，你是鵝。"

可見，中項不周延的三段論是很容易被反駁，並且也很容易被駁倒的。要保證我們的論證具有說服力，我們所使用的三段論推理必須遵循中項至少周延一次的規則。

三、大項擴大

直言三段論推理除要遵循"中項至少要周延一次"規則外，還要遵守"前提中不周延的大項到結論中不得周延"的規則，否則犯大項擴大的錯誤。

> ① 共汽車開門後，一個小青年捷足先登，搶了個座位，

眉開眼笑地坐着。過了兩站，上來位老奶奶。售票員請小青年給老奶奶讓座。他陰沉着臉說："我又不是雷鋒。"他兩眼望着車窗外面，就是不讓座。

② 父：你怎麼不愛學外語？
兒：爸，我又不想當翻譯。

例①中，小青年雖然只說了一句話，但這一句話其實是一個省略了大前提和結論的三段論推理。這個推理是這樣的：

雷鋒是應該給老人讓座的，
我不是雷鋒，
———————————
所以，我不用給老人讓座。

這個三段論的大項、中項、小項分別是：應該給老人讓座的、雷鋒、我。其中大項在大前提（含有大項的前提稱大前提）中處在謂項的位置，由於大前提是肯定判斷，所以，大項在大前提中不周延。而大項在結論中是周延的，因為結論相當於"我不是應該給老人讓座的"，是個否定判斷，否定判斷的謂項都是周延的。

例②中，對話過程也是一個省略三段論推理：

當翻譯是應當學外語的，
我不當翻譯，
———————————
所以，我不是應當學外語的。

這個三段論的大項、中項、小項分別是：學外語的、當翻譯、我。其中大項在"當翻譯是應當學外語的"中處在謂項的位置，是不周延的,而在"我不是應當學外語的"結論中是周延的。

這種大項在前提中不周延而在結論中周延的三段論,就是犯了大項擴大的謬誤。我們知道,周延的項斷定的是一類事物的全部對象,而不周延的項只斷定一類事物中的部分對象,倘若在前提中只斷定大項的部分對象,在結論中卻斷定其全部對象的話,這個推理的無效性是顯而易見的。

在日常交談中,經常聽到有人用"我又不是……"這樣的話來為自己的行為進行辯解,其實這種辯解常常是包含一個不符合邏輯的推理。由於常以省略形式出現,這種邏輯錯誤往往比較難以被覺察。但只要我們了解了這種謬誤的表現形式,一旦有人用"我又不是……"這樣的句型進行辯解的時候,就會喚起我們的警覺,從而識別這種謬誤。

四、假言誤推

某國的一個外交官被刺身亡,案發後,警方逮捕了一名叫史密斯的青年,並一口咬定他就是兇手。其理由如下:

第一,外交官是乘坐敞篷車駛近市銀行大廈時遇刺的,據當時在場的人證明,子彈是從銀行大廈三樓射出的。這就是說,只有在外交官遇刺時,在銀行大廈三樓逗留過的人,才能作案。如果史密斯是兇手的話,那麼他當時就在大廈逗留過,有人證明當時史密斯正在大廈三樓,所以,史密斯是兇手。

第二,據法醫報告,兇器是一支 65 毫米口徑的意大利卡賓槍,只有擁有這種槍的人,才是兇手。如果史密斯是兇手的話,那他就曾獲得過這種槍,而史密斯曾化名"希南"購買過這種槍,可見,他是兇手。

第三,據當時在場的人說,射擊時間發生在下午 1 時 30 分至 31 分之間，其間只有 10 秒鐘，兇手一共射了五槍。只有卓越的槍手，才能在 10 秒鐘內使用非自動卡賓槍連發五槍。如果史密斯是兇手的話，那他一定是個卓越的槍手。史密斯恰好是個卓越的槍手，所以，可以肯定他是兇手。

警方實際上連續使用了三個推理：

> 如果史密斯是兇手，那麼他在作案現場逗留過，
> 史密斯在作案現場逗留過，
> ──────────────
> 所以，史密斯是兇手。
>
> 如果史密斯是兇手，那麼他曾獲得過這種槍，
> 史密斯曾買過這種槍，
> ──────────────
> 所以，史密斯是兇手。
>
> 如果史密斯是兇手，那麼他是個卓越的槍手，
> 史密斯是個卓越的槍手，
> ──────────────
> 所以，史密斯是兇手。

這三個推理都屬於充分條件假言推理，每一推理都含有兩個前提，第一個前提是一個充分條件的假言判斷，第二個前提是對這個假言判斷後件的肯定（後件是假言判斷中表示結果的部分），結論則是對這個假言判斷前件的肯定（前件是假言判斷中表示條件的部分）。關於充分條件假言推理，邏輯上的規則之一是不能通過肯定後件推出肯定前件為結論。警方的三個推理顯然都違反了這一規則，因此，警方所掌握的證據並不能證明史密斯就是兇手。這種不合邏輯的推論，就是犯了肯定後件謬誤。肯定後件謬誤是我們在日常思維中常犯的一種推理錯誤。例如下面一段對話：

老王有個兒子在外省市工作，兒子已經有三個多月沒給家裏來信了，老王的老伴天天盼信。這天她問老王：“兒子怎麼這麼長時間不來信呢？”

老王回答説：“他一定很忙。”“你怎麼知道他忙呢？”老伴問道。

“他不是説過，如果忙的話他就幾個月不來信嗎？”

顯然，老王的推理犯了肯定後件謬誤。肯定後件謬誤推理的形式是：

如果 p，那麼 q

已知 q 真

所以，p 真

根據充分條件假言判斷前後件邏輯關係，由後件 q 真不能推出前件 P 必真，只能推斷“p 可能真”，如果由 q 真推斷 P 必真，就是犯了肯定後件謬誤。

充分條件假言推理，除易犯肯定後件謬誤外，還易犯否定前件謬誤，即通過否定前件推出否定後件為結論。

如果史密斯是兇手，他就是一個卓越的槍手。

史密斯不是兇手，

所以，史密斯不是卓越的槍手。

這就是一種否定前件謬誤的推理，根據充分條件假言判斷前後件的邏輯關係，由前件 p 假，不能推出後件 q 必假，只能推斷“q 可能假”，如果由 p 假推斷 q 必假，就犯了否定前件的謬誤。因此，由"史密斯不是兇手"，推不出"他不是卓越的搶手"，只能推測"他可能不是卓越的槍手"。

　　肯定後件謬誤和否定前件謬誤都屬於假言誤推謬誤，要想避免這兩種推理錯誤，必須了解充分條件假言推理的邏輯規則：只能由肯定前件推出肯定後件，或由否定後件推出否定前件，而不能由否定前件推出否定後件，或由肯定後件推出肯定前件。

第二節　非形式之歧義性謬誤

一、語詞歧義

　　自然語言中的很多語詞都可以表達不止一種的含義，在對話過程中因使用了這樣的語詞而造成的邏輯錯誤，我們稱之為語詞歧義謬誤。我們都很熟悉李白的一首詩：

> 李白乘舟將欲行，
> 忽聞岸上踏歌聲。
> 桃花潭水深千尺，
> 不及汪倫送我情。

李白用深千尺的潭水比喻汪倫與他的友情，那他們之間是怎麼建立這麼深厚的友情的呢？他們是怎麼認識的呢？汪倫是用有歧義的語詞把李白騙到他家鄉的。

> 汪倫是個出身貧寒的青年，家住安徽涇縣西南的桃花潭畔。他特別喜歡李白的詩，並十分渴望能結識李白。有一年的

春天，他聽説李白到了安徽，便想邀請李白前來家中做客，但又怕李白不肯來，於是修書一封，送給李白。信中寫道：

"先生好遊乎？此地有十里桃花；先生好飲乎？此地有萬家酒店。"

李白於是欣然前往。但見桃花潭水悠悠，舟楫縱橫，岸上僅有一株桃花樹和一間茅舍。

"何來十里桃花，萬家酒店？"李白疑惑地問。

汪倫解釋道："'十里'者，一潭之名也，並無桃花十里；'萬家'者，店主人姓萬也，並無酒店萬家。"隨後汪倫很誠懇地向李白表達了歉意，表達了其對李白的仰慕之情，並每日以美酒佳餚相待，兩人甚是相投。《贈汪倫》正是臨別時李白即興而作的。

"十里桃花"和"萬家酒店"中的"十里"、"萬家"是有歧義的，李白之所以欣然前往，是因為他是從數量上來理解這兩個語詞的。正因為可以從量的角度來解讀這兩個語詞，汪倫的"圈套"才能"得逞"。李白之所以不計較汪倫的"欺騙"行為，是被汪倫的誠意所感動。

在言語交流中，語詞歧義還有可能因同音字或詞而引起：

據傳，魯班有個徒弟，常年領着一幫兄弟在外幹活。有一次，他們攬了一個活：為一個土財主家修亭台樓閣。財主口頭允諾：如果你們做得合我心意，賞你們五馬馱銀子，外帶一石（dan）米、兩隻豬、三罈酒。

面對這麼豐厚的賞賜，這些人幹起活來絲毫不敢馬虎。活幹完了，財主挑不出一點毛病。該是財主兌現允諾的時候了。只見他大模大樣地叫家人牽出五匹馬，待馬兒並排站好後，在馬背上橫攔上一大塊木板，然後在木板上放上一塊比手指甲還小的銀子，說道："這就是付給你們的工錢——五馬馱銀子。"接着，他端上了用雞蛋殼裝的米："這是我外帶賞給你們的一蛋米。"又從一個盒子裏拿出兩蜘蛛。最後，他把手指頭伸進酒盅後拿出來彈了三下。

這個黑心財主使用的伎倆正是同音詞的語詞歧義，"一石米"中的"石"與"蛋"同音，"兩隻豬"中的"隻豬"與"蜘蛛"同音、"三罈酒"中的"罈"與"彈"同音。由於只是口頭允諾，並未落實在紙面上，財主便可以肆無忌憚地曲解這些語詞，從而賴掉允諾的賞賜。

　　不過，這種謬誤也是可以巧妙地利用的：

　　　　從前，有個叫李興的惡霸強佔了一個渡口，凡在這個渡口過河的都會遭到他的敲詐勒索。一天，長工孫大身穿單衣，提着一隻小漆桶來過渡。船到河心，李興伸手討錢。

　　"我身無分文，只有這三兩七錢漆。"孫大說。

　　李興見他確實別無他物，便收了他的漆。

　　過了河，孫大請人寫了訴狀，然後到縣衙控告李興搶劫他三兩七錢八的銀子。縣官拍案對李興叫道："快把搶劫孫大三兩七錢八銀子的事情從實招來！"

　　"大老爺在上，我沒搶他三兩七錢八銀子，只拿了他三兩七錢漆呀！"李興哭喪着臉答道。

　　"原告說的是三兩七錢八，你說的是三兩七錢七，只差一毫，想是你稱秤之誤，不為虛告，算你招供，本縣判你如數退還原主孫大。"縣官作了判決。

　　"大老爺，不是三兩七錢八，是三兩七錢漆呀！"李興再

> 次申辯。
>
> 　　縣官呵斥道："大膽刁徒，還敢狡辯！拉下去重責五十大板！"
>
> 　　李興吃苦不過，只得忍痛拿出銀子。

這裏，孫大正是借助"漆"與"七"的同音巧妙地懲治了李興這個惡霸。

二、語句歧義

　　語句歧義謬誤，是指因一個語句有兩種或兩種以上不同的理解而引起的謬誤。造成語句歧義的原因很多，如果是因為含有多義詞造成語句歧義的話，我們將其歸為語詞歧義。所以，在語句歧義謬誤中我們將只討論因為語法結構的不嚴謹而導致的語句整體上的歧義，這種歧義又名構形歧義。如"這是新學生宿舍"、"處分了你的班長"、"看病的是他"、"關於李白的詩"，這些都是有歧義的。"這是新學生宿舍"既可以理解為學生宿舍是新的，也可以理解為學生是新學生，這裏"新"所修辭的對象是不確定的；"處分了你的班長"既可以理解為你的班長是受處分的對象，也可以理解為你是受處分的對象，這裏的動賓關係是不確定的；"看病的是他"是他給別人看病呢，還是別人給他看病呢？這點是不清楚的，施受關係是不確定的；"關於李白的詩"既可以解釋為詩是李白寫的，也可以解釋詩的內容是關於李白的，介賓關係是不確定的。這些都屬於語法結構不嚴謹導致的語句歧義。

　　語法結構不嚴謹中還有一種很普遍的現象，這就是斷句不同造成歧義。這方面有很經典的事例。

> 無雞鴨亦可無魚肉亦可唯青菜豆腐不可缺少不得工錢。
>
> 麻子無頭髮黑臉大腳不大好看。
>
> 上聯：養豬大如山老鼠隻隻死；下聯：釀酒缸缸好造醋罈罈酸；橫批：人多病少財富。

"無雞鴨亦可無魚肉亦可唯青菜豆腐不可缺少不得工錢"源自一個秀才和一個吝嗇的財主的一份協定，吝嗇的財主想請"家庭教師"把兒子培養成識文斷字的人，可對教書先生十分刻薄，於是有個秀才自告奮勇去"應試"，其提出的條件令財主十分滿意："無雞鴨亦可，無魚肉亦可，唯青菜豆腐不可缺少，不得工錢。"財主覺得自己撿了個大便宜，便和秀才簽了這份沒有標點的協定。一年後，秀才拿出協定找財主要工錢，財主不給，秀才便到衙門去告財主，最後秀才贏了這場官司，因為秀才說當初協定的內容是："無雞，鴨亦可；無魚，肉亦可；唯青菜豆腐不可缺，少不得工錢。""麻子無頭髮黑臉大腳不大好看"源自一份婚書，說的是有戶人家的閨女到了該出嫁的年齡，可總也說不上婆家，因為她長得很不好看："麻子，無頭髮，黑臉，大腳，不大好看。"村子裏有個讀書人，他很同情這位姑娘，於是便幫忙寫了這份婚書。媒婆再次為這姑娘說媒的時候，就帶上了這份婚書，男方一看："麻子無，頭髮黑，臉大，腳不大，好看。"就高高興興地同意了這門婚事。對聯中的上聯、下聯以及橫批也都可以因斷句的不同而產生完全不同的解釋。

因此，如果不是為了達到某種目的而有意為之的話，應該儘量避免使用這類語句，否則會影響交流的順利進行。另一方面，作為對話中聽的一方，一旦發現對方使用的語句有歧義時，要先弄清對方所表達的確切含義，然後再回答。這樣，就能避免誤解，順利地進行思想交流。

三、四概念謬誤

　　四概念謬誤是與直言三段論推理有關的一種非形式謬誤。在前面的內容中我們已經了解到，直言三段論是由三個直言判斷組成的，這三個直言判斷總共含有三個不同的概念，每個概念出現在兩個判斷之中。如"所有的名詞都是實詞，所有的專有名詞都是名詞，所以，所有的專有名詞都是實詞"。這個推理總共含有三個不同的概念，其中"名詞"只出現在前提中，所起的是中介作用，聯絡另外兩個概念，我們稱之為中項。在這一推理中，兩個前提中所出現的"名詞"是同一個概念，只有滿足這點，它才能起到中介的作用。然而，在實際的運用過程中，這個中項常容易表達為兩個不同的概念，並不能真正起中項的作用。如：

　　①學生對老師說：

　　老師，您說我不勤勞，您錯了，我可以證明給您看。都說中國人是勤勞勇敢的，我是中國人，這點是不容懷疑的，所以，我是勤勞勇敢的。我既然是勤勞勇敢的，當然我是勤勞的。

　　②　學生甲：你花一天時間也讀不完魯迅的《祝福》。

　　　　學生乙：怎麼可能呢？

　　　　學生甲：我問你，你一天能讀完魯迅的所有作品嗎？

　　　　學生乙：讀不完。

　　　　學生甲：這說明魯迅的作品不是一天能讀完的。

　　　　學生乙：是的。

　　　　學生甲：《祝福》是魯迅的作品，對嗎？

　　　　學生乙：對啊。

> 　　學生甲：所以，《祝福》不是一天能讀完的，你花一天時間也讀不完魯迅的《祝福》。
>
> ③　學生甲：我能證明車輪滾動能促進身體健康。
> 　　學生乙：我才不信呢。
> 　　學生甲：運動能促進身體健康，對嗎？
> 　　學生乙：對。
> 　　學生甲：車輪滾動是運動，是不是？
> 　　學生乙：是。
> 　　學生甲：所以，車輪滾動能促進身體健康。

例①中，所含的推理是這樣的：中國人是勤勞勇敢的，我是中國人，所以，我是勤勞勇敢的。第一前提中的“中國人”是個集合概念，是把中國人當做一個整體來考慮的；第二個前提中的“中國人”是非集合概念，是針對每個具體的中國人而言的。所以，這個推理中作為中項的“中國人”在兩處出現表達的並不是同一個概念，因而，這個推理犯有四概念謬誤。

　　例②中，學生甲所進行的推理如下：魯迅的作品不是一天能讀完的，《祝福》是魯迅的作品，所以，《祝福》不是一天能讀完的。這個推理中的中項是“魯迅的作品”，它在第一個前提中很顯然是在集合意義上使用的，因為魯迅的作品作為一個整體才具有不能一天讀完的這一性質；而第二個前提中的“魯迅的作品”是非集合概念。

　　例③中，所含的推理中含有三個概念：車輪滾動、運動、能促進身體健康。但“運動能促進身體健康”中的運動是體育運動，“車輪滾動是運動”中的運動是機械運動。所以，實際上含有四個概念。

犯有四概念錯誤的推理很具有蒙蔽性，因為它們往往看似只有三個概念。要想識別這種謬誤，只需要多加留意那個被視為中項的概念，看那個概念是否只是語詞形式相同表達的卻是兩個完全不相干的概念。

四、強調謬誤

強調謬誤，是指通過對運算式中的某些部分予以強調，或改變對方所強調的部分，從而使其具有不同的意義。強調謬誤又稱重音謬誤（Accent）。

①父親：為甚麼背着我抽煙？

剛上小學四年級的兒子：爸，我以後再也不背着您抽煙了。

②有一艘航船，船長值班時發現大副酗酒，就在航海日誌上寫道：今天大副酗酒。輪到大副值班時，他對船長的記錄很不滿意，於是在航海日誌上寫道：今天船長沒有酗酒。

例①中，令父親惱火的是兒子的抽煙行為本身，而不是兒子背着父親抽煙，父親所強調的是"抽煙"，而不是"背着"。兒子的回答顯然改變了父親所強調的對象，從而也改變了父親問話的含義。

例②中，船長記下"今天大副酗酒"的時候，強調的是"酗酒"。而"今天船長沒有酗酒"強調的是"今天"，其言外之意是船長是酗酒的，只是今天沒有酗酒而已。可見，句子的重音不同，所表達的含義、傳遞的信息就會有很大差異，當我們面對這種情況的時候，必須十分謹慎。

不過，強調謬誤的使用有時候也可以反映出一個人的機智應對能力。

> "喂，總統先生，你經常擦自己的靴子嗎？"有位外國外交官看見林肯總統低着頭在擦自己的靴子，便問道。
>
> "是啊，"林肯答道，"你經常擦誰的靴子呢？"

對話中外交官問話的語句重音是在"經常擦"上面，意思是說：你這麼一個總統怎麼經常擦靴子？林肯總統深諳其中的惡意，便故意將其重音放在"自己"一詞上來理解，乘機反問一句："你經常擦誰的靴子呢？"這就表達了他對這位外交官的極大蔑視。對這樣的反問，任何人都會無言以對的。當我們覺察到對方的問話不懷好意的時候，不妨有意犯犯強調謬誤。

五、分合謬誤

分合謬誤有兩種表現形式，一是合成的謬誤，指由構成部分具有某性質不恰當地推斷整體也具有這一性質，或者由個體具有某性質不恰當地推斷由這些個體構成的集合體也具有這一性質。如：

> 某屆世界盃足球賽進入了第二階段的比賽，電視台正在直播巴西隊對阿根廷隊的比賽實況。比賽才剛剛開始。球迷老王和兒子小王眼睛一眨不眨地盯着熒幕。
>
> 小王開腔了："爸，巴西隊肯定能打敗阿根廷隊。"
>
> 老王搖了搖頭說："那可說不準。"

　　　　小王滿有把握地說道：“您瞧吧，巴西隊肯定能贏。巴西隊不僅有卡雷卡、貝貝托、羅馬里奧、穆勒這樣一些球星，而且巴西隊的個個隊員都能攻善守，技藝超群。而阿根廷隊只有個馬拉多納。從第一階段的比賽看，馬拉多納完全被盯死了，根本發揮不了作用。”

　　　　世界盃賽落下了帷幕，結果是巴西隊在這場至關重要的比賽中，令人痛心地以０：１敗給了阿根廷隊，這一結果證明小王的推斷是錯誤的。

　　足球隊是由多名隊員組成的集合體。從邏輯上講，個體所具有的屬性，集合體並不一定具有。比如說，“北京大學學生會”是集合體，學生會的所有成員都是這個集合體的個體，這些個體都具有“是北大的學生”這個屬性，而不具有“北京大學學生會”這個集合體的屬性。因此，不能僅依據一個集合體的個體具有某種屬性，就推至這一集合體也具有某種屬性。小王正是這樣推理的，他由巴西隊個個隊員球技高超，推出他們的隊一定能戰勝阿根廷隊。這種將分屬於個體的屬性歸結於這些個體所屬的集體的推理，稱為“合成謬誤”或“總合謬誤”。總合謬誤的推理有一個虛假的前提，這就是“對於個體來說是真的，那麼對於個體所屬的集合體來說也是真的”。

　　另一方面，有些屬性只屬於集合體，而不屬於這個集合體的個體。比如說，“北京的公園是一天逛不完的”，“北京的公園”是一個集合體，指的是北京所有的公園，這一集合體具有“一天逛不完”的屬性，其個體如玉淵潭公園、紫竹院公園等就不具有這一屬性。因此也不能將集合體所具有的屬性無條件地分配給集體中的個體，否則，就會犯與“合成謬誤”相反的“分解謬誤”。

　　分解謬誤，是指由整體、集合的性質不恰當地推論到部分或個體的性質。它又叫分謬、分悖。分解謬誤的推理有一個虛假的前提，即"對於集合體或者整體而言成立，那麼對於個體或者部分也一定成立"。"杭州女子長得水靈，她是杭州女子，所以她一定長得水靈。""北方男子高大，他是北方男子，所以他一定很高大。"這樣一些推理都屬於典型的分解謬誤。

　　無論是總合謬誤，還是分解謬誤，都是可以避免的。只要我們牢記不能將集合體的屬性推至個體，也不能將個體的屬性推至集合體；不能將整體的屬性推至部分，也不能將部分的屬性推至整體，這種謬誤就可以避免。

六、複雜問語

　　複雜問語（Complex Question）是這樣一種問語：當一個問語 A 事實上還含有另外一個問語 B，並且無論對 A 進行肯定回答或否定回答，都意味着對 B 給出了肯定回答。如"你還打你孩子嗎？"，無論回答"打"還是"不打"，都意味着回答者對"你打過你孩子嗎"給予了肯定回答，即意味着回答者打過他孩子。這樣的複雜問語很多，稍不留意，就極有可能對複雜問語直接予以回答。我們看下面的一些例子：

> 你是把偷來的電腦給了你女朋友？
> 你把偷的電腦放哪裏了？
> 你考試還作弊嗎？

對第一個問題回答"是"，其完整的意思是你把偷來的電腦給了你女朋友；若回答"不是"，完整的意思則是你沒有把偷來的電腦給你女朋友。這兩種回答都等於你承認自己偷了電腦。對第二個問題，無論你回答你放哪裏了，也等於承認你偷了電腦。對第三個問題的回答與對第一個問題的回答類似，若只是簡單回答"是"與"不是"，都等於承認你考試作過弊。

以上所給出的複雜問語相對來說還是比較容易引起人們警覺的，因為涉及的話題關乎人的道德品質。面對複雜問語，一旦我們警覺起來，應怎樣給予回答呢？對前兩個複雜問語應以"我從來沒偷過東西"（本來是該回答"我從來沒偷過電腦的"，但"我從來沒偷過電腦的"有歧義，既可以解讀為"都沒有偷過電腦"，也可以解讀為"偷過別的東西而沒有偷過電腦"。所以精確的回答是"我從來沒有偷過東西"。），對第三個問題應以"我從來不作弊"來回答。也就是說，對複雜問語 A 所含的問語 B 予以否定回答，這樣就可以徹底迴避複雜問語帶來的傷害了。有時候，對複雜問語予以簡單回答後所強加給回答者的結論對回答者來說可能無關痛癢，但事後琢磨明白後還是會多多少少有被騙或被愚弄的感覺。

讀一早傳到郵箱中的《南方都市報》社論《趙作海的感謝實為不能承受之重》，我有多重感慨。其中之一就是社論中提及的一個細節："法院帶來的記者問趙作海，你要感謝誰？他說感謝法院，感謝黨。記者再問還要感謝誰，他一時僵住了。等人散去後，趙作海自言自語，'為甚麼要感謝？我不感謝。'"顯然，趙作海被那個記者"誆"出了一個感謝——因為這樣的感謝未及深思，後來被他自己否定了。（引自 http://msh01.blog.sohu.com/151434731.html。）

在監獄裏被關了 11 年，最後因無罪而被釋放，趙作海該感謝甚麼人或組織嗎？從他自言自語所說的話可以看出，他沒打算感謝任何人或組織。那他為甚麼又回答"感謝法院、感謝黨"呢？因為“你要感謝誰？”暗含了被問者已經有了要感謝某些人或組織的想法，當遇到這種問題的時候，我們往往不會去考慮我們是否真的有這樣的想法，會不自覺地以為自己真的是要感謝甚麼人或組織，進而按照對方的思路在腦中去搜尋所要感謝的對象。只能說這個記者是個很聰明、很有心機的記者，很巧妙地在問話中設置了一個自己所需要的結論。

　　由於複雜問語 A 中植入了對 B 的肯定回答，並且在很多時候這種植入是難以覺察的，所以複雜問語也是可以巧妙地加以應用的。

　　某日凌晨四五點鐘，一警察在巡邏的過程中在胡同裏看見一男子抱着一台電視機，他覺得這人很可疑，便上前盤問。可對方沒露出任何破綻。警察還是覺得這人可疑，於是將其帶到辦公室。

　　怎麼判別這電視是不是這人的呢？警察仔細查看了這台電視機後，問道：“這電視機是你的嗎？”

　　“是的。”

　　“用了多久了？”

　　“有兩三年了。”

　　“對這台電視你熟悉嗎？”

　　“熟悉。自己的電視用了幾年了能不熟悉嗎？”

　　“那你知道它開關處有道很深的劃痕嗎？”

　　“當然知道。”那人回答。

這一案例中的警察就使用了複雜問語，因為那台電視機的開關處根本沒有劃痕。正是由於巧妙地使用複雜問語，才使嫌疑人露出了馬腳。

第三節　非形式之相干謬誤

一、以人為據

> 　　劉君是某大學哲學系的學生，這天吃晚飯時，他還捧着一本書專心致志地讀着。室友王彬走過來，拍了拍他的肩膀，問道："看甚麼書呢？這麼入迷！"
>
> 　　"是你呀！我看的是尼采的《悲劇的誕生》。"劉君抬起頭來回答說。
>
> 　　"尼采寫的東西有甚麼好看的！難道你不知道尼采是患精神病死於精神病院的嗎？他能寫出甚麼好東西，能說出甚麼有價值的話，不過是一些胡言亂語罷了。"王彬不屑一顧地說。

王彬認為，尼采寫的東西只是一些胡言亂語，其理由就是尼采晚年患有精神病並死於精神病院。王彬可能從未讀過尼采的作品，根本不知道尼采在書中都說了些甚麼，只是了解到他患過精神病，就由此做出推斷。然而，尼采晚年患有精神病與評價他患精神病前的著作是不相干的，王彬犯了因人廢言謬誤。

　　因人廢言謬誤是以人為據謬誤的一種表現形式，它是依據某人有某種缺點或毛病，從而推斷他說的話是假的，是不可信的。王彬所作的推理就屬於這種類型。這種推理的結構是：

> 　　P 是 A 說的
>
> 　　A 有某缺點
>
> 　　所以，P 是假的

在日常生活中，好人身攻擊、不講道理的人最易犯這種謬誤。如："瞧你那模樣，根本不配穿我賣的衣服，還説我賣的衣服質量不好。""他長得呆頭呆腦的，還能提出甚麼好建議！""別信他的話，他過去偷過東西。"

因人廢言謬誤還有可能是根據某人所處的特殊身份，來否認某人與其身份有關的言論。假定有人説："別相信張教師所提出的教師工資應隨着物價上漲而提高的意見，作為一名教師，他當然希望增加教師的工資。"這也是一種典型的因人廢言謬誤。因為他沒有提出否認教師意見的有力理由，只因為提出意見的人是一名教師，就推斷他的話是不可信的。俗話説，金無足赤，人無完人。任何人都不可能沒有缺點，倘若能由某人有缺點就推斷他的話是不可信的，那麼就沒有人的話是可信的了。另外，人總是生活在一個特定環境中，並且是具有某種身份的人，對自己所生活的那一特定環境最為了解，因而也最有發言權，僅因其本人的身份或所處的環境就推斷他所作的陳述是虛假的，這也是沒有道理的。易犯因人廢言謬誤的人，如果能注意分析對方言論本身的實質內容，而不摻雜任何關於對方人身缺點的成見，或對某種特殊身份的偏見，就可以對其言論做出正確評價，也就不會陷入因人廢言謬誤了。

與因人廢言正好相反，因人納言的謬誤是僅因為某句話或某個觀點是某人所説的，而這人是專家或者權威，就以此為據來證明它們是正確的。顯然，因人納言也是一種以人為據謬誤，它試圖通過訴諸專家或權威的意見來確立其結論，這是對權威的濫用。專家總是某一個領域的專家，在他們所擅長的那一領域他們是權威，其觀點相對來説正確的可能性更大。但我們犯訴諸權威謬誤的時候，所要證明的觀點常常是超出所引權威賴以成名的領域的，如下例中的哲學家：

一個哲學家不相信人的神經是在大腦會合的，一個解剖學家請他去看人體解剖，使他親眼看到了人的神經會合於大腦的事實，這個哲學家還是不相信，說："您這樣清楚明白地使我看到了這一切，假如在亞里士多德的著作裏沒有與此相反的說法，即神經是從心臟產生出來的，那我一定會承認這是真理了。"

因人納言謬誤又名訴諸權威謬誤（Appeal to Authority），是各種廣告經常採用的一種伎倆。無論是因人廢言還是因人納言都不是一個好的論證，都是不可取的。

二、訴諸強力

田甜正和她的小夥伴莎莎坐在電視機前看動畫片。

田甜說：《喜羊羊與灰太狼》是最好看的動畫片。

莎莎搖了搖頭說：《貓和老鼠》才是最好看的動畫片呢。

田甜加大嗓門說道：《喜羊羊與灰太狼》是最好看的動畫片，如果你不同意的話，我就去告訴爸爸，叫他揍你。

田甜要莎莎接受"《喜洋洋與灰太狼》是最好看的動畫片"這一結論，不指出這一節目究竟好在何處，而是對莎莎進行威脅，若不接受的話，就會捱揍，這是小孩子間慣用的一種言辭。顯然，"我去告訴爸爸，叫他揍你"並不能證明《喜洋洋與灰太狼》是最好看的動畫片。這種論證就是犯了"訴諸強力"謬誤。

訴諸強力謬誤是指要別人接受自己的某一觀點時，對之進行生理或心理上的威脅，若不接受的話，就會招致心理或生理上的傷害。訴諸強力謬誤不僅出現在孩子的談話中，在成人中也時有發生：

> 有這樣一對農村夫婦，他們本來相處得很融洽，可自妻子生下一個女兒後，丈夫對妻子的態度就完全變了，動不動就說：「你聽不聽我的？不聽，我就揍你。」這天，丈夫又在發牢騷：「你真沒出息，人家的媳婦都生的是男孩，就你生個女孩，你叫我怎麼抬得起頭來？」
>
> 「生男生女又不是我能選擇的，我聽大夫說，生男孩還是生女孩，取決於男方。」妻子嘀咕道。
>
> 「你自己沒出息還想怨我，小心我揍你。」

顯然，這位丈夫犯了訴諸強力謬誤。

以上兩例都屬於對他人進行生理上的威脅。訴諸強力謬誤除了表現為對他人進行生理上的威脅外，還表現為對他人進行心理上的威脅。

> 有位秘書對老闆說：「老闆，是不是該給我加點薪水了？我手頭老是沒錢花。」「還沒到加薪水的時候呢。」老闆回答說。
>
> 「我相信您是會給我加薪水的。我和您妻子可是很要好的朋友，您大概不願讓您妻子知道您和您的女職員間發生的事吧？」

這位秘書對她的老闆所進行的就是心理上的威脅。這位老闆或許會因害怕而給這位秘書加薪水，但這並不能證明就應該給這位秘書加薪水。

訴諸強力謬誤是一種蠻不講理的表現。無論是對他人進行生理的還是心理上的威脅，都是不可取的。在交談中，要別人接受某一觀點，應當以理服人，切忌訴諸強力。

三、訴諸憐憫

訴諸憐憫謬誤（Appeal to Pity）是指在論證過程中，試圖通過喚起他人的憐憫之心來促使他人接受自己的觀點或主張。在現實生活中，犯罪分子為爭取得到寬大處理，犯罪嫌疑人的律師為了能減輕對自己當事人的處罰，就經常有意使用這種謬誤。

一被告因入室盜竊而被現場抓獲，他聲淚俱下地說："我上有八十高齡的母親，常年癱瘓在牀。我妻子體弱多病，多年前就下崗在家，不能從事任何體力勞動。我還有兩個正在上學的兒子，一個上初中三年級，一個上小學五年級，馬上要開學了，他們的學費還沒有着落，我母親和妻子的醫藥費也沒有着落，我實在是走投無路了。你們行行好，饒了我這一次吧，不要把我交給警察。我給你們下跪了……"

一律師在為被告人辯護的時候說："被告人張某上有八旬老父，風燭殘年，朝不保夕；下有四歲小兒，嗷嗷待哺；妻子癱瘓在牀，望眼欲穿。如果張某銀鐺入獄，後果不堪設想。為了不毀掉這個家庭，建議法庭從輕處罰。"

學生也經常使用這種謬誤：

"老師，您讓我及格吧。我這學期選了 6 門課，已經有 4 門課不及格了，如果再有一門課不及格，我就真無地自容了。

我怎麼在同學們面前抬得起頭啊，我媽要是知道了還不氣瘋啊，對我自信心是多麼大的摧殘啊。我怎麼就那麼不順呢？我女朋友也跟我分手了，我上週還把錢包弄丟了，哎，我都不知道該怎麼活下去了。老師，求求您，讓我及格吧。"

不可否認，訴諸憐憫有時是很有收效的，人非草木，孰能無情？但同樣不可否認的是：可憐的處境與犯罪分子犯罪後應該得到應有的處罰是不相干的，可憐的處境與老師應該給學生及格的成績是不相干的。

四、訴諸無知

甲：你有證據證明哥倫布在發現美洲大陸的那天早晨沒吃雞蛋嗎？

乙：沒有。

甲：既然沒有證據能證明他沒吃雞蛋，那他那天早晨必定吃過雞蛋。

對於甲所進行的論證，相信人們是不會接受的。因為證明不了"他沒有吃雞蛋"，這只表明對"哥倫布沒有吃雞蛋"處於無知的狀態。根據這種無知，怎能使人們相信他必定吃過雞蛋呢？這是典型的訴諸無知謬誤。

訴諸無知謬誤是由於對事物情況無知而造成的謬誤。如果要論證某事物情況 P 成立，其理由僅僅是因為沒有證據證明與 P 相反的情況成立，也就是說，沒有證據證明 P 不成立，此時我們就說犯了訴諸無知謬誤。顯然，沒有證據證明與 P 相反的情況成立，並不等於說與 P 相反的情況就不成立，只能說甚麼都沒有證明，一切可能情況都是存在的。沒有人證明哥倫布在發現美洲大陸的那天早晨沒有吃雞蛋，這並不能排除他那天沒吃雞蛋的可能性，也許他真沒有吃雞蛋，只是沒有人能證明這點罷了，因此，僅憑這一點並不能得出"哥倫布必定吃過雞蛋"這一結論。

如果求助於"沒有人證實與 P 相反的情況成立"來證明 P 的成立，就會犯訴諸無知的謬誤。我們看如下的幾個例子：

> 沒有人能成功地證明上帝不存在，所以，上帝一定存在。
>
> 沒有人能證明世上沒有三條腿的鳥，所以，世上必定有三條腿的鳥。
>
> 沒有人能證明鬼是存在的，所以，鬼是不存在的。
>
> 沒有人能證明教室的玻璃不是張三打破的，所以，教室的玻璃是張三打破的。

上面四例都是由不能證明 P 為假，而推斷 P 為真，其唯一的依據是"沒有人證明與結論相反的情況成立"，所以，都屬於訴諸無知謬誤。

五、稻草人謬誤

稻草人謬誤（straw man），是指在辯論中先歪曲對方的論點，即自己設立一個靶子，然後再加以攻擊。由於歪曲了對方的觀點，使得所反駁的已經不是對方的觀點，而是一個更易反駁的"稻草人"。

稻草人謬誤的主要手法之一是：虛擬某種觀點強加於對方，然後加以駁斥。

> 張某與李某談到房價時，有這樣一段對話：
>
> 張某：我不認為今年下半年的房價必定會漲。
>
> 李某：你說的不對。你認為今年下半年房價必定不會漲是錯誤的。因為，房價總是要隨着市場需要情況而波動，怎麼可能必定不會漲？我認為房價上漲是可能的。
>
> 張某：你歪曲了我的觀點。我這樣說並沒有否認房價有上漲的可能，你的"子彈"打錯了"靶"。

張某的話表達的是對一個必然判斷的否定，即：並非"S 必然是 P"（不認為"今年下半年的房價必定會漲"），而李某卻將它誤認為是一個必然否定判斷，即"S 必然不是 P"（"今年下半年房價必定不會漲"）。但邏輯上，對一個必然判斷的否定，並不等於是一個必然否定判斷（只對判斷中的謂項做出否定）。因此，張某說李某歪曲了他的觀點，然後予以反駁，是"子彈"打錯了"靶"，也就是犯了稻草人謬誤。

稻草人謬誤還有另一種表現形式：避強擊弱。指在討論、辯論中避開對方較強的論據，而專攻較弱的論據，或避開較強的對手，而專攻較弱的對手。避強擊弱並不能真正把對手擊倒，因為並不能真正顛覆對方的觀點。

六、從眾謬誤

從眾是一種普遍的社會心理現象，指個人在社會群體的壓力下，放棄自己的意見，在知覺、判斷、信仰以及行為上採取與大多數人一致的做法。與這種心理現象相關的謬誤是從眾謬誤，又叫訴諸大眾的謬誤，它和這種心理現象一樣普遍。

女兒：媽媽，給我買個芭比娃娃吧。

媽媽：為甚麼要買芭比娃娃？

女兒：因為我們班的女同學都有芭比娃娃。

警察：不是明文規定，社會車輛不能走應急車道嗎？

司機：我看好多車都在走應急車道。

老師：你為甚麼作弊？把你家長叫來。

學生：又不是只有我一個人作弊，為甚麼只懲罰我？昨天吳涯考語文的時候還作弊了呢。

對話中的女兒因為班上其他女同學有芭比娃娃而萌生買芭比娃娃的想法，並以此為據，要求母親為她買芭比娃娃。對話中的司機用別的車走應急車道來為自己走應急車道辯解，要知道，好多車走應急車道並不能證明這種行為就是對的。對話中的學生則企圖用別的人也作弊來使自己逃避處罰，同樣，別人也作弊不能證明該學生作弊的行為就是正當的。這些人都犯了從眾謬誤。

所謂從眾謬誤，是指依據眾人的言論或行為為某種觀點或行為進行論證或辯護。儘管從眾行為本身有積極的，也有消極的。例如，在健康的社會生活中，許多人都參加捐獻活動，個體在這種氛圍下也作了捐獻，這種從眾行為具有積極意義；而在某個不健康的青年小群體中，因為多數成員都抽煙，個別成員也學着抽煙，此種從眾行為就具有消極意義。但對於從眾謬誤而言，謬誤畢竟都是謬誤。

怎樣避免這種謬誤呢？嚴格地説，這種謬誤是杜絕不了的。當我們做錯一件事後，尤其是在有很多人都做了同一錯事的時候，我們往往會不假思索地用這種方式來為自己開脱，這似乎是出於一種本能。不僅如此，每次使用這種方法後，似乎總是有或多或少的收效。比如說，上例中的老師也許在聽說別的同學也作弊的時候而改變主意，不再懲罰這個同學，不然的話不公平。老師的這種想法也是人之常情。既然總是或多或少有收效，這勢必反過來會強化人們對這種方法的不忍捨棄心理。這樣看來，面對這樣一種謬誤，我們所需要做的就是，在他人對我們施用這種謬誤時，保持清醒的頭腦。

七、你也如此

　　某學院的禮堂裏，院團委主管宣傳工作的王老師正在作報告：

　　"誰知盤中餐，粒粒皆辛苦。同學們，糧食是來之不易的，我們應當珍惜。可你們，竟然把吃不完的饅頭半個半個地扔掉，這怎麼對得住面朝黃土背朝天的農民！"王老師指着從食堂撿來的一筐饅頭激動地說。王老師是去年剛畢業留校任職的。

　　這時，一個學生在下面嘀咕開了："你過去不也扔過饅頭嗎？還說我們。""就是嘛，我也曾見他把吃不完的飯菜倒進水池裏。"另一個高年級的學生也輕聲說道。

顯然，這兩個學生是想以"你也曾扔過饅頭"來表明"我們扔饅頭"是沒有錯的，然而，這個推論是不能成立的。要想證明"我們扔饅頭"沒有錯，應該提出與之相關聯的理由，而不能根據別人也曾有過此種作為就推斷此種行為正確。邏輯上把這種錯誤的推論稱為"你也如此"謬誤。

你也如此謬誤是指一個人對他的論敵進行與自己相同行為的指責，以回答論敵對自己行為的指責。通俗地説，就是某人為了表明自己沒有錯，而説對方也做過同樣的事情。在日常對話中，你也如此謬誤是常犯的一種推論錯誤。例如：

> 11 歲的學生兄弟王大鵬和王小鵬同是某小學五年級的學生。這天剛放學回家，小鵬就告大鵬的狀："媽媽，大鵬今天上第三節課時遲到了。"
>
> 大鵬指着小鵬説道："你那天上體育課時不是也遲到了嗎？"

大鵬面對小鵬的指責，對小鵬也進行了同樣的指責，毫無疑問，他犯了你也如此謬誤。

你也如此謬誤雖然是一種無效推論，但在實際生活中，為甚麼有那麼多的人在面對"你也如此"的回擊時便無話可説了呢？當大鵬説"你那天上午上體育課時不是也遲到了嗎？"時小鵬一定很狼狽，這是因為，一般人都認為有過某種過錯的人是不配指責別人犯有這種過錯的。其實小鵬只需理直氣壯地回答大鵬："我遲到過，難道就能證明你遲到是對的嗎？"直接把對方的意圖揭示出來，這是一種很好的對付你也如此謬誤的辦法。

八、強詞奪理

強詞奪理謬誤，是指在論證中，不是針對論點進行論證，而是無理強辯。

> 員工：大家對飯菜意見很大。

膳食科：眾口難調嘛。

員工：衛生搞得太差了。

膳食科科長：集體食堂怎麼也比不上家裏乾淨嘛。

員工：菜太貴。

膳食科科長：也有便宜的嘛。

員工：主食給的分量不足，買半斤米飯都吃不飽。

膳食科：買一斤就吃飽了。

員工：饅頭有時不熟。

膳食科：以前連這樣的饅頭也吃不上。

員工：菜炒得也不好。

膳食科：你炒得恐怕更不好，大家不要把精力都花在這上面，應該多想想怎麼實現社會和諧。

這段對話中的膳食科就犯了強詞奪理的謬誤，本來是無理、有錯的一方，卻總是振振有詞，硬是把無理的説成有理的。

不過，強辯者也並非總是會激起聽者的反感，當其強辯是建立在對對方恭維的基礎上的時候，其強辯的結果往往出乎意料。1671 年 5 月，倫敦發生了一起重大刑事案件，以布勒特為首的五人犯罪團夥混入倫敦塔，偷走了英國的"鎮國神器" —— 王冠。但剛衝出倫敦塔就被衛隊圍住了，經過一番搏鬥後全部被抓獲。倫敦塔總監對這些罪犯進行了審問，將之全部判處死刑，然後上報給英王查理二世。國王對這些膽大包天的歹徒很有興趣，決定親自提審布勒特。下面是審訊時的片段：

查理二世：你在克倫威爾手下誘殺了艾默思，換來了上校和男爵的頭銜？

布勒特：陛下容稟，我不是長子，所以我沒有繼承權，除了本人的性命外我一無所有，我得把命賣給出價最高的人。

查理二世：你還兩次企圖刺殺奧德蒙公爵，是嗎？

布勒特：陛下，我只是想看他是否配得上您給他的那個高位，要是他輕而易舉地被我打發掉，陛下就能挑選一個更合適的人來接替他。

查理二世：你越幹越膽大，居然偷起我的王冠了！

布勒特：我知道這個舉動太狂妄了，可是我只能以此來提醒陛下關心一下生活無着落的老兵。

查理二世：你不是我的部下，要我關心你甚麼？

布勒特：陛下，現在天下太平，所有人都是您的臣民，我當然是您的部下了。

查理二世：你自己說吧，該怎麼處理你？

布勒特：從法律的角度，我們當判死刑。但我們五個人每個人至少有兩個親人會為此流淚。從陛下的角度看，多十個人讚美總比多十個人流淚好得多。

無疑，布勒特在不斷地進行狡辯，這種狡辯是一種強辯，但他的強辯卻博得了查理二世的好感，查理二世不僅下令免除了其死刑，還賞了他一大筆銀子。

第四節　非形式之論據不足謬誤

一、滑坡謬誤

　　滑坡謬誤（the Fallacy of Slipery Slope）是一種虛假原因謬誤，如果由某一事件開始，主觀認為會發生一連串的連鎖反應，卻並沒有足夠的理由證明這個連鎖反應一定會發生，這時候我們就說犯了滑坡謬誤。

> 　　孩子家長對握有實權的朋友說：你一定要幫我把兒子弄進這所小學，我可不希望我兒子這一輩子毀在我手裏。你要知道，如果孩子進不了好小學，就進不了好中學；進不了好中學，就考不取好大學；考不取好大學，我兒子這一輩子可就毀了。

家長們之所以竭盡全力想讓自己的孩子進好小學，是因為他們認為，進不了好小學，孩子的一輩子就毀了。這其中的連鎖反應在任何一步都會中斷，每一個推斷都不是必然的。因為進不了好小學，不一定進不了好中學；進不了好中學不一定就考不取好大學；考不取好大學不一定將來就不會過上好日子。可見，"孩子進不了好小學"與"孩子的一輩子就毀了"間不存在必然聯繫。事實上，任何一個人都可以找到很多沒有進入好小學，或者沒有進入好中學，或者沒有進入好大學，走向社會後卻獲得巨大成功的成功人士，阿里巴巴的老總馬雲就只是畢業於杭州師範學院。

　　很多時候，那些因為對生活失去信心而選擇自己了斷生命的大學生們實際上是犯了滑坡謬誤。他們由某一不開心事件的發生展開聯想，聯想到接下來會發生的不開心的事情，然後再想到在它之後將要發生的不開心的事情……這些不開心的事情會逐步升級，面對這麼多不開心的事情的發生那需要多大的勇氣啊，自己承受得了嗎？承受不了，於是他們選擇了結束生命。其實事情根本沒有那麼嚴重，他或她所臆斷的因果鏈條並非如他或她所想像的那樣一環緊扣一環的嚴密。退一步講，即便情況已經真的很糟糕了，真的是很難以承受了，何不換個角度想想呢？事情既然已經糟糕到不能再糟糕了，那不就有可能朝着好的方向發展了嗎？如果能這樣想的話，那些因看不到希望而輕生的大學生們也許就不會輕生了。

在實際的思維過程中，我們不僅會像那位家長那樣，用連鎖因果鏈來論證某一觀點，也會用這種方法來反駁論敵的觀點。

> 我可不敢讓動物權益保護主義者踏進我的家門，不敢接受他們的觀點。他們會先向我兜售"貓、狗、海豚都有權益"這樣的主張，然後就該輪到雞啊，鴨啊，牛啊，羊了。這意味着不再有雞肉漢堡和牛扒，不再有烤鴨和紅燜羊肉了。接下來就該輪到主張昆蟲乃至害蟲有權益了，這對農作物將是毀滅性的。沒有了農作物，人類的最終結局只能是餓死。

這一個事例中的"我"也犯了滑坡謬誤：如果接受動物保護主義者所主張的"貓、狗、海豚有權益"的主張，那人類的最終結局只能是餓死！我們不能讓自己餓死，所以，我們堅決不能接受動物保護主義者的觀點。這裏"我"所給出的因果鏈是不能成立的，動物保護主義者在主張完貓、狗有權益後，並不必然主張雞、鴨、牛、羊有權益；即便他們有如此主張，也並不必然隨後就一定要主張昆蟲有權益。這都屬於典型的滑坡謬誤。

　　並非所有依據因果鏈而進行的推理都會犯滑坡謬誤。在英國的某些地區有這樣一種現象：如果貓多的話，則紅三葉草的數量就比較多，反之紅三葉草就比較少。為甚麼會如此呢？達爾文在《物種起源》中向我們揭示了其中的奧秘：紅三葉草的繁殖必須通過土蜂來授粉，因為別的蜂類無法觸到紅三葉草的蜜腺。而土蜂的數量是由該地區的田鼠決定的，因為田鼠會破壞土蜂的蜂房。而田鼠的數量是由貓決定的。表面上不相干的兩個物種就是通過這樣複雜的因果鏈條被聯繫在一起。這個因果鏈推理可以表述為：如果貓多的話，那麼田鼠就會少；如果田鼠少的話，土蜂就會多；如果土蜂多的話，紅三葉草就會多。所以，如果貓多，三葉草就會多。達爾文所揭示的就是一條正確的因果鏈。

　　怎麼判定一個以因果鏈形式出現的推理或論證是否犯有滑坡謬誤呢？只需要分析因果鏈中的每一環節是否具備成立的充足理由即可。

二、虛假條件

　　條件關係是一種非常普遍的關係，當我們要表明一事物情況的存在是另一事物情況存在的充分條件時，我們通常用“如果……那麼……”把它們聯結起來，從而形成一個充分條件假言判斷。下面的幾個論證就都含有充分條件假言判斷：

　　① 女兒對母親說：如果您不給我買新羽絨服的話，這個冬天我會被凍死的；您一定不會讓我凍死的，所以，您一定會給我買新羽絨服的。

　　② 丈夫對妻子說：如果我不抽煙的話，我會很不開心

的；你願意看見我不開心嗎？不會的，所以，你一定不會要求我戒煙的。

③ 學生對老師說：老師，如果您不讓我及格，我會痛苦一生的；我知道您心地善良，您是不會忍心見我痛苦一生的，所以，您一定會讓我及格的。對嗎？

④ 一個政治家對另外一個政治家說：如果你不是只買中國貨的話，你就不是一個愛國主義者；你買的車是德國產的，電視是日本產的，所以，你不是一個愛國主義者。

前三個論證的論證方式是一模一樣的，使用的都是充分條件假言推理的否定後件式，第四個論證使用的是"肯定前件式"。在"假言誤推謬誤"中我們已經了解到，這兩種推理形式都是有效的，這使得這四個論證顯得都很有説服力，因為有效的推理是論證具有説服力的最關鍵的一個因素。我們知道，推理要獲得真實可靠的結論，除了需要推理形式有效外，還需要前提真實。而這三個論證中所含的充分條件假言判斷都是虛假的，只是其假不如"2是奇數"那麼明顯。

一個真實的充分條件假言判斷必定不會出現前件（條件）為真而後件（結果）為假的現象，如"如果張三是兇手，張三一定有作案時間"，絕對不可能張三沒有作案時間卻是兇手。就"如果您不給我買新羽絨服的話，這個冬天我會被凍死的"來説，"如果您不給我買新羽絨服的話，這個冬天我也不會被凍死"是完全能夠成立的；就"如果我不抽煙的話，我會很不開心的"來説，"如果我不抽煙的話，我不會很不開心的"能成立；就"如果您不讓我及格，我會痛苦一生的"來説，"如果您不讓我及格，我也不會痛苦一生的"能成立；就"如果你不是只買中國貨的話，你就不是一個愛國主義者"來說，"如果你不是只買中國貨的話，你依然可以是一個愛國主義者"還是成立的。這說明這些充分條件假言判斷是經不住推敲的，說明前件真後件為假並不會導致矛盾，也就是說判斷中的條件相對於後件來說並非是充分條件。如若不是充分條件，那基於該判斷所進行的推理或論證儘管形式正確，其結論也是不能成立的。

在論證中除使用充分條件假言推理的時候會出現這類謬誤外，使用二難推理進行論證時也容易出現這樣的謬誤。例如：

> 在舊西藏的烏拉差役制度中，有的寺廟規定農民每年要請喇嘛唸"冰雹經"，祈禱免除冰雹災害，它們給農民規定：
>
> 如果唸經後當年不下冰雹，說明唸經成功，農民要交錢以示酬謝；
>
> 如果唸經後當年下冰雹，說明農民心不誠，農民要交錢以示懲罰。
>
> 所以，唸經後當年無論下與不下冰雹，農民都必須交錢。

這個論證所使用的推理是有效的，即進行的推理或論證其形式是沒有問題的，沒有違背該類推理的推理規則。但該推理的前提是有問題的，其條件關係是不能成立的，因為是否下冰雹與唸經與否是沒有條件關係的。

三、遺漏選言

選言判斷是陳述事物有若干可能情況的判斷，一個真實的選言判斷至少有一個選言支為真，而且要求所列選項無一遺漏。倘若遺漏掉那個唯一真實的支判斷的話，整個選言判斷就不能準確反映事物情況。

> 店員：老闆，無論我怎麼做，都無法使顧客對我滿意。
>
> 老闆：為甚麼？
>
> 店員：如果我說話聲音大，顧客會認為我在吼他們，他們會對我不滿；如果我說話聲音小，顧客聽不清，他們也會對我不滿。我說話聲音或者大或者小，總之，顧客都會對我不滿。

店員在論證的過程中用到了一個選言判斷"我說話聲音或者大或者小"，這個選言判斷沒有窮盡所有相關可能情況，還可以有說話聲音不大不小的可能情況。由於選言前提存在遺漏選言支的問題，該論證的論題很容易招致反駁，只需要圍繞被遺漏掉的選言支進行提問即可，在這裏老闆只需要問："你不能說話的聲音既不大又不小嗎？"上例中的店員也許只是為了逗樂，並沒有甚麼險惡用心，也不會給他人帶來甚麼危害。但這並不表明，所有犯這類謬誤的人都沒有惡意。

> "不論您把病人治好還是治死，我都會很感謝您，請您盡力幫忙。"患者家屬對醫生說。
>
> 醫生便全力為病人治療，結果終因太晚，病人死了。但家屬不付錢。
>
> "你把病人治好了嗎？"
>
> "沒有，很抱歉，你們送來得太晚了。"
>
> "那麼，你把他治死了？"
>
> "你怎麼可以這樣說呢？"

> "我不是曾說'不論你把他治死或治好'的話嗎？現在你治死了他，還說甚麼呢？"

這裏病人家屬設置選言判斷的時候，用了"治死"這一選項，醫生沒有識別出病人家屬的用意，以至於在病人醫治無效去世後，醫生面對病人家屬的質問而無言以對。在這一事例中，醫生不能否認"你沒有治好病人"的真實性，似乎他只能接受是他把病人治死了這樣的結論，使自己陷入了很被動的境地。其實，"沒有治好"並不等於"治死"，還有其他許多可能，如"減輕"或"加重"等。因此，我們要注意對方所使用的選言判斷是否存在選言支不窮盡的問題，只有這樣，我們才能使自己不陷入被動境地。

四、虛假預設

詹金斯夫人心臟有點毛病，就去找保健醫生。醫生仔細聽了她的心臟，並作了其他一些檢查。然後就有了如下的對話：

醫生：夫人，戒煙吧，過不了多久你就會好起來的。

詹金斯夫人：但是醫生，我從來不吸煙呀！我不喜歡吸煙。

醫生：哦，是這樣，那麼不要再喝酒了。

詹金斯夫人：我也不喝酒啊。

醫生：那就停止喝茶和咖啡吧。

詹金斯夫人：茶和咖啡我也從來不沾，我只喝水。

醫生：哦……你喜歡吃薯片嗎？

詹金斯夫人：是的，非常喜歡。

醫生：得了，那就停止吃薯片吧。

醫生說完，起身就向詹金斯夫人告別。

醫生的建議為甚麼一次次都被病人否定了呢？因為醫生犯了預設虛假的錯誤。

一個語句的預設，通俗地講，就是説話人在説出這句話時所預先做出的假設。預設總是可以用陳述句來表達的，對祈使句而言，它的預設正好是該祈使句所要求的行為能夠實現的一個先決條件。比如"請把門關上"，預設是"門是開着的"，這一預設正好是這個語句所要求的行為能夠實現的一個先決條件。如果在對話語句中，使用的預設是一個虛假判斷，就是犯了"預設虛假"的錯誤。這位醫生所犯的正是這種錯誤，因為他接連使用了三個預設虛假的祈使句。首先，"夫人，戒煙吧"，預設着"夫人在來瞧病以前是抽煙的"，而實際上這位夫人從來沒有抽過煙，這樣醫生提的第一條建議就毫無意義了。在詹金斯夫人否定了第一條建議以後，醫生又按自己的主觀臆斷提出了第二項建議："不要喝酒了。"對於從不沾酒的這位夫人來説，醫生的預設又失敗了。所以，詹金斯夫人再次否定了他的建議。

這位夫人既然不抽煙、不喝酒，那總該有喝茶和咖啡的嗜好吧？這是醫生的第三次預設推斷。所以醫生又規勸道："停止喝茶和咖啡吧。"不曾想，這位夫人連這些習慣都沒有。最後，醫生吸取了教訓，他先問夫人是否喜歡吃薯片，待她作了肯定回答後才提出建議。醫生使用的四個祈使句中，只有這最後一個祈使句的預設是真的，但也是經過提問以後才得知的。試想，如果這位夫人説不喜歡吃薯片呢？醫生還得挖空心思問夫人有沒有其他嗜好，直到對方做出肯定回答為止。在這裏，這位醫生之所以連續犯預設虛假的邏輯錯誤，就是因為他太自以為是了。如果他在提出建議之前，先問清對方是否吸煙、喝酒的話，他就不至於弄得如此狼狽了。

在日常交談中，人們除了容易犯祈使句中預設虛假的謬誤外，問句中預設虛假也是常見的一種謬誤。

　　有位剛走上工作崗位的年輕記者滿懷信心去採訪一位頗有成就的中年女科學家，他這樣問道：

　　"請問，您畢業於哪所大學？"

　　"對不起，我沒有上過大學，我搞科研全靠自學，我以為自學也能成才。"

　　"據說您搞的這項研究已經有了突破，那您下一個科研計劃是甚麼呢？"

　　"到目前為止，我們這項研究雖然獲得了一點成績，但還沒有甚麼突破，至於下一步的科研計劃我還沒有考慮過。"

　　女科學家的回答不免使年輕記者有幾分尷尬，他忙轉移話題，問道："您的孩子在哪兒上學？"

　　不料女科學家十分不悅，答道："我早已決定把畢生的精力奉獻給自己的事業，因此，我一直獨身至今。請原諒，這個問題我不高興談，如果你沒有別的問題，就談到這裏吧，我還要工作。"她下了逐客令。

由於年輕記者問話不當，不僅自己一無所獲，弄得這位科學家也不痛快。其原因就是因為年輕記者幾次問話的預設都是虛假的！問句的預設就是問句中去掉疑問成分後的陳述。"您畢業於哪所大學？"其預設就是對方畢業於某所大學；"您的這項科研專案已經有了突破，您下一步的科研計劃是甚麼呢？"其預設是對方的這一專案已經有了突破並且已制定了下一步的科研計劃；"您的孩子在哪兒上學？"其預設是對方的孩子在上學。結果這三個問句的預設都是虛假的。前面介紹的"複雜問語"屬於問句預設的一種特殊形式。問句的預設虛假常連帶着一個錯誤的推理。

這位記者的每一句問話，在思維中都有一個相應的推理依據。以
"您的孩子在哪兒上學"來說，記者是這樣思考的：

> 大多數中年女性都是有孩子的，並且孩子已上學，
> 這位女科學家是中年女性，
> ─────────────────────────────
> 所以，這位女科學家是有孩子的，並且孩子已上學。

這一推理是不合乎邏輯的，因為前提中所指的範圍是"大多數中
年女性"，而不是"全部中年女性"。倘若全部中年女性都是有孩
子的，無疑這位女科學家也是有孩子的。可是，由"大多數中年
女性有孩子"卻推不出"這位科學家有孩子"。對一個尚未成家的
中年女性問這樣的問題，也就難怪人家下逐客令了。

　　預設虛假的問句往往會使對話雙方都感到尷尬，所以對話中
必須注意避免這種謬誤。預設虛假的問句，在有些場合下，我們
可以對它巧妙地加以利用。

> 　　一名中學生拾到一個錢包，他看了看錢包裏的東西，就
> 舉着錢包喊了起來："誰的錢包掉了？"
> 　　有位中年男人走了過來，說道："是我的錢包。"說完就
> 伸手拿錢包。
> 　　中學生問道："是您的錢包，您知道裏邊有多少錢嗎？"
> 　　中年男人回答說："我記不清了。"
> 　　中學生又問："那總該記得裏面的戒指是紅寶石的還是藍
> 寶石的吧？"
> 　　中年男人想了想，回答說："紅寶石的。"
> 　　中學生打開錢包，裏面根本沒有戒指。中年男人見狀，
> 尷尬地走開了。

中年男人為甚麼尷尬地走開呢？因為那錢包不是他的。"裏面的戒指是紅寶石的還是藍寶石的"這一問句預設着"錢包裏有戒指"，這一預設是虛假的，無論中年男人選擇哪一種情況來回答，都表明他不是錢包的主人。

　　預設虛假除了祈使句預設虛假和問句預設虛假外，陳述句也可能預設虛假。比如"我的 mp4 壞了"，預設着說話人是有 mp4 的；"我老公送給我的鑽戒比你的還要大"預設着說話人的老公送給過她鑽石戒指。而事實上，這裏的預設都可以是虛假的，即說話人沒有 mp4，說話人的老公沒有給她送過鑽石戒指。這種情況下，說話人無疑說了謊，這種謊言一旦被揭穿，會影響到周圍人對說話人的評價，造成不太好的影響。所以，使用各種語句表達時，要避免犯預設虛假的錯誤。

五、特例謬誤

　　魯迅在《且介亭雜文末編》的《半夏小集》中設計了如下的一段對話：

　　　A：　B，我們當你是一個可靠的好人，所以幾種關於革命的事情，都沒有瞞了你，你怎麼竟向敵人告密去了？

　　　B：豈有此理！怎麼是告密！我說出來是因為他們問我呀。

　　　A：你不能推說不知道嗎？

　　　B：甚麼話！我一生沒有說過謊，我不是這種靠不住的人！

　　B 向敵人告了密，卻以"我一生沒有說過謊"來辯解，理由冠冕堂皇，但只要稍加分析，我們就會發現運用這一理由本身就是一種錯誤的論證。因為一般說來，說謊不是一種好品質，一個正直誠實的人是不應當撒謊的。"要做一個誠實的孩子，不能撒謊。"老師不就是這樣告誡學生，父母不就這樣告誡孩子的嗎？但這只是就一般情況而言的，並不是說在任何場合都必須講真話。比如說，你的朋友患重病住進了醫院，你或許會安慰說："你的病不要緊，過不久就能治好的。"恐怕不會有人說："你得的是絕症，活不了多久了。"如果將"應當講真話"無條件地運用於這類特殊場合，就是犯了特例謬誤。B所面對的正是這樣一種不應當講真話的特殊語境。B把"不能說謊"這一一般原則誤用於特殊、例外的場合，這就犯了特例謬誤。在日常活動中，有時也會出現特例錯誤。例如，在玩捉迷藏時，如果認為"我應當總是講真話，所以我要告訴小妹妹他們藏在哪兒"（小妹妹正在同孩子們捉迷藏），則是違反捉迷藏的約定的，也是一種特例謬誤。因此，碰到具體問題應當具體分析，切忌將在一般情況下成立的判斷無條件地運用於各種場合，否則，就會犯特例錯誤。

六、偶然關聯

艾子的鄰居都是些見識淺薄的人。有一次艾子聽見了兩個鄰居的一段對話：

"我們跟齊國的大官們都是人，為甚麼他們有智慧，我們就沒有呢？"

"他們每天吃肉，所以有智慧；我們平日粗茶淡飯，所以智慧就少啊。"

"我這裏有剛賣小米的幾千錢，姑且和你天天吃肉，試試看。"

幾天後，艾子又一次聽到了這兩人的對話，其中一個説道：“我自從吃了肉，心裏清楚多了，遇事有了智慧，不只是有了智慧，還能探求真理呢。”

另一個也欣喜地説：“我觀察我的腳面，往前邊伸出就很便利，若是向兩邊伸出，豈不被後面的人踩着了嗎？”

“我也發現，人的鼻孔向下就很便利，若向上，豈不被天雨灌進去了嗎？”

這兩人的對話雖然只是一則笑話，卻頗能説明偶然關聯這種邏輯錯誤。

偶然關聯謬誤，是指在探求某一現象的原因時，把另一與之同時出現的現象 A 當做原因。其推論形式是：

> A 現象出現並且 B 現象也出現
> 所以，A 是引起 B 發生的原因

艾子的鄰居所作的推論就屬於這種情況。“齊國的大官們每天吃肉”與“齊國的大官們有智慧”只是偶然產生關聯，由此推斷其中一現象是另一現象的原因，就犯了偶然關聯的謬誤。難怪艾子在聽了兩人的對話後，發出感歎説：“吃肉的人，他們的智慧就像這個樣子。”偶然關聯謬誤是在日常交談中常見的邏輯錯誤。例如下面一段對話：

> “我們別帶王博去野餐，每次帶他出去，老是下雨。”
> “真有趣，這種人我也認識，我家鄰居有個小姑娘叫娟娟，可靈驗呢，每次帶她去郊遊，準保下雨。”

顯然，王博和娟娟並不會呼風喚雨，他們跟下雨無關，對話者犯了偶然關聯謬誤。

七、倉促概括

時常聽到有人這樣說：

> ① "我結交的男朋友欺騙了我，所以，所有的男人都是不可信賴的。"
>
> ② "甲官不關心群眾生活，乙官不關心群眾生活，所以，當官的沒有一個是關心群眾生活的。"
>
> ③ "老王的妻子是朝鮮族人，她溫柔賢惠，所以，所有的朝鮮族女子都溫柔賢惠。"

類似的言論還有許多，它們都有一個共同點，這就是僅根據一類事物中的部分對象具有某種特性，就得出了這類事物的全部對象都具有這種特性的結論。這種推理的結論都是全稱判斷，在邏輯上屬於不完全歸納推理。這種推理的結論不是必然的。我們把這種推論稱為倉促概括謬誤。

由於人的行為總是受其思想支配的，倉促概括得出的結論往往會直接影響我們的生活態度，影響我們對問題做出正確而公正的評價。如果以 "所有的男人都是不可信賴的"，"當官的沒有一個是關心群眾生活的" 或 "所有的朝鮮女子都是溫柔賢惠的" 等這樣的全稱結論為前提，就有可能導致推論者採取某種行動。如果有人作了第三種推論，也許會執意娶一個朝鮮女子為妻，誰能擔保她不是個潑婦呢？

　　上述三例都是由一類事物中的一部分具有某種特性，就得出全類事物都具有某種特性的全稱結論，其前提一般只涉及一兩個對象。因而，有人把它稱為小樣品謬誤。

　　倉促概括謬誤還有另一種表現形式，即由一類事物中的一個特殊部分具有某種特性得出全類事物具有某種特性的全稱結論。其前提不只涉及一兩個對象，而是涉及較多的對象，不過相對總體而言，前提中所涉及的對象只是一個特殊的部分，而且它不能代表總體，這一類推理有人稱為斜線統計謬誤。

　　　據載，在 1936 年舉行的美國總統競選中，美國的《文學文摘》雜誌進行了一次民意測驗，發送了 1000 萬張選票，收回了 200 多萬張。根據這次民意測驗，這家小有名氣的雜誌預言愛爾佛里德・蘭登將要當選總統，而最終的結果卻是羅斯福得到 60.7% 的普通公民票，連任總統。這次民意測驗耗費了這家雜誌近 100 萬美元，競選後不久，《文學文摘》便倒閉了。民意測驗究竟出了甚麼問題呢？原來，《文學文摘》把選票都發送給了那些擁有電話和汽車的人，59% 的電話戶主和56% 的汽車戶主支援蘭登，但在當時，擁有電話和汽車的畢竟是少數人，在失業的 900 多萬人中只有 18% 的人支援蘭登。

《文學文摘》由 59% 的電話戶主和 56% 的汽車戶主支援蘭登，推出有一半以上的人將投蘭登的贊成票，就屬於由全體中的一個小部分推廣於全體，犯了斜線統計謬誤。

　　斜線統計謬誤也是在日常生活中容易犯的一種邏輯錯誤。當我們僅考察全體中的某些特殊的對象，比如說只考查大城市近郊區農民擁有電視、冰箱、洗衣機、電腦等的比例，就將此比例數擴展到中國所有農民身上，這就是一種斜線統計。無論是小樣品謬誤還是斜線統計謬誤所得出的結論都是不可靠的。所以，當我們要對一類事物的全體有所斷定時，一方面要避免根據一類事物中的一小部分對象具有某種特性，就推廣於全體；另一方面，也要避免根據一類事物中的某些特殊部分具有某種特性，就得出結論說總體也具有這一特性。只有這樣，我們才能免受倉促概括錯誤的支配。

八、機械類比

類比推理是我們日常生活中常用的一種推理，它是根據兩類事物在某些屬性上相同或相似，進而推斷出它們在其他屬性上也相同或相似，如美國在把浙江特產黃岩蜜橘引種於加利福尼亞州之前，曾派考察小組到黃岩地區進行考察，並把收集的當地的地形、土質、水文、氣溫、降雨等方面的資料與美國的一些地區進行比較，比較後考察小組的成員們發現，加利福尼亞州與之最相似，於是做出了"把浙江特產黃岩蜜橘引種於加利福尼亞州"的決定，並付諸行動。事實證明，這一引種是很成功的。但我們也經常會看到一些很荒謬的類比推理，如：

> ① 電在電纜中的流動類似於水在水管中的流動，顯然，細水管所承載的水流要比粗管中所承載的水流要小，由此可以推斷，細電纜所承載的電流比粗電纜所承載的電流要小。
>
> ② 鐘錶和宇宙都具有內部結構複雜、各部分之間結合巧妙、運轉自然協調等共同屬性，鐘錶之所以有這些屬性是因為有個設計、製作的鐘錶師，因此，宇宙也有個設計、創造者，即上帝。

> ③ 婚前性行為勢在必行。無論如何，在買鞋之前，你總不能不讓人先試一下鞋吧。（陳波：《邏輯學是甚麼》，北京大學出版社 2002 年版，第 180 頁。）

這些類比推理，我們稱之為機械類比。所謂機械類比，是指僅僅依據對象間表面相似或偶然相似進行類比，從而得出荒謬結論的推理。電在電纜中的流動和水在水管中的流動、宇宙和鐘錶、婚前行為和買鞋都只是表面相似而已，不能因為其在某些無關緊要的屬性上的相似，就推斷它們在其他屬性上也相似。

《莊子·至樂》曾記載過魯侯養鳥的故事，説的是魯侯把飛到魯國城郊的一隻海鳥視為神鳥，用招待貴賓的辦法把牠迎到廟堂裏，獻酒供奉。海鳥受到驚嚇，不吃不喝，三天之後一命嗚呼。魯侯就是以自己之所好推之於鳥，忽略了人與鳥間的本質區別。所以，我們在使用類比推理的時候，切忌只依據對象間的表面相似就進行類比。

由於類比推理是一種或然性推理，我們所能做的只是儘量提高結論的可靠程度。怎樣可以提高結論的可靠程度呢？記住下面的兩點就知道該如何做了：一是 "已知的相同屬性越多，結論越可靠"；二是 "已知的相同屬性與推出屬性之間的聯繫越緊密，結論越可靠"。

九、循環論證

我們知道，在論證過程中，論題的真實性是需要我們通過論據的真實性和有效的論證方式來加以證明的，這就要求我們必須保證論據的真實性。但在實際的論證中，我們經常會看到這樣的現象：有些人會先提出論題，然後給出論據，可是由於所給論據的真實性本身還需要進一步得到支撐，於是反過來又借助於論題來說明論據是真實的。這就是常說的循環論證謬誤。例如：

> 福特汽車公司能生產全美最好的汽車，因為他們擁有最好的設計師。而他們之所以擁有最好的設計師，是因為他們有能力支付更高的報酬。他們之所以有能力支付更高的報酬，則是因為他們生產的汽車是全美最好的。

論證者的論題是"福特汽車公司能生產全美最好的汽車"，該論證中所形成的循環是顯而易見的："福特汽車公司能生產全美最好的汽車" —— "他們擁有最好的設計師" —— "他們有能力支付更高的報酬" —— "福特汽車公司能生產全美最好的汽車"。定義中也經常出現這種循環，如：

> 甲：甚麼是原因？
> 乙：原因是引起結果的事件。
> 甲：那甚麼是結果呢？
> 乙：結果是由原因引起的事件。
> 甲：甚麼是戰爭？
> 乙：戰爭是兩次和平之間的間歇。
> 甲：那甚麼是和平？
> 乙：和平是兩次戰爭之間的間歇。

在第一段對話中，乙先用"結果"來解釋"原因"，當需要回答"結果"是甚麼的時候，又用"原因"來解釋"結果"，這等於用"原因"解釋"原因"。第二段對話中的循環則發生在"戰爭"與"和平"之間，先用"和平"說明"戰爭"，再用"戰爭"說明"和平"。

在對話過程中使用定義其目的是要揭示被定義項的內涵或外延，也就是使聽者知道被定義項的本質屬性是甚麼，或者被定義項反映的是哪些對象。如果出現循環的話，定義的這種目的是不可能達到的。不過，在一些不那麼嚴肅的場合，以循環的方式來回答問題也不失為機智之舉：

> 據說王安石的小兒子從小口齒伶俐，智慧過人，常常以驚人的妙語博得四座叫絕。在王元澤只有幾歲的時候，有一天，有個南方來的客人送給他家一頭獐，一頭鹿，關在一個籠子裏，籠子放在客廳。客人開玩笑地指著籠子問王元澤："別人都說你人小聰明，我問你，哪隻是獐？哪隻是鹿？"
>
> 　王元澤從來沒有見過這兩種稀罕的動物，看了半天，回答："獐旁邊的那隻是鹿，鹿旁邊的那隻是獐。"客人聽了十分驚奇。

這是《墨客揮犀》所記載的一個故事，王元澤的回答雖然最終並沒有告訴客人們究竟哪隻是獐哪隻是鹿，但無疑，這一回答是十分機智的。這種機智是不可模仿或複製的，正如常說的：第一個把女人比作玫瑰花的人是天才，第二個把女人比作玫瑰花的人是庸才，第三個把女人比作玫瑰花的人只能是蠢才了。

十、三人成虎

　　三人成虎謬誤是一種極為常見的謬誤，在很多人的思維活動中都難免出現這樣的謬誤。

> 魏王跟趙王訂立了和好的盟約後，要把兒子送到趙國都

城去作人質。他們找了個叫龐蔥的大臣陪着兒子前往。龐蔥擔心離開魏國後，有人會在背後說他壞話，因此臨走時對魏王說：“大王，要是有人向您報告：一隻老虎跑進了咱大梁（國都）的市場，您相信嗎？”

魏王幾乎不假思索地回答：“不相信。大白天，市場上那麼多人，老虎怎敢進市場呢？”

“要是接着再有人來報告，說老虎闖進了市場，大王相信嗎？”

魏王遲疑了一下說：“兩個人都這麼說，我要考慮考慮了。”

龐蔥繼續問：“要是馬上有第三個人來報告同樣的事情，您相信嗎？”

“相信了。”魏王說：“三個人都這麼說一定不會錯。”

姑且不說老虎是否真的在大白天跑到市場上來，僅因為有三個人都這麼說，魏王就相信了，魏王的推理是這樣的：

> 先後有三人都說市場上跑進了老虎，
> _____
> 所以，市場上跑進了老虎一定是真的。

顯然，僅由三人都這麼說，並不能證明確有其事，即使有更多的人這麼說，也不能得出結論說它就是真的，我們把這種錯誤的推理稱為“三人成虎”謬誤。

在“三人成虎”的情況下，恐怕很少有人再持懷疑態度。又如曾子之母越牆而逃的故事：

> 曾子外出，曾子的母親在家紡線，忽然有人來說：“您的

兒子在外面殺人了！"

　　曾子的母親停下手中的活計，胸有成竹地回答說："我的兒子絕對不會殺人。"

　　過了一會兒，又有人來報："您的兒子殺人了。"

　　曾子的母親沒有作答。緊接著，又來一人，他也說曾子在外面殺人了，曾子的母親沒等這人說完，就扔下手中的活，翻牆逃走了。

曾子的母親為何要越牆而逃呢？因為她見三人都說曾子殺人了，便相信曾子果真殺了人。曾子之母無意中犯了"三人成虎"謬誤，她本來是堅信自己的兒子不會殺人的，而且他的兒子確實沒有殺人，但在三個人都說曾子殺人後，她就信以為真了。倘若這三人是串通好了，企圖以此嚇跑曾子之母，吞佔她家產的話，她豈不就上當了嗎？在日常生活中，我們常常可以看到這種現象，明明沒有的事，被眾人一傳，便彷彿真有其事了。例如：

　　小胡是某大學的走讀生，這天他剛走進教室，就有同學王某過來說："小胡，你是不是病了？你的臉色不太好。"

　　下了第一節課，又有同學李某關心地問："小胡，你是不是身體不舒服了？你臉色都變了，要不要我陪你去宿舍休息一會兒？"

　　小胡去上廁所，又碰上了高年級的蔣某，蔣某驚訝地問："小胡，你怎麼了？你的臉色好嚇人，是病了吧，我陪你去醫務室瞧瞧，怎麼樣？"

　　小胡本來甚麼病也沒有，因為先後有三人都說他像是生病了，他便認為自己真生病了。第二天他請了病假，第三天他還沒有來上學。這三位同學便登門向他解釋，原來他們只是想同小胡開個玩笑，其實那天他的臉色很正常。小胡陷入了"三人成虎"謬誤，以致他認為自己真的生病了，當三位同學解釋後，他的"病"也就好了。

從以上幾個事例我們可以看出，對一件本來不存在或自己確信不會有的事，僅因為有三人或更多的人說它真，就輕信它為真，免不了會上當受騙。因此，當我們聽別人的話時，特別是當有三人或更多的人說一件事時，不要輕易接受它，要仔細分析，然後再確定其真假。

十一、雙重標準

星期六晚上，小王和熱戀中的女友燕燕又步入了紫竹院公園。卿卿我我一番後，小王提議每人輪流出難題，看誰先把對方難倒。小王出了這樣一道題："有兩人到我家做客，一個很愛乾淨，一個很髒，我請兩人去洗澡，你說，他們誰會去洗呢？"

燕燕毫不猶豫地回答說："當然是那個髒的。"

小王搖了搖頭說："不對，髒人沒有洗澡的習慣，他根本不把洗澡當回事。"

"那就是那個愛乾淨的。"燕燕又滿有把握地答道。

"不對，愛乾淨的沒有洗澡的必要。"小王依舊搖着頭說道。

"那兩人都沒有洗。"

"也不對，愛乾淨的有洗澡的習慣，髒人有洗澡的必要。"

"那兩人都洗了。"

> "還是不對，乾淨的人沒有洗澡的必要，髒人沒有洗澡的習慣。"

小王的每一次回答都顯得十分有"理"，而實際上是歪理。因為兩人洗不洗澡只有四種情況：或者髒的洗而乾淨的不洗，或者髒的不洗而乾淨的洗，或者兩人都不洗，或者兩人都洗。小王卻對這四種情況都作了否定，其不合理性是顯而易見的。這一不合理是由於小王先後以"洗澡的必要"和"洗澡的習慣"這兩個不同的標準來衡量洗不洗澡而引起的。

對於同一件事，如果從不同的角度用不同的標準來衡量，往往會得出截然相反的結論。從有無洗澡的必要這一角度來說，髒人是應該去洗澡的；而從有無洗澡的習慣來說，髒人又不會去洗澡。如果在同一對話中，一會兒依照這一標準，一會兒又依照另一標準來衡量同一件事的話，勢必會造成思想的不一貫性。所以，邏輯上要求我們在同一對話過程中，不能同時依照兩個不同的標準來衡量一件事，否則，就會犯雙重標準的邏輯錯誤。

雙重標準謬誤是詭辯家常用的一種詭辯手段。

相傳，古希臘有個叫歐提勒斯的人拜普羅泰戈拉為師，學習訴訟和辯護的方法。普羅泰戈拉為了顯示自己收費合理，便對歐氏說道："歐提勒斯，你的學費可以分兩次付清，一半學費在入學時交付，另一半學費在學成後，第一次出庭勝訴時再付。"他自信教出來的學生學成後一定能打贏官司。

歐提勒斯同意老師的意見，於是兩人簽了合同。歐氏畢業後，一直不出庭替別人打官司，普羅泰戈拉收費心切，決定向法庭起訴，他說："如果歐氏打敗了這場官司，那麼，他應當按法庭判決，付給我另一半學費。如果他打贏了這場官司，他就應當按合同付給我另一半學費。所以，不論他打贏還是打敗這場官司，他都必須付給我另一半學費。"

假定你是一位法官，你如何裁決這一案子呢？也許你會認為普羅泰戈拉説得很有道理。其實，普羅泰戈拉是在詭辯，他犯了雙重標準的邏輯錯誤，因為他在得出 "不論歐氏敗訴還是勝訴，他都必須付另一半學費" 時，依據了兩個不同的標準。歐氏敗訴時，以法庭判決為依據；歐氏勝訴時，以合同為依據。試想，歐氏在勝訴的情況下也要付另一半學費，他是勝訴了嗎？顯然沒有！普羅泰戈拉利用不同的標準構造了一個對自己有利的推理，企圖以 "智" 取勝。不曾想，青出於藍而勝於藍，歐氏回駁道："老師，恰恰相反，無論我勝訴還是敗訴，我都不用付另一半學費。因為如果我勝訴，按法庭判決，我不用交另一半學費；如果我敗訴，按合同規定，我也不用交另一半學費。" 歐氏以其人之道還治其人之身，在衡量付不付另一半學費時，他也依照了老師的兩個不同標準，得出了有利於自身的結論。

每個人都有可能碰上利用不同依據進行詭辯的人，對付這種詭辯者，我們可以借用歐氏對待他的老師的辦法，針鋒相對，以同樣的推理形式予以駁斥，也可以直接指出對方犯了雙重標準謬誤。

十二、重複計算

王典已經上小學四年級了，一天他對爸爸說："爸爸，我根本沒有時間上學。"

爸爸驚訝地問："怎麼啦？"

王典認真說道："我每天必須睡眠 8 小時，也就是說每天要把 1/3 的時間花在睡眠上，一年有 365 天，365 天乘以 1/3 是多少天？"

爸爸算了算，回答說："是 121 天 16 小時。"

王典繼續說："我每天要吃三頓飯，每頓飯花 1 小時，就是 3 小時，也就是說每天吃飯要用去 1/8 的時間，365 天乘以 1/8 是不是 45 天 15 小時？"

"是的。"爸爸又算了算回答說。

"我每天還要 2 小時的課外活動，佔去一天中的 1/12 時間。365 天乘以 1/12 是 30 天 10 小時。另外，星期六和星期天不用上學，每週有 2 天不用上學，一年有 52 週，52 乘以 2 天是 104 天。學校還有 60 天的寒暑假呢。您算算，這全加在一塊是多少天？"

王典說完，拿出筆和爸爸共同算了起來：121 天 16 小時 + 45 天 15 小時 + 30 天 10 小時 + 104 天 + 60 天 = 361 天 17 小時。

王典興奮地說"爸爸，您瞧，一年僅剩下不足 4 天的時間了，我還要請病事假呢！這樣算來，我哪有時間上學？"

王典的問題一時把爸爸難住了！王典僅花在吃飯、睡覺和課外活動上的時間，加上星期六、星期天及寒暑假就有 361 天多，若再加上元旦、國慶等節假日，加上請病事假的日子，365 天根本打不住！這是怎麼回事呢？原來王典在計算中犯了重複計算的謬誤。

首先，王典計算的睡眠時間裏，把其他的時間也算進去了。睡眠花掉的 121 天 16 小時中，已經包含了星期六、星期天及 60 天寒暑假裏的睡眠時間。星期六和星期天共有 104 天，加上 60 天的寒暑假，就是 164 天，這 164 天每天多 8 小時的睡眠時間，就等於多算了 1312 小時。其次，他把每天吃飯花去的 3 小時也重複計算了。吃飯用掉的 45 天 15 小時中，當然也含有星期六、星期天及寒暑假裏的吃飯時間。164 天中每天多算 3 小時，就多算了 492 小時。最後，王典用同樣的辦法，把每天 2 小時的課外活動時間再次重加，又多算了 328 小時。這樣，把多算的時間加起來就是 2132 小時，這多算的 2132 小時不正是上學時間嗎？王典也許並不知道自己錯在哪，只是無意地把某些時間算重了，但也有可能他是有意這樣算的，為的是給父親出難題。這種有意或無意地對某件事的時間或某種物的價錢，進行重複計算的做法，我們稱之為重複計算謬誤。

重複計算謬誤有時是很容易迷惑人的，要經過仔細分析，才能發現重複計算的部分。有這樣一件事：

> 約翰和他的兩個朋友到一家小餐館用餐，用餐完畢，服務員送來一張 30 美元的賬單，於是他們每人付給服務員 10 美元的鈔票。服務員到收款台後才發現算錯了，他們只吃了 25 美元，因此，就把餘下的 5 美元還給他們。可這三人無法分 5 美元，其中一個就提議給侍者 2 美元的小費，這樣他們每人就分得 1 美元。
>
> 過後，約翰困惑地問兩個朋友："我們最初每人交了 10 美元，後來又分得 1 美元，等於說每人為這頓飯付了 9 美元，3 乘以 9 等於 27，加上服務員的 2 美元，總共是 29 美元，還有 1 美元哪去了呢？"

按說是不缺少 1 美元的，他們付的飯錢是 25 美元，服務員得了 2 美元，他們每人又分得 1 美元。約翰怎麼會認為差 1 美元呢？問題出在 "27 美元加服務員的 2 美元" 這一計算中，27 美元本來是包括服務員的 2 美元的，約翰在計算時又加上這 2 美元，就等於把這 2 美元重複計算了。

　　一般這種重複計算的謬誤是在無意中發生的，可在現實生活中，也會有個別人為了達到某種目的而進行重複計算。我們看下面的例子：

　　　一個貴婦人，花一萬元錢買了一個漂亮的戒指。可是，第二天她又來到這家首飾店，對店員說：「昨天買的戒指不可心，我想換那種兩萬元一枚的。」店員給她取出一個價值兩萬元的戒指，這位貴婦人拿了戒指扭頭就走。店員十分驚訝，上去叫住她，索要一萬元的差價，這位貴婦人卻說道：「怎麼會還少一萬元呢？我昨天不是給你一萬元了嗎？今天又給了你一枚價值一萬元的戒指，和起來不就是兩萬元了嗎？」

這位貴婦人顯然是把昨日的一萬元重複計算了，因為今天送回的戒指正是昨天用一萬元買的，如果把價值一萬元的戒指看成是她的所有物的話，那麼已付給店員的一萬元就不能再算在她的名下，這位貴婦人卻把兩者都算成是自己的了。假使店員被她的說法迷惑，她就可以花一萬元買上一枚兩萬元的戒指了。

　　識別重複計算謬誤並不需要甚麼特別知識，只要認真分析，一般都能發現重複之處。不過，由於重複計算有時比較隱蔽，或被假像掩蓋，需要抓住計算這一關鍵，並應把怎樣搞的「重複計算」揭示清楚。